中國學術思想 研究輯刊

四編

林慶彰 主編

第 20 冊

《春秋左氏傳》賓禮嘉禮考

宋鼎宗 著

花木蘭文化出版社

國家圖書館出版品預行編目資料

《春秋左氏傳》賓禮嘉禮考／宋鼎宗 著 — 初版 — 台北縣永和
市：花木蘭文化出版社，2009〔民 98〕

目 4+218 面；19×26 公分
（中國學術思想研究輯刊 四編；第 20 冊）
ISBN：978-986-6449-19-2（精裝）
1. 左傳　2. 通禮　3. 研究考訂
621.737　　　　　　　　　　　　　　　　　　98001897

ISBN - 978-986-6449-19-2

中國學術思想研究輯刊
四 編 第二十冊　　　　　　ISBN：978-986-6449-19-2

《春秋左氏傳》賓禮嘉禮考

作 　 者　宋鼎宗
主 　 編　林慶彰
總 編 輯　杜潔祥
出 　 版　花木蘭文化出版社
發 行 所　花木蘭文化出版社
發 行 人　高小娟
聯 絡 地 址　台北縣永和市中正路五九五號七樓之三
　　　　　　電話：02-2923-1455 ／傳眞：02-2923-1452
網 　 址　http://www.huamulan.tw 信箱 sut81518@ms59.hinet.net
印 　 刷　普羅文化出版廣告事業
封 面 設 計　劉開工作室
初 　 版　2009 年 3 月
定 　 價　四編 28 冊（精裝）新台幣 46,000 元

《春秋左氏傳》賓禮嘉禮考

宋鼎宗　著

作者簡介

宋鼎宗，1942 年 2 月生於臺灣南投，1968 年 6 月畢業於成功大學中國文學系，1969 年 8 月進入國立臺灣師範大學國文研究所進修，師從大冶程發軔教授研習《春秋》學，1971 年 6 月畢業，獲文學碩士學位。

1971 年 8 月受聘於國立成功大學中國文學系，歷任講師、副教授、教授，並擔任系主任、研究所所長等職。現在任職於：高苑科技大學通識教育中心專任教授。曾出版《春秋胡氏學》、《春秋宋學發微》、《人文學論叢》等書，及文史哲論文若干篇。

提　　要

《春秋》大義，職在鑑往知來，以經緯天地，綱紀人倫。而丘明之述，功在表彰得失，發聖人之微言，述《春秋》之元義。而恩以義盡，義以禮斷也。且左氏所善，先王所重，亦云禮而已。

「禮」乃體大思精之學，而為今日所謂「文化」之總匯。左丘明躬覽載籍，廣記備言，而成周郁哉可從之禮，得以見之。

因仿淩曉樓《公羊禮說》之例，考春秋左氏之賓禮、嘉禮；檢《春秋》所書禮事，論《公》、《穀》之得失，而歸本乎《左氏》，兼取禮經以證成之。若禮經所闕，則或證諸詩書諸子，或取諸後儒，唯求其通說耳。

賓禮：有朝禮（含朝天王、列國來朝、公如列國）、聘禮（含天王下聘、聘天王、列國來聘、聘列國、獨稱來）、會禮（含特會、參會、合會、因會而盟、外相會、卿大夫會諸侯、大夫相會之禮、公會內女、夫人會諸侯）、盟禮（含特盟、外諸侯特盟、參盟、同盟、合盟、公與大夫盟、內大夫特盟外諸侯、大夫盟、來盟、涖盟）、胥命遇平之禮、如至之禮（含公如、公至、大夫至）、錫命、來求等。

嘉禮：有冠禮、婚禮（含納幣、親迎、媵、致女、反馬、歸寧之禮）、世子生之禮、饗燕禮（含王饗諸侯、天子饗諸侯大夫、諸侯饗天子、兩君相饗、諸侯饗天子大夫、諸侯饗燕鄰國大夫、諸侯饗燕其臣、大夫饗聘客、大夫人饗君、大夫相饗食、夫人饗諸侯）、歸脈、肆眚等。都壹拾柒萬言云。

目

次

第一章　緒　論

　　夫孔子秉天縱之聖，王道之全，德足以配神明，澤足以周萬物，憫周室之衰微，黎民之病苦，王道之不著，乃出而思有以救之。庶興周公之成業，復文武之仁政。故嘗曰：「如有用我者，吾豈爲東周乎？」又曰：「文王既沒，文不在茲乎？」又曰：「甚矣！吾衰也；久矣！吾不復夢見周公。」其欲恢復周道，以匡救眾生者，一篇之中，數致意焉。無如、天下大亂，時無賢君，內聖外王之道，闇而不彰，鬱而弗發。以孔子之聖明，欲救天下於將危，而遊七十餘君，莫能用之者。遂歸而論史記舊聞，因魯史策書成文，考其眞僞，而志其典禮，上以遵周公之遺制，下以明將來之成法。作爲《春秋》，備王道之大體，明聖人之體用，而獎善懲惡，垂法億年。故《孟子》曰：「孔子成《春秋》而亂臣賊子懼。」傳曰：「其善志。」又曰：「非聖人孰能脩之」是也。蓋孔子因史書之舊章，以明經國之常制，周公之垂法。七十子之徒，皆口受其旨，而左丘明既親炙聖人，又躬爲國史；懼弟子人人異端，各安其意而失其眞。乃因孔子《春秋》，補百二十國寶書，成《春秋左氏傳》一書，好惡同乎聖人，析理不流穿鑿。故《左氏》者，或先經以始事，或後經以終義，或依經以辯理，或錯經以合異，隨義而發（〈春秋序〉），經旨渙釋矣。是孔子之作經，丘明之述傳，共爲表裏也。

　　夫孔子之製作，侔於神明，經緯區宇，唯僅存乎本事，後學莫由知其微言大義。丘明之述作，則原始以表末，而微顯幽闡，抒聖人之元意，發典禮之通則，足供後學參研。若乎婉章志義，尋根辨理，則歸本乎禮而後止。故公狩于郎，傳云「書時，禮也」（《左氏‧桓公四年》）。虢公、晉侯朝王，皆賜玉五瑴、馬三匹。傳云「非禮也。王命諸侯，名位不同，禮亦異數，不以

禮假人」（《左氏‧莊公十八年傳》）。禘而致哀姜。傳云「非禮也。凡夫人不
薨于寢，不殯于廟，不赴于同，不祔于姑，則弗致也」（《左氏‧僖公八年傳》）。
吳子壽夢卒。傳云「臨于周廟，禮也」（《左氏‧襄公十二年傳》）。蓋左氏褒
貶人物，臧否時事，莫不準乎禮。故鄭君云：「左氏善於禮」（《六藝論》），洵
篤論也。蓋禮者，先王之所重，聖賢之所嘉，而左氏之所長也。

　　夫禮，天之經也，地之義也，民之行也（《左氏‧昭公二十五年傳》）。所
以經國家，定社稷，序人民，利後嗣者也（《左氏‧隱公十一年傳》）。先王設
教以斯爲重，君子論行用此爲急。推厥源流，其來尚矣。昔無懷氏始封禪（司
馬貞《補三皇本紀》），致太平而報群神之功（《史記‧封禪書‧張守節正義》）。
宓羲氏制婚娶，因儷皮而正夫婦之義。神農氏作臘祭（司馬貞《補三皇本紀》。
《禮記‧郊特牲》云：「伊耆氏始爲蜡」。），因萬物而禮天地之德。若乎軒轅
之時，諸侯咸來賓從，炎帝陵虐，乃修德振兵（《史記‧五帝本紀》）。神農即
世，葬之長沙（司馬貞《補三皇本紀》）。黃帝之崩，陵存橋山（《五帝本紀》）。
暨乎堯、舜，載修五禮（《舜典》），皋陶陳謨，五禮有庸（《皋陶謨》）。夏、
殷代繼，略有損益，蓋皆因時制宜，曲爲之防，以經緯天下，安定社稷，以
利於人民也。及周監二代，文理稱盛焉。是禮者，原諸混沌，本之太一，自
生民以來，斯教固已立矣。

　　顧開闢草昧，歲紀縣邈，上古傳說，事難徵詳。雖三王彝訓，誓誥猶存；
五帝行迹，史遷表紀。而五帝殊時，不相沿樂，三王異世，不相襲禮（《禮記‧
樂記》）；蓋禮因人情而爲之節文，人因理義而爲之制禮（《荀子‧儒效篇》云：
「凡行事有益於理者、立之；無益於理者，廢之。」）。是禮之爲業，代有損
益，故夫子躬春秋之世，猶興杞宋文獻不足之歎也。幸殷因於夏，周因於殷，
雖百世而損益可知（《論語‧爲政》）。先王義風遺典，猶有可觀。而周旦聖才，
制禮作樂，經緯天地，綱紀天下，禮儀由此大備。故孔子曰：「周監二代，郁
郁乎文哉，吾從周」（《論語‧八佾》）。蓋禮之極盛，肇於周也。《周禮》云：
「以吉禮事邦國之鬼神示，以凶禮哀邦國之憂，以賓禮親邦國，以軍禮同邦
國，以嘉禮親萬民。」（〈春官‧大宗伯職〉）。是五禮之目，始備于《周官》，
五禮之名，則肇自虞舜。若乎其事則無懷、宓羲、神農、軒轅之世已興矣。

　　夫子從周之郁郁，觀史記而次《春秋》，功過準乎成周；丘明錯經述傳，
廣覽備記，合禮非禮，協乎時中。而周典之行於春秋，亦昭昭然明矣。是以
太史克云：「先君周公制周禮，曰則以觀德」（《左氏‧文十八年傳》）；成風謂

「崇明祀、保小寡，周禮也」（《左氏・僖二十一年傳》）。又平王東遷，王官失守，帝庭陵夷，典禮蕩佚，時王禮之存，魯獨爲多。故齊仲孫湫有魯猶秉周禮之勸（《左氏・閔元年傳》），晉・韓宣子有周禮盡在魯之歎（《左氏・昭二年傳》），故《春秋》之作由魯興也。然則夫子所次，丘明所論，亦周禮而已。考其事而知得失，鑑往古而知所執，此所以法諸後世，爲不刊之鴻教也。

　　《漢書藝文志》云：「昔孔子沒而微言絕，七十子喪而大義乖，故《春秋》分爲五。」又云：「《公羊》、《穀梁》，《鄒》、《夾》之傳，四家之中，《公羊》，《穀梁》立於學官，《鄒氏》無師，《夾氏》未有書。」是今《鄒》、《夾》不傳，而《公》、《穀》各成家。既習言《孟子》「孔子懼，作《春秋》。」「孔子成《春秋》，而亂臣賊子懼」（〈滕文公下〉）之言。又以爲《春秋》者，撥亂反正之書，字字寓褒貶，句句皆微言，後儒喜新，莫不靡從，使《春秋》爲刑書罪典，而謂《左氏》不傳《春秋》。不知《春秋》者，魯史也（杜預《春秋序》）。非丘明躬覽載籍，廣記備言，又何免於「斷爛朝報」之譏乎？而成周郁哉可從之禮，又何得而見乎？

　　余昔竊慕《左氏》之論禮，而茫無所適。暨入國文研究所，得侍吾師大冶程旨雲夫子，得聞《春秋》大義，知孔子之作，職在鑑往知來，以經緯天地，綱紀人倫。而丘明之述，功在表彰得失，發聖人之微言，述《春秋》之元義。而恩以義盡，義以禮斷也。且《左氏》所善，先王所重，亦云禮而已。因檢《春秋》所書禮事，論《公》、《穀》之得失，而歸本乎《左氏》，兼取禮經以證成之。若禮經所闕，則或證諸詩書諸子，或取諸後儒，唯求其通說耳。余初秉師命，本思彷凌曉樓《公羊禮說》之例，治春秋左氏禮說，以吉凶賓軍嘉爲目而論次之。因翻閱群籍，廣徵博稽，作成卡片，亦盈篋矣。唯時力之莫逮，但都成賓嘉二禮耳。茲依事類詳目，約敘於后：

第一節　賓　禮

一、朝　禮

　　諸侯朝天王，《周禮・春官・大宗伯》云：「以賓禮親邦國，春見曰朝，夏見曰宗，秋見曰覲，冬見曰遇。」此釋朝之名義也。〈秋官・大行人〉云：「侯服歲壹見，甸服二歲壹見，男服三歲壹見，采服四歲壹見，衛服五歲壹

見，要服六歲壹見，十有二歲，王巡守殷國。」此言朝期也。比二文觀之，知先王制禮，酌道里之遠近，定朝會之疏數，亦已詳矣。至於四方配四時之說，實不可信也，本文另有說明。

至春秋魯侯朝王，唯僖公二十八年于王所者二，成公十三年如京師者一而已。雖《左氏》載諸侯朝王者，別有五事，其視成周之郁文，相去也遠矣。此平王東遷，王庭陵夷，誥命不行之所致也。

諸侯相朝，大別有二，一則《周禮・行人》云：「凡諸侯之邦交，世相朝也。」即父死子立之世朝也。二則《左氏・成公十二年傳》云：「世之治也，諸侯閒於天子之事，則相朝也。」世朝者，所謂一新一舊，彼此未狎，乃相朝以修前好也。閒於天子之事者，乃諸侯閒暇，相朝修禮，所謂親邦國也。而本文於「五年再相朝」，「閒朝」，「太子朝」，皆有說明。

春秋之時，魯公朝齊者十，朝晉者二十（據吾師程旨雲夫子《課左雜記》），此春秋之不中禮，屈降於大國也。魯猶如此，則他國可知。

二、聘　禮

諸侯聘于天王，厥禮有二：一曰時聘，二曰殷聘，時聘以結好，其制無常期；殷頫以除慝，其行有定時。時聘因天王有事而行，殷頫必一朝服之歲是也。《周禮・春官・大宗伯》云：「時聘曰問，殷頫曰視。」〈秋官・大行人〉云：「時聘以結諸侯之好，殷頫以除邦國之慝」是也。

春秋魯之聘京師者，唯五焉耳（據吾師程旨雲夫子《課左雜記》）。蓋春秋之世，諸侯朝王之禮不行，而聘禮亦然。故後儒疑諸侯之於天王，唯貢而無聘，此非確論也。本文另有說明。

天王下聘於諸侯，於《周禮・行人》云：「閒問以諭諸侯之志，歸脤以交諸侯之福，賀慶以贊諸侯之喜，致禬以補諸侯之烖。」又云：「歲徧存，三歲徧頫，五歲徧省」是也。

春秋天王聘魯者七，而魯之報聘，唯僖公之時公子遂耳，則禮之倒行亦可知矣。而「戎伐凡伯」，「仍叔之子」其故本文皆有說焉。

列國交聘，邦交之常，於《周禮》云：「凡諸侯之邦交，歲相問也，殷相聘也」（〈秋官・大行人職〉）是也。

春秋諸侯交聘，魯大夫如齊者十九，如晉者二十五，如宋者五（據吾師程旨雲夫子《課左雜記》），由魯而知他國亦然。而三年一聘，殷聘，聘有求

遭喪之禮，亦兼明及之。

　　若《春秋》書來，如祭伯（隱元年），此非王命而私行至魯。寔來（桓六年），因如曹，又自曹來朝，國危不復，同失地君而書名。介葛盧，白狄來而不能行朝禮，與夫仲孫湫，乃齊大夫，非魯公子，本文皆一一辨明之。

三、會　禮

　　天王有事，會諸侯而命事焉，於《周禮‧大宗伯職》云：「時見曰會，殷見曰同。」〈大行人職〉云：「時會以發四方之禁，殷同以施天下之政」是也。於春秋未有行之者。

　　春秋諸侯相會屢矣，而於禮無徵。唯《論語》有「宗廟會同」事。《曲禮下》有「諸侯相見於卻地曰會」。則諸侯自有會禮，春秋諸侯之會，王官每涖之，自不敢儗天王會諸侯之禮；若大夫之會諸侯，乃人君倒持國柄所致。故《左氏》「卿不會公侯，會伯子男可也。」亦有解焉。夫人、內女不當會，而公與之會內女，夫人之會齊侯，亦兼明之。

四、盟　禮

　　先王以神道設教，故有盟禮以輔政教，於《周禮》則〈司盟〉掌之，〈戎右〉贊之，〈司寇〉涖盟書。鄭君以必時會，殷同而行之，此春秋之時，未有行之者。

　　春秋諸侯屢盟，亦於禮無徵。推誓誥盟詛之輔教，因時制宜，所謂「有事而會，不協而盟」，亦於禮無禁。且春秋諸侯相盟，王官每涖之，亦未敢儗天子禮也。屢盟而無信，《春秋》所貶也。而同盟、來盟、涖盟、執牛耳，本文並有說焉。

五、胥命，遇，平之禮

　　胥命，遇之禮，雖已亡矣，而記禮有遇禮之目，《春秋》有胥命之名。蓋不盟而信諭者，胥命也。未及會相見者，遇禮也。平之爲禮，蓋去怨結好，或〈調人〉之所掌乎？竝據典籍，而略考之焉。

六、如至之禮

　　公之出竟，以承宗廟社稷之重，必告廟而後行。及公之反也，必告至，

亦即「出必告，反必面，事死如事生」之義也。

　　《春秋》之書公至，以告廟也。於告至之時，行宴飲之樂，有功勳者書於策。若無則告成事耳。若公如齊觀社，不必尸女。又杜君以告廟，書勞，飲至爲三事，並有辨焉。大夫書至，舍族爲有所尊，此《左氏》體例，亦竝明之。

七、錫命，來求

　　天王錫諸侯命，有常有變。或因入朝之歲，或因喪畢而朝，或能敵王所愾，而獻其功者。王錫之命，禮行諸帝庭，此其常也。春秋之時，王三錫魯公命，皆至魯而錫之，此權宜，禮時之義也。所謂變也。若稱天王，王，天子以錫公命，追命，錫之命圭，竝有辨焉。

　　天王至尊，四海之內莫非其有。有取諸下而用之，未有求也。《周禮地官土訓》「以詔地求」，非謂王者有下求之義也。鄭君此注未得。本文從而考之。

　　《春秋》天王下求於魯者三，蓋據本事而書，知諸侯驕僭，職貢不入，使王用不足，故有求也。

第二節　嘉　禮

一、冠　禮

　　冠禮，先王所重，所以責成人之道也。故《周禮・大宗伯職》云：「以昏冠之禮，親成男女」是也。而《儀禮》唯士冠名篇，《大戴》則有成王加冠之儀，唯其禮久不能行，其目難詳。

　　春秋冠禮之行，於大夫則趙文子，於諸侯則魯襄公。文子之冠，事見《晉語》，非本文之範圍，今略之。魯襄之冠，晉悼云：國君十二可以冠矣。蓋國君重國嗣，冠而生子，其禮異乎大夫士也。本文皆闡釋之。

二、昏　禮

　　〈士昏禮〉言昏禮之屬有六，曰納采，曰問名，曰納吉，曰納徵，曰請期，曰親迎。而《春秋》所書，唯納徵（即納幣）與親迎者，蓋書禮之所重也。

納幣使卿，故莊公如齊納幣非禮，襄仲如齊納幣非喪娶，本文竝有說焉。

天王至尊，無敵體之義，當昏取之時，卿逆而公監之。諸侯迎諸竟內，踰竟則卿爲君迎。卿大夫秉君命而出，因娶偕歸，禮所不禁。至主王姬之嫁，必爲之築館。鄭公子忽先配而後祖。媵必同姓。三月、婦家有致女，婿家有反馬。父母偏存，禮得歸寧，凡此禮典，本文皆有說明。

三、世子生

國君重國嗣，故世子之生，先王特重，必舉之以禮，名之以義。此《大戴·保傅篇》，《禮記·內則篇》皆詳之。

《春秋》書子同者，據其本事，故《左氏》特詳其接之得禮，名之得宜也。《公羊》以爲齊侯之子，《穀梁》以爲疑，竝有辨焉。

四、饗燕之禮

王饗諸侯，諸侯相饗，其禮已闕，故《儀禮》唯燕食名篇。而行人有九獻、七獻、五獻之殊；掌客有三饗、二饗、壹饗之異，蓋亦因其爵命而上下之。

春秋虢公，晉侯朝王，皆賜玉五瑴，馬三匹，是以禮假人，名位不同，禮當異數也。楚子入饗于鄭，行九獻之禮，是鄭之失禮，以上公待楚子之非也。本文皆闡述之。

諸侯燕樂其臣，大別有三，入貢獻功於王朝，出聘鄰國，還而勞之，一也。有大勳勞功伐，而特燕賜之，二也。無事而宴群臣，三也。其儀則《儀禮·燕禮》，〈公食大夫禮〉詳之。

春秋時，晉靈公之飲趙盾酒，《左氏》云：「臣侍君宴，過三爵，非禮也。」與《禮記·玉藻》文合，蓋非正燕禮也。若文姜之享齊侯，此姦也。亦兼明之。

五、歸脤、肆眚

歸脤者，周室交福之禮也。故《周禮·大宗伯》既云：「以脤膰之禮，親兄弟之國。」〈大行人〉又云：「歸脤以交諸侯之福。」〈大宗伯〉同姓，異姓對文，而〈行人〉但云交諸侯。《春秋》有歸齊侯胙。是歸脤之禮，不必兄弟之國也。

左氏云：「祀有執膰，戎有受脤。」此亦對舉成文，凡祭祀之共蜃器，此脤名之所由起，社稷宗廟皆用蜃飾，則脤膰可通也。石尚來歸脤，行交福之禮也。

肆眚者，赦過宥罪，所以濟刑罰之未當也。《易》稱赦過宥罪，《書》云眚災肆赦，《傳》有肆眚圍鄭。是古有赦宥之法，襄公九年傳，以伐鄭故，晉侯乃命肆眚，是有事得行之也。

《春秋》書肆大眚，不云何為，則慎而闕之可也。不必以為葬文姜也。

以上所述，乃本文之大要也。大抵廣徵博引，必求其通說耳。若前人所已述，必備陳其出處，若異乎前人，非敢以為有得，亦勢不得已也。

斯篇之作，承吾師大冶程旨雲夫子諄諄善誘，始底於成。唯書成倉促，重以才質駑鈍，疏漏罣誤，在所難免，大雅君子，幸垂教焉。

第二章 賓 禮

第一節 朝 禮

一、朝天王

　　夫朝禮之由來尚矣，《書》云：「既月乃日，覲四岳群牧。」又云：「肆覲東后。」又云：「群后四朝」（〈舜典〉）。此朝禮見於經籍之最早者也。《周禮》云：「以賓禮親邦國，春見曰朝，夏見曰宗，秋見曰覲，冬見曰遇」（〈春官・大宗伯職〉）。又云：「春朝諸侯而圖天子之事，秋覲以比邦國之功，夏宗以陳天下之謨，冬遇以協諸侯之慮」（〈秋官・大行人職〉）。《禮記》云：「天子當依而立，諸侯北面而見天子曰覲。天子當宁而立，諸公東面，諸侯西面曰朝」（〈曲禮〉）。傳曰：「禹會諸侯於會稽，諸侯不期而會者萬國。」夫會必有朝，此則朝禮之見諸典籍者也。由是知朝禮之來尚矣。蓋古者天子王天下，作君師，臣諸侯，子萬民。設官分職，封建諸侯，以安天下。故《易》曰：「地上有水，比先王以建萬國，親諸侯」（〈比象文〉），此之謂也。諸侯既秉土受命，則治民守疆，佈天子之政教，以助王安民。而又時貢以充王有，朝覲以稟政教，名意修，禮儀定，君逸於上，臣安於下，國治民安，於是天下穆穆，四海賓服，蓋禮儀之效也。

　　諸侯之朝王，主乎君臣之敬，尊卑之序，故〈宗伯〉但言朝宗覲遇之名。若天子之受諸侯朝，則急乎王道之推行，政教之沾被，故云事功謨慮也。若其揖讓進退之儀，則詳于覲禮。至於其義，則所以述職敘禮也。先賢典籍論

之詳矣，茲敍錄如下：

　　△《孟子》云：「諸侯朝于天子曰述職。述職者，述所職也。」（〈梁
　　　惠王篇〉）

　　△〈樂記〉云：「朝覲、然後諸侯知所以臣。」

　　△〈祭義〉云：「朝覲、所以教諸侯臣。」

　　△〈經解〉云：「朝覲之禮，所以明君臣之義也。」

諸侯者，受命于天子，為天子藩衛，乃王之純臣也。故朝覲述職，所以修君
臣上下之禮，定父子尊卑之序。故既曰「知所以臣。」又曰「教諸侯臣。」
此先王治世之要典，而賓禮之大者也。若其有不朝者，則天王帥諸侯以治其
罪。《孟子》曰：「一不朝則貶其爵，再不朝則削其地，三不朝則六師移之」（〈告
子篇〉）是也。所以討不臣而懲不敬。是朝覲之禮，先王之所重也。

　　唯上古之制，其禮不得而詳。洎乎有周，監於夏殷，郁郁乎文哉。文王
創業於上，武王周公定禮於下，禮儀規模於是乎大備，而朝禮之節文，亦由
是而大具。茲據諸家之說，略論朝禮如下：

　　△《書·舜典》云：「五載一巡守，群后四朝。」朱子云：「五載之
　　　內，天子巡守者一，諸侯來朝者四。蓋巡守之明年，則東方諸侯
　　　來朝於天子之國，又明年，則西方諸侯來朝，又明年則北方諸侯
　　　來朝，又明年，則天子復巡守。」（《五禮通考·卷二百二十》引）

　　△《書·周官》云：「六年五服一朝，又六年王乃時巡。」孔穎達疏
　　　云：「此篇說六卿職掌，皆與周禮符同，則六年五服一朝，亦應是
　　　周禮之法，而周禮無此法也。」下引〈大行人〉文，而云：「必如
　　　所言，則周之諸侯，各以服數來朝，無六年一朝之事。」

　　△《周禮·秋官·大行人職》云：「邦畿方千里，其外方五百里，謂
　　　之侯服，歲壹見，其貢祀物。又其外方五百里，謂之甸服，二歲
　　　壹見，其貢嬪物。又其外方五百里，謂之男服，三歲壹見，其貢
　　　器物。又其外方五百里，謂之采服，四歲壹見，其貢服物。又其
　　　外方五百里，謂之衛服，五歲壹見，其貢材物。又其外方五百里，
　　　謂之要服，六歲壹見，其貢貨物。十有二歲，王巡守殷國。」（案：
　　　《大戴禮·朝事篇》所載略同。）秦蕙田云：「此成周朝覲之期，
　　　周公制禮，分天下以為六服，而酌道里之遠近，定朝會之疏數。
　　　侯服歲朝，甸服二歲而朝，男服三歲而朝，采服四歲而朝，衛服

五歲而朝，要服六歲而朝。計六年之內，侯服六朝，甸服三朝，男服再朝，采服、衛服、要服皆一朝，而六服之應朝者徧。」（《五禮通考・卷二百二十》）。

△《禮記・王制》云：「諸侯之於天子也，比年一小聘，三年一大聘，五年一朝。天子五年一巡守。」鄭康成云：「此大聘與朝，晉文霸時所制也。」又云：「天子以海內爲家，時一巡省之。五年者，虞夏之制也。周則十二歲一巡守。」

△《左氏・昭十三年傳》，叔向云：「明王之制，使諸侯歲聘以志業，間朝以講禮，再朝而會於示威，再會而盟以顯昭明。」杜元凱注云：「凡八聘、四朝、再會，王一巡守，盟於方嶽之下。」

△《國語・魯語》云：「先王制諸侯，使五年四王一相朝。」韋昭注引賈侍中云：「王謂王事，天子也。五年之間，四聘于王，而一相朝者，將朝天子，先相朝也。」韋氏既引賈說，而曰：「《禮記》曰：諸侯之于天子也，比年一小聘，三年一大聘，五年一朝，謂此也。晉文霸時，亦取于此禮。」

綜上說朝禮者六，而於朝期則無定準。考《春秋》書內諸侯朝王者，僖公二十八年朝王所者二，成公十三年如京師者一。又《左傳》書諸侯朝王者，則隱六年傳，鄭伯如周，始朝桓王也。隱八年傳，鄭伯以齊人朝王。莊十八年傳，虢公晉侯朝王。僖二十五年傳，晉侯朝王。文元年傳，晉侯朝于溫。是春秋之世，帝庭陵夷，諸侯之朝王者幾希，故未有能中禮者也。若以此證朝期之疏數，固未當也。今取前儒所議，而考其得失，雖不中，必不遠矣。

△朱大韶《實事求齋經義・卷二》云：「若左氏所述，皆諸侯自相朝聘之法。昭三年傳，子大叔曰：『昔文襄之霸也，其務不煩諸侯，令諸侯三歲而聘，五歲而朝，有事而會，不協而盟。』此（指昭十三年叔向語）云每歲聘，彼云三年。此云三歲朝，彼云五歲。此云六歲會，十二歲盟，彼但云有事，云不協，則無定期。蓋叔向因齊人不肯盟，故舉數者言；大叔因會少姜之蒐，故舉疏者言，意各有在。其言明王之制，猶聘義云天子制之而諸侯務焉爾。」

△朱大韶《春秋傳禮徵・卷一》云：「大行人於侯服歲壹見，因其道之遠近，節其年之疏數。二歲，三歲，四歲，五歲，六歲。謂第一歲，第二歲，第三歲，第四歲，第五歲，第六歲，非每歲也。

見謂諸侯見天子，因見而有貢物。」又曰：「唐虞五載一巡守，故
分四年來朝，周制十二年，故分六年，年數殊，其制不異。一、
盡也，皆也，畢也。謂六年則五服畢朝也。至十二年要服當朝之
歲，則時巡，即四面朝方嶽之下。至巡守之明年，又從侯服起，
至六年要服而畢。」

△方觀承氏云：「蓋言歲壹見者，乃巡守明年之第一歲也。二歲壹見，
三歲壹見者，亦是第二歲，第三歲。非謂每一歲，每二歲，每三
歲也。」（《五禮通考‧卷二百二十》）

《書‧舜典》「五載一巡守，群后四朝。」朱子謂「巡守之明年，東方諸
侯來朝者。蓋謂巡守後第一年，則東方諸侯來朝。第二年則南方諸侯來朝，
第三年則西方諸侯來朝，第四年則北方諸侯來朝，第五年則王又巡守也。」
此固言唐虞之制。而周制行人侯服歲壹見，甸服二歲壹見，男服三歲壹見，
采服四歲壹見，衛服五歲壹見，要服六歲壹見。秦蕙田氏以為侯服六朝，甸
服三朝，采服、衛服、要服皆一朝。檢行人歲壹見，二歲壹見者，蓋本以千
五百里，二千里，二千五百里之遠近為定。所謂「酌道里之遠近，定朝會之
疏數」也。何采服、衛服、要服之相去也以千五百里，皆六年一朝。而侯服
於歲歲朝王外，別有諸侯相朝之禮，則亦疲矣憊矣。周公之制禮，必不若是
之不宜也。故方觀承氏云：「若六年之內，侯服六朝，甸服三朝，男服再朝，
則非六服一朝矣。且疏數不均之甚，而侯甸男三服，不免有國君道長之勤。」
（《五禮通考‧卷二百二十》）方氏既駁秦氏之非，乃本朱子說，謂歲壹見，
二歲壹見，乃巡守後之第一年、第二年，非每一歲、每二歲也。說正與朱大
韶氏同。以人情推之，行人既先云邦畿侯甸之里數，而後定朝覲之期，則必
依遠近而次之，是朱方二氏說可從也。特舜典但分四方諸侯，且五年一巡守。
周則分六服諸侯，而十二年一巡守，此其異也。即殷因夏、周因殷，而損益
之也。若偽周官者，蓋襲大行人之文，而去其要服，以適酒誥，康王之誥，
但有「侯、甸、男、采、衛。」而不及要服耳。

叔向說齊人以明王之制，云歲聘閒朝，杜元凱云三年一朝。成十二年《左
傳》云：「世之治也，諸侯閒於天子之事則相朝也。」語正與叔向語合。蓋所
謂閒者，閒於天子之事也。故朱大韶氏引子大叔語以證其為諸侯相朝之法也。
王制「五年一朝」，鄭君以為晉文霸時所制。魯語「五年四王一朝。」韋昭云
「晉文霸時，亦取于此禮」。然則此亦晉文霸時之制乎？春秋之時，朝覲禮廢，

名大夫各聘辭相勝，以屈敵爲功，斯皆言其概，非禮經之正也。杜氏以閒朝爲三年一朝王，疑非。蓋春秋諸侯朝霸主，小國朝大國，藉閒王事而相朝之名，故有疏數異說也。

　　諸侯朝王，因其遠近，定其疏數，既已知之矣。然又有以四時配四方之說。蓋〈大宗伯〉云：「春見曰朝，夏見曰宗，秋見曰覲，冬見曰遇。」既以四時之殊，異其稱名，而未釋異時殊名之所由，故後儒之說，因而岐耳。

　　　　△鄭君注〈宗伯〉云：「六服之內，四方以時分來，或朝春，或宗夏，或覲秋，或遇冬，名殊禮異，更遞而徧」。

　　　　賈氏疏云：「云四時分來，春、東方六服當朝之歲盡來朝，夏、南方六服當宗之歲盡來宗，秋、西方六服當覲之歲盡來覲，冬、北方六服當遇之歲盡來遇。」

　　　　△鄭君注〈行人〉云：「其朝貢之歲，四方各四分，趨四時而來，或朝春，或宗夏，或覲秋，或遇冬。」

　　　　賈氏疏云：「按馬氏之義，六服當面各四分之，假令侯服四分之，東方朝春，南方朝夏，西方朝秋，北方朝冬。南方諸侯亦然，西方、北方皆然，甸服以外皆然。是以韓侯是北方諸侯，而言入覲，以其在北方當方分之在西畔，故云覲。」賈氏又云：「鄭答志云：『朝覲四時通稱，故覲禮亦云朝。』若然，鄭不與馬同，觀此注似用馬氏之義。」

　　賈氏說康成用馬義，恐不盡然。蓋鄭君既云「四方以時分來。」又云：「四方各四分，趨四時而來。」於《答志》則云：「朝覲四時通稱。」是康成自無定見也。且漢儒說經，以四時配四方，又四方各四分之說，甚爲迂曲，恐非經義也。

　　今考詩書，《詩・韓奕》云：「韓侯入覲，以其介圭，入覲于王。」又曰：「奄受北國，因以其伯。」是韓侯本北方諸侯，其入朝曰覲。鄭君注云：「諸侯秋見天子曰覲。」若以「四時分來」範之，則韓侯但得遇冬，未得覲秋也。《書・顧命》亦曰：「大保率西方諸侯入應門左，畢公率東方諸侯入應門右。」時成王崩在夏四月，以「四時分來」範之，其時但有南方諸侯，何有東西諸侯哉？蓋漢儒知禮經有朝宗覲遇之異名，乃倡四時配四方之說，乃見書有「大保率西方諸侯，畢公率東方諸侯。」詩韓侯乃北方諸侯，其朝曰覲，則「四時分來」不足以解經。乃又云當方各四分以足之，然千五百里之侯服，與四

千里之要服，雖曰當方四分之，其相去二千五百里，欲同時入朝於王，恐亦未可得也。且鄭君云：「朝覲四時通稱，故覲禮亦云朝。」是鄭君自相踳駁矣，其不足信也益明。

　　△朱大韶《春秋傳禮徵・卷一》云：「今案大行人所列定其年限也，大宗伯所列分其時限也。如侯服一歲壹見，於春來則曰朝，於夏來則曰宗，於秋來則曰覲，於冬來則曰遇，下至甸男五服等盡然，蓋六服地有遠近，既定其年之疏數，即因其來之早晚而別其名，覲亦朝也，故禮經曰覲。」又云：「六服有遠近，不能使一方同時盡來，則以東西南北配春夏秋冬說不可從。」

謹案：諸侯禮必朝覲，所以述職敘禮，此先王之所重也。設有侯國，當朝春之歲，或國有叛臣，或躬身有疾，未克行禮。殆其國寧身瘉，雖或夏或秋，能不朝王乎？若其朝也，則謂之朝春，或宗夏，或覲秋乎？朱氏謂「侯服一歲壹見，於春來則曰朝，於夏來則曰宗，於秋來則曰覲，於冬來則曰遇。」推之人情，其說近之。

《禮記・曲禮》云：「天子當依而立，諸侯北面而見天子曰覲。天子當宁而立，諸公東面，諸侯西面曰朝。」鄭君云：「諸侯春見曰朝，受摯于朝，受享于廟，生氣文也。秋見曰覲，一受之于廟，殺氣質也。朝者，位于內朝而序進；覲者，位于廟門外而序入。王南面立于依宁而受焉。夏宗依春，冬遇依秋。」若然，依記文則朝覲因位異殊名，依鄭君則朝覲因位異禮別。孔疏已云：「朝、通名也。」卻又云：「但朝宗覲遇禮異耳。」後儒說禮者本此，遂觝不通矣。

夫六服諸侯于朝覲之歲，春來曰朝，夏來曰宗，秋來曰覲，冬來曰遇，此因來時而異其名也，其行朝禮則一也。而鄭君於覲禮目錄則云：「朝宗禮省，是以享獻不見焉。」六服五等諸侯來朝于王，其禮無異，何得朝宗禮備，而覲遇禮省也。故金鶚《求古錄・禮說・卷十三・朝覲考》云：「夫臣之於君，皆當致敬，苟以秋冬來者簡省其禮，不行享獻，則有不臣之心矣。且經文明言四享，皆束帛加璧，庭實惟國所有，何謂享獻不見乎」是也。然曲禮依宁異名者奈何？萬斯大《禮記偶箋・卷一》云：「天子將入廟受覲，從路寢乘車而出，諸公侯先俟於門外，天子至宁下車而立，諸公侯於是分班朝見，以通姓名，即所謂天子當宁而立，諸公東面，諸侯西面曰朝也。」又曰：「天子入廟負斧依南面而立，諸侯北面而見天子曰覲也，朝先覲後。」曲禮先言覲，

後言朝，而萬氏反之。故金鶚《朝覲考》云：「天子負斧依以前，無當宁而立，諸公東面，諸侯西面之文，所云載龍旂弧韣乃朝者，朝者，朝即覲之通稱也。」又云：「通姓名者，擯介之事也。」又曰：「諸侯既入廟行覲禮，次日天子視朝，諸侯又行朝禮，蓋覲以正君臣之分，故北面，朝以通上下之情，故東西面。」萬氏謂先朝後覲，金氏謂先覲後朝，似皆無據。

考覲禮于天子負斧依之前，固無當宁而立之文，且通姓名，本擯介之事，萬氏之說無據。考《周禮・射人》云：「諸侯在朝，則皆北面，詔相其灋。」司士職「正朝儀之位，三公北面東上，孤東面北上，卿大夫西面北上。」則金氏謂「天子次日視朝，諸侯又行朝禮」者，于禮經亦無諸侯西面之文。乃黃以周《禮書通故・覲禮通故・第二十九》云：「宁為人君日視朝所立之位，東西面為諸臣日視朝所就之位，朝覲之朝，不在宁，朝覲之奠摯無東西面。曲禮當依日覲，當宁曰朝，以外諸侯之朝覲，與內諸侯之常朝對言，非以秋覲別春朝，亦非覲後別有朝也。」黃氏此說固可遘通，然日視朝何來諸侯，故朱大韶《實事求是齋經義・卷二》云：「記云當依，此一句謂諸侯來朝。云當宁，此一句，指天子每日常朝，但不當言諸侯耳，原非以朝為春見曰朝之朝。」綜黃朱二氏說，其義或通，今竝存之。

春秋之世，王室陵夷，諸侯驕僭，朝王之禮幾墜矣。故鄭伯一以齊人朝王，左氏以為禮也。是以兩朝王所，一如京師，夫子必筆之經者，幸其禮之存也。若考盛世朝覲之禮，則闕如也。茲取諸家，略述朝禮之大觀焉。

僖公二十有八年，經云：「公朝于王所。」

僖公二十有八年，經云：「壬申、公朝于王所。」

春秋古史，闕文不免，故夫子雖西觀寶書於周室，猶不免郭公、夏五也。此壬申，有日而無月者，杜元凱云：「壬申，十月十日，有日而無月，史闕文。」蓋史者，以事繫日，以日繫月，以月繫時，以時繫年者也。然其有奪誤者，則闕之，慎之甚也。杜推長曆，謂壬申為十月十日，或不誣也。然《公》《穀》家多非常異義可怪之論，故創日月為例說，後儒多本之。

　　△《公羊・僖二十八年傳》云：「壬申、公朝于王所。其日何？錄乎內也。」

　　何休解詁云：「不月而日者，自是諸侯不繫天子，若日不繫於月。」

　　△《穀梁・僖二十八年傳》云：「其日，以其再致天子，故謹而日之，主善以內，目惡以外。」又曰：「其不月，失其所繫也，以為晉文

公之行事爲已僭矣。」

　　范寧注云：「以爲召君，僭倒上下，日不繫于月，猶諸侯不宗天子。」
按：《春秋》一經，三傳並行，師法相傳，其旨本殊，雖無須彊分軒輊，或相
難以異義。然二傳日月例，于經無益，徒增異說耳。若諸侯不繫天子，前此
諸侯固未朝天子，此王于行在，朝之禮也。若晉侯行事之僭，書月書日，則
其罪可逃乎？其再致天子之事已見，故夫子有「以臣召君，不可爲訓」之語，
何須去月以見義乎？故先儒於日月例多非之。

　　△王充《論衡・正說篇》云：「蓋紀以善惡爲實，不以日月爲意，若
　　　夫公羊穀梁之傳，日月不具輒爲意，使夫平常之事，有怪異之說，
　　　徑直之文，有曲折之義，非孔子之心。」

　　△啖助云：「二傳傳經，密于左氏，穀梁意深，公羊辭辨，隨文解釋，
　　　往往鈎深，但以守文堅滯，泥難不通，比附日月，曲生條例，義
　　　有不合，亦復強通，踳駁不倫，或至矛盾，不近聖人夷曠之體也」

　　　（陸淳《春秋啖趙集傳纂・卷九・日月爲例義第三十五》）

王、啖二氏說甚確，以下雷同之論，則不具述。唯近人章太炎先生詳推日月
例之原，謂乃《穀梁》之所創，非聖人之元意。則日月例說，不攻自破矣。

　　△章太炎先生《春秋左氏疑義答問・卷三》云：「彼二傳之以日月生
　　　義者何也？曰：此由穀梁子創意爲之也，穀梁習聞尸佼之說，見
　　　秦史不書日月，春秋本以時紀，而魯史於日月甚詳，是故以不怪
　　　爲怪也。」

春秋魯史，美惡在史實，見乎其文，則知其褒貶，其日月或詳或闕，本乎史
官之筆，豈夫子作春秋，特著義于日月乎？必不然也，章氏謂「以不怪爲怪」
是也。

　　特《穀梁》于「公朝王於踐土」下云：「朝不言所，言所者，非其所也。」
于「朝王於溫」下又云：「朝於廟、禮也，於外、非禮也。」范寧注云：「諸
侯朝王，王必於宗廟受之者，蓋欲尊祖禰共其榮。」春秋諸侯，彊恣不朝，
而多朝霸主與大國，汲汲乎唯恐其後也。穀梁子有見於此，故於公朝王所，
特責於廟，蓋于廟之朝，于時不見也。而後儒述之則謬矣。如：

　　△胡安國《春秋傳・卷十三》云：「公朝于王所，則非其時與地矣。
　　　自秦而後，巡遊無度，至有長吏以倉卒不辦被誅，民庶以煩勞不
　　　給生厭，蓋春秋之義不行故也。」

△孫復《春秋尊王發微‧卷五》云：「書曰六年五服一朝，又六年王乃時巡，諸侯各朝于方嶽，公朝于王所，非禮可知也。」

△孫覺《春秋經解‧卷八》云：「不朝于京師，而朝于王所，則公之朝，其禮亦有所未至矣。」

考《儀禮‧覲禮》，侯氏入覲，天子賜舍。諸侯前朝，皆受舍于朝，同姓西面北上，異姓東面北上。侯氏裨冕，釋幣于禰，乘墨車，載龍旂，弧韣乃朝，以瑞玉為摯。天子設斧依於戶牖之閒，左右几。天子袞冕，負斧依。侯氏入門右，坐奠圭，再拜稽首。擯者謁，侯氏坐取圭，升致命，王受之玉，侯氏降階，東北面再拜稽首，擯者延之曰升，升成拜，乃出。則朝王固在廟者是也。《書‧舜典》歲二月東巡守，至於岱宗，肆覲東后。五月，南巡守，至于南岳，如岱禮。（《周禮‧大行人》），十有二歲，王巡守殷國。鄭君云：「王巡守，諸侯會者各以其時之方，書曰遂覲東后是也。」則諸侯朝王有于方嶽之行在者，不必皆廟也。若胡氏以後事範古法，且謂勞民費財者甚矣。若孫氏復既知有方嶽之會，又以王所為非禮，拘泥於《穀梁》。若孫氏覺謂朝王所，其禮有不至。春秋諸侯不能朝王，今朝王所，亦幸諸侯之知有王；亦幸朝禮之存。其禮雖未至，必不以王所見貶也。故後儒于《穀梁》異義，多所駁正焉。

△趙匡云：「按天子巡狩，諸侯會朝于方岳之下，何得云朝于外，即為非禮哉。且物情人理，豈有天子出巡，而諸侯不朝乎？」（陸淳《春秋集傳辯疑‧卷六》）

△毛奇齡《春秋傳‧卷十七》云：「禮、行在必朝，所者，王居之稱。詩、獻于公所。孟子，使之居于王所。故漢制車駕所在曰所。蔡邕獨斷曰行在所。穀梁謂朝不言所，誤矣。」

△徐庭垣《春秋管窺‧卷五》云：「天子一宿之地，即為王所，豈在宮室儲偫之備，假令時巡，道出諸侯之竟，乘輿咫尺，禮無不覲，寧亦曰非常所而不朝，抑朝而以非所為譏乎？」

王之行在曰所，天子巡守天下，輦輿所過，四方諸侯莫不覲之。《春秋》兩書王所，《左氏》一則曰作王宮于踐土，再則曰是會也，晉侯召王，以諸侯見，且使王狩，仲尼曰以臣召君，不可以訓，故書曰天王狩于河陽，言非其地也，且明德也。壬申，公朝于王所。左氏詳其史實，則晉侯焉得逃其罪，諸侯何能不朝。是左氏不以王所為貶。比《書經》、《周禮》而觀之，似以《左

氏》說爲勝。

成公十有三年，經云：「三月，公如京師。」

　　左氏曰：「三月，公如京師，宣伯欲賜，請先使，王以行人之禮禮焉。孟
　　獻子從，王以爲介，而重賄之。公及諸侯朝王，遂從劉康公、成肅公會
　　晉侯伐秦。」杜氏注經云：「伐秦道過京師，因朝王。」

按：魯十二公于春秋二百四十二年，未有朝王者，特僖公再朝王所，成公一
如京師耳。然魯之如齊者十，如晉者二十一，如楚者二（以上據顧棟高《春
秋大事表》）。由魯以觀天下，知王室之陵夷，諸侯之不臣矣。此如京師也，
雖曰公及諸侯朝王，要以伐秦出也。若非伐秦，則公及諸侯不朝王矣。顧過
京師不能不朝，公及諸侯朝王乃其實也，故書曰如京師，以公如者主乎朝也，
此史官記事之例也。特《穀梁》本日月例曰：「公如京師不月，月、非如也，
非如而曰如，不叛京師也。」范寧注云：「公行出竟，有危則月，朝聘京師，
理無危懼，故不月。」不月而有月，故曰非如而如，後儒本之，以書如爲貶，
遂使經義由明而晦矣。如：

　　△程子曰：「不書朝王，因會伐而行也，故不成其朝。」（李廉《春
　　　秋會通・卷十七》引）。

　　△胡安國《春秋傳・卷二十》曰：「諸侯每歲侵伐四出，未有能修朝
　　　覲之禮者，今公欲會伐秦，道自王都，不可越天子而往也，故皆
　　　朝王，而不能成朝禮，書曰如京師，見諸侯之慢也。」

　　△張洽《春秋集註・卷七》云：「書如而不言朝，以見其行禮不專。」

曰不成其朝，曰見諸侯之慢，曰行禮不專，皆就如字立義。不知《春秋》二
百四十二年，諸侯朝王者幾墮，必待此一書如京師而後貶，若此書朝王，則
可以無貶乎？不知《穀梁》以公行出竟，有危則月，此如京師不應書月而書
月，乃不得其辭，故曰非如而曰如，《春秋》實未就如字立褒貶之義也。蓋如
者往也，《春秋》內出書如，外至書來，乃內外辭耳，此先儒論之詳矣。如：

　　△趙汸《春秋屬辭・卷五》云：「凡內出朝聘但書如。」又云：「或
　　　謂魯之朝聘，非誠非禮，故但書如，由不知策書之體也。春秋存
　　　策書之大體，以屬辭比事見得失，而不以褒貶修辭。此下書公自
　　　京師，遂會諸侯伐秦，則非特朝可見，通十二公，唯成公一如京
　　　師，則魯君久闕朝覲之禮亦可見，不待變文而後爲識也。」

　　△徐庭垣《春秋管窺・卷八》云：「如京師者即朝王也，以京師爲天

> 子之居，凡朝必至焉，故言如而朝自見。若王所則非常朝之所，
> 故言朝而不言如。」

由是知書如即朝是也，《春秋》書公如者，此年如京師，傳曰公及諸侯朝王。僖三十三年公如齊，傳曰朝且弔有狄師也。文十三年公如晉，傳曰朝且尋盟。宣十年傳，公如齊，齊侯以我服故，歸濟西之田。杜注云：「公比年朝齊故。」則宣四年、五年、九年經屢書公如齊者，皆朝可知也。按《周禮・小行人職》云：「朝、覲、宗、遇、會、同，君之禮也。存、覜、省、聘、問、臣之禮也。」孫詒讓《周禮正義・卷七十二》云：「此君、專指邦國之君，臣則通王臣及侯國之臣言之。」是邦君之出，必朝覲之事也，故魯公之出曰如某國，往某國朝也；卿大夫之出書如者，往聘也。若他國君臣至魯，則書來朝，來聘也。所謂內外之辭，非褒貶之義也。

二、列國來朝

　　昔者諸侯世相朝，以敦睦邦交，協合政教，而共奉天子之命，以安天下之民。故《周禮秋官大行人》云：「凡諸侯之邦交，歲相問也，殷相聘也，世相朝也。」鄭君注云：「父死子立曰世。凡君即位，大國朝焉，小國聘焉，此皆所以習禮考義，正刑一德，以尊天子也。」是諸侯相朝，于禮經有父死子立之世相朝也。此諸侯相朝之正禮也。至於左氏云：五年再相朝之制，乃春秋王道衰微，禮義廢闕，弱國朝強國，小國朝大國之禮也。故學者於春秋諸侯之相朝，多責難之。蓋以其非王道之正也。茲舉數家之說如下：

> △劉敞《春秋權衡・卷五》云：「按《尚書・周官》六年五服一朝，
> 又六年王乃時巡，則諸侯於天子五年一朝矣，於天子五年一朝，
> 不得於諸侯亦五年一朝也。且以春秋時事考之，曹、小國也，魯
> 既當朝，晉亦當朝，宋、衛亦當朝，楚、鄭、秦、杞、陳、齊、
> 蔡、滕又皆當朝，朝無已乎？其禮安在？其制安在？」
> △程公說《春秋分記・卷七十一》引趙匡云：「案《周禮》諸侯猶各
> 以年數朝天子，若五年諸侯再相朝，既須四面而往，無停歇時矣。」
> △葉夢得《春秋左傳讞・卷三》云：「諸侯世相朝，吾固言其非矣。
> 此乃叔向所謂明王之制，諸侯歲聘以志業，閒朝以講禮，再朝而
> 會以示威者，蓋霸主之令，以為古制非也。」

劉氏雖云「其禮安在？其制安在？」然又謂「《周禮・大行人職》曰：凡

諸侯之邦交，歲相問也，殷相聘也，世相朝也。此爲得中焉。」趙氏亦曰：「以理推之，諸侯除州伯之外，當無相朝之限，有事乃行耳。」是二氏猶知諸侯有相朝之禮，特以五年再相朝爲繁耳。若葉氏則直斥禮經爲非，謂乃向言之霸制，則不然矣。考禮經於諸侯相朝之儀，略可見焉：

> △《周禮·春官·典瑞》云：「公執桓圭，侯執信圭，伯執躬圭，繅皆三采三就，子執穀璧，男執蒲璧，繅皆二采再就，以朝覲宗遇會同于王。諸侯相見，亦如之。」鄭司農云：「亦執圭璧以相見，故邾隱公朝于魯，春秋傳曰：邾子執玉高，其容仰。」

> △《周禮·秋官·司儀》云：「凡諸公相爲賓，主國五積，三問，皆三辭，拜受。……諸侯、諸伯、諸子、諸男之相爲賓也，各以其禮相待也，如諸公之儀。」鄭君注云：「謂相朝也。」

> △《禮記·禮器》云：「諸侯相朝，灌用鬱鬯，無籩豆之薦。」孔氏正義云：「謂五等自相朝也。」

是諸侯邦交，禮有世相朝之文，若其儀節，經亦雜存之。是諸侯相朝，先王所重。特《儀禮》不具於篇，學者難詳其目，乃曰天王在上，諸侯相朝，豈禮也哉？豈禮也哉？此不信禮經之過也。考春秋諸侯多行之，雖不中禮，不可謂古無斯制也。茲就《春秋》中諸侯相朝之事，類列於下，並從而論述之：

隱公十有一年，經云：「春、滕侯、薛侯來朝。」

諸侯相朝，所以屬禮考義，正刑一德，以尊天子也。于周官有世朝，禮文不具者有閒於王事之朝，故此年穀梁子曰：「天子無事，諸侯相朝，正也。考禮脩德，所以尊天子也。」公羊子曰：「諸侯來曰朝，大夫來曰聘。」若稽之左氏，則有「諸侯五年再相朝」。「世之治也，諸侯閒於天子之事，則相朝也。」則三傳於諸侯相朝，初無異說。顧《春秋》於諸侯來朝，皆曰某侯、某伯、某子來朝，若紀侯、曹伯、邾子者是也。未有累書之，若滕侯、薛侯者。今累書之，故《公》、《穀》乃爲之發例：

> △《公羊》云：「其兼言之何？微國也。」

> 何休解詁云：「略小國也。」

> △《穀梁》云：「犆言、同時也。累數、皆至也。」

> 范寧注云：「犆言謂別言也。若穀伯綏來朝，鄧侯吾離來朝，同時來，不俱至。累數、總言之也。若滕侯、薛侯來朝，同時俱至。」

《公羊》所以兼言之,何氏云略小國也。《穀梁》犆言,累數。范氏謂別言,總言也。則二傳雖解經,亦未存褒貶之意。若《公羊》謂微國,故兼言之,非也。《春秋》王者之事,豈有仁人,能王天下,而略小國也,則《春秋》特為彊國作乎?此必不然也。凡此不論焉。後儒但見《公羊》有兼言之義,《穀梁》有累數之論,乃發為旅見之說:

△劉敞《春秋傳・卷一》云:「其兼言之何?譏、何譏爾?旅見也。非天子不旅見諸侯,諸侯相旅見,非禮也。」

△胡安國《春秋傳・卷三》云:「凡大國來聘,小國來朝,一切書而不削,皆所以示譏。滕薛二君,不特言者,又譏旅見也。非天子不旅見諸侯,僵然受之而不辭,亦以見隱公之志荒矣。」

△高閌《春秋集註・卷三》云:「豈有同列來朝而班見者乎?班見者,朝天子之禮也。」

△李廉《春秋會通・卷二》云:「同日旅見,惟天子可受之,諸侯不當然也。」

宋儒義理之學,覃思發義,每多精詳之言。唯《公》《穀》雖曰兼言,曰累數,但亦釋總言、別言耳,未有旅見之義也,考《左氏》曰:「滕侯、薛侯來朝,爭長。薛侯曰:我先封。滕侯曰:我周之卜正也,薛、庶姓,我不可以後之。公使羽父請于薛侯曰:君與滕君,辱在寡人。周諺有之曰:山有木,工則度之,賓有禮,主則擇之。周之宗盟,異姓為後,寡人若朝于薛,不敢與諸任齒,君若辱貺寡人,則願以滕君為請。薛侯許之,乃長滕侯。」滕薛來朝,于行禮之時,爭為長焉,則二侯之來,非相皆而至也。以其有爭,則非旅見也。公請羽父使說薛侯,滕侯乃得長焉,則公固不敢旅見諸侯也。《左氏》之義昭然。前儒有論之者:

△惠士奇《春秋說・卷八》云:「或以為諸侯旅見天子,滕薛同朝,是僭行旅見之禮,豈其然?旅、眾也。三為眾,兩為離。滕薛兩侯,未可謂之旅,且同來而一先朝,一後朝,故爭先為長。長滕侯者,滕先而後薛後云爾。凡相朝,賓執玉,主受玉,兩賓一主,焉可同行,必有先後,定非同日。兼言、累數,遂以旅見當之,學者好為異說若此。」

△徐庭垣《春秋管窺・卷一》云:「滕薛二國來朝,乃不期而會,非旅見也,故臨事而爭長。」

考之《左氏》，其非旅見也明矣，惠氏謂「兩賓一主，焉可同行，必有先後，定非同日」是也。宋儒蓋以秦漢事，以範春秋，既曰大聘小朝，一切書之，皆所以示譏，又曰兼之則譏旅見也。《公》、《穀》本無旅見義，後儒引以爲旅見之據，則其說固不足信也。蓋經直書其事，左氏乃依經以辨理也。

桓公二年，經云：「滕子來朝。」

桓公二年，經云：「秋、七月、杞侯來朝。」

左氏云：「秋、七月、杞侯來朝，不敬。杞侯歸，乃謀伐之。」杜氏注經云：「公即位而來朝。」

桓公六年，經云：「冬，紀侯來朝。」

左氏云：「冬、紀侯來朝，請王命以求成于齊，公告以不能。」

桓公七年，經云：「夏，穀伯綏來朝，鄧侯吾離來朝。」

左氏云：「穀伯、鄧侯、來朝。名、賤之也。」

桓公九年，經云：「冬，曹伯使其世子射姑來朝。」

左氏云：「冬，曹大子來朝，賓之以上卿，禮也。」

按：諸侯世子，有出使朝聘之禮。《周禮・春官・典命》云：「凡諸侯之適子，誓于天子，攝其君，則下其君之禮一等。未誓，則以皮帛繼子男。」鄭君注云：「誓猶命也，言誓者，明天子既命以爲之嗣，樹子不易也。《春秋》桓九年，曹伯使其世子射姑來朝，行國君之禮是也。」鄭君禮注，引世子射姑之代父來朝以證成之。杜元凱左氏注，則引禮經以解之。杜氏注傳：「諸侯之適子，未誓于天子而攝其君，則以皮帛繼子男，故賓之以上卿，各當其國之上卿。」是《左氏》記禮，與《周官》合矣。然春秋一經三傳，雖涇渭有分，而學者每混而淆之，彼此相難，使經義無由得明，考二傳義，與《左氏》大相徑庭矣。

△《公羊》云：「諸侯來曰朝，此世子也，其言朝何？春秋有譏父老、子代從政者，則未知其在齊與曹與？」

何休解詁云：「所以書者，重惡世子之不孝甚。」

△《穀梁》云：「朝不言使，言使非正也，使世子亢諸侯之禮而來朝，曹伯失正矣。諸侯相見曰朝，以待人父之道待人之子，以內爲失正矣。內失正，曹伯失正，世子可以已矣，則是故命也。尸子曰夫已多乎道。」

范寧注云：「父有爭子，則身不陷於不義，射姑廢曹伯之命可。」

　　《公》《穀》之義行，而說《春秋》者莫不從焉，雖使《左氏》與禮經合，竝棄而不顧矣。故宋儒之說經者眾，無助于《左氏》之治道，與禮經之緯國之大義也。

　　　△何休《左氏膏肓》云：「左氏以人子安處父位，尤非衰世救失之宜，於義左氏為短」（《孔疏》引）。

　　　△劉敞《春秋意林‧卷上》云：「古者為人子，三賜不及車馬，立不中門，坐不主奧，享食不為概，祭祀不為尸，不敢乘父之車，不敢依其衣，所以示民有親也，如之何以諸侯朝哉？此後世所以多亂也。」

　　　△劉敞《春秋權衡‧卷二》云：「《周禮》稱繼子男者，諸侯朝天子有時，不得後其期，故老疾者，使世子攝己事而往，其立繼子男之後而見天子，急述職也。諸侯閒於王事則相朝，相朝本無時，曹伯雖有疾，何急於朝魯，而使世子攝哉，是欲使其子亢諸侯之禮審矣。」

　　　△孫復《春秋尊王發微‧卷二》云：「諸侯相朝，猶曰不可，況使世子乎？」

　　　△孫覺《春秋經解‧卷三》云：「曹為小國，世朝于魯，於是遣世子者來行其禮，春秋書之，以為皆有罪也。」

　　　△劉逢祿《箴膏肓評》云：「曹伯在位，世子行朝禮，非一國二君，無王無父，而不知乎左氏此類，亦非舊文。」

　　執二傳以難《左氏》者，唐、宋以下，不計其數，唯不出「子安父位。」「以亢諸侯」。或「世子繼子男」，乃急王事，不有於諸侯二者。若孫氏復「諸侯相朝，猶曰不可，況使世子。」此固不信禮經之故，若諸侯世朝，見于周官；閒王事則相朝，春秋行之，豈可以意非之？申受「一國二君，無王無父。」固本之《穀梁》，又疑非《左氏》之舊文，其說甚謬，自無足取。《公羊》父老子代，《春秋》未嘗有譏焉。考《左氏》范宣子云：「昔匄之祖，自虞以上為陶唐氏，在夏為御龍氏，在商為豕韋氏，在周為唐杜氏，主夏盟為范氏。」則春秋于世卿且無譏也，何譏諸侯父老子代哉？禮經世子攝其君，其儀存焉。《公羊》何舍禮經于不顧，而何休又強為之說，誤矣。

　　　△《荀子‧正論篇》云：「諸侯有老，天子無老。」
　　　楊倞注云：「諸侯供職貢朝聘，故有筋力衰竭。」

△鄭康成《箴膏盲》云：「必如所言，父有老耄罷病，孰當理其政，
預王事也」（本疏引）

按之禮經，世子攝其君，則世子固可代父行朝聘之禮也。證之荀卿，王
者「執至重而形至佚，心至愉而志無所詘，而形不爲勞。」此王者所以無老
也。若諸侯「扶輪挾輿先焉」，急供職貢朝聘，故有老也。故康成謂「父有老
耄罷病，孰當理其政」是也。

《穀梁》「朝不言使，言使非正。」禮經「世子攝其君。」則非使乎？豈
有世子專君命而攝君哉？必不然也。故知曹伯之使，不爲失正也。又曰「以
待人父之禮，待人之子。」按待人父者，則賓以兩君相見之禮矣，何賓之以
上卿之禮哉？賓之以上卿者，固未以「待人父之禮，待人之子」也。則內固
不失正矣。蓋《左氏》者史也，得見百二十國賓書，故知魯賓以上卿，異乎
諸侯之禮，故曰禮也。以見魯猶秉周禮也。二傳未見魯史，但見經書曹大子
來朝，以爲必行兩君相見之禮，故一譏父老子代，一貶以待人父之禮，待人
之子，要皆不見國史之誤也。何休「不孝」、范寧「廢命可也」，舍禮之大，
責禮於小，不足論也。若劉敞氏「世子攝其君，急述職也，曹伯有疾，何急
於朝魯。」孫覺氏「曹小國，世朝于魯，使世子來行禮，皆有罪也。」蓋周
自東遷，王道不振，內不足以治諸侯，外不能以攘夷狄，一統之治已衰，諸
侯竝興。故管仲相小白，一匡天下，九合諸侯。夫子曰「微管仲，吾其披髮
左衽矣」是也。春秋邦交鼎盛，朝聘會盟，所以經國治民之道也，故未可一
繩於西周太平之世，宜以權時度宜視之可也。

桓公十有五年，經云：「邾人，牟人，葛人來朝。」

莊公五年，經云：「秋，郳犁來來朝。」

左氏云：「秋，郳犁來來朝，名，未王命也。」

莊公二十有三年，經云：「蕭叔朝公。」

《春秋》諸侯朝魯者，皆曰某伯，某子來朝，若文十一年曹伯來朝，桓
二年滕子來朝者是也。來朝者，蓋朝于國都也。今蕭叔朝公，經云「公及齊
侯遇于穀，蕭叔朝公。」杜元凱云：「蕭，附庸國，叔，名。就穀朝公，故不
言來。凡在外朝，則禮不得具，嘉禮不野合。」則蕭叔就穀朝公，穀乃齊邑，
故不言來也。杜氏又云「凡在外朝，則禮不得具，嘉禮不野合。」則似此朝
爲非禮矣。然《左氏》無傳，其義難詳，檢二傳之義如次：

　　△《公羊傳》云：「其言朝公何？公在外也。」

　　　何休解詁云：「時公受朝於外，故言朝公，惡公不受於廟。」

　　△《穀梁傳》云：「其不言來，於外也。朝於廟，正也。於外，非正
　　　也。」

《公羊》謂「公在外也。」乃釋所以不稱來，及來朝不稱公也。《穀梁》謂「朝
於廟、正也，於外、非正也。」則承公朝王所下云：「朝于廟、禮也，朝于外、
非禮也」之義，故何休《公羊解詁》謂「惡公不朝于廟」是也。公朝王所，
不爲非禮，蓋《書》云「肆覲東后」，《周禮》十二年一巡狩，諸侯各會於方
嶽下之事，故朝王所亦禮也，此《穀梁》之誤也。今又謂朝于外爲非正，而
後儒喜新，多所引證，即杜氏「于外朝禮不具」，或亦有見于《穀梁》。後儒
得無據乎？

　　△胡安國《春秋傳・卷九》云：「蕭叔朝公，在齊之穀，則非其所也。
　　　嘉禮不野合，而朝公于外，是委之於野矣。故禮非其所，君子有
　　　不受，必反之正而後止。」

　　△蘇轍《春秋傳・卷九》云：「禮，朝聘于廟，於外，非禮也。」

　　△李廉《春秋會通・卷七》云：「蕭叔之朝公，與僖公之朝王所，其
　　　非地一也。」

　　△顧棟高《春秋大事表・卷十七》：「書朝公，以志公爲已侈，不書
　　　來朝，以志蕭叔行禮爲已簡，交譏之。」

若此類者眾矣，或譏非地，或貶於外，皆一依《穀梁》「非正」之說也。胡氏
「禮非其地，君子有不受」。顧氏「蕭叔行禮爲已簡。」何責人之備，律己之
輕也。

　　考《周禮・掌客職》云：「凡禮賓客，國新殺禮，凶荒殺禮，札喪殺禮，
禍栽殺禮，在野在外殺禮。」在野在外，比諸國新，凶荒、札喪、禍栽者。
蓋卒然相遇，禮不得備也。孫詒讓《周禮正義・卷七十三》云：「在野在外殺
禮者，在野謂王行在畿內都邑，在外則巡狩殷國，及大師出在畿外，以其行
道偶遇賓客，備禮有殺。」諸侯有朝會盟遇，若偶遇賓客，以天王之殺禮準
之，亦有殺禮可知，唯禮文不具耳。杜氏注經，恐非。元人黃澤亦嘗駁胡氏
諸說：

　　△趙汸《春秋師說・卷下》述其師黃澤云：「齊與魯遇，蕭叔在焉，
　　　自不得不見。又遇禮簡易，諸侯體敵，可用遇禮。蕭叔是附庸，

雖邂逅，於理應朝。」

比禮經「天子在外有殺禮」，黃氏「雖邂逅，於理應朝。」於春秋政治已繁，邦交之道已盛，則諸侯邂逅於外，自當相朝，若胡氏、蘇氏等，拘泥《穀梁》，非矣。

　　元凱注經，文定作傳，皆曰「嘉禮不野合。」似蕭叔之朝公，乃嘉禮而非賓禮矣。按《周禮》以賓禮親邦國，有朝宗覲遇會同。《儀禮・覲禮》，鄭目錄謂于五禮屬賓禮。蓋朝聘與君臣日眡朝自異，秦蕙田《五禮通考・卷一百三十一》云：「古朝禮有二，《書》曰覲四岳群牧，又曰肆覲東后。《周禮・大行人》掌朝、宗、覲、遇、會、同、聘、問之事，乃賓禮也。《周禮宰夫》掌治朝之法，大宰王眡治朝，則贊聽治，為天子日視朝之正，乃嘉禮也。」秦氏分每日眡朝，與朝宗覲遇為二，其說甚確。則蕭叔之朝公，乃賓禮也，故入賓禮之篇。

莊公二十有七年，經云：「杞伯來朝。」

僖公七年，經云：「夏、小邾子來朝。」

僖公二十年，經云：「夏、郜子來朝。」

僖公二十有七年，經云：「春、杞子來朝。」

文公十有一年，經云：「秋、曹伯來朝。」

　　左氏云：「秋、曹文公來朝，即位而來見也。」

按：文公來朝，傳云：「即位而來見也。」按：文九年八月，曹共公卒，子文公壽立。迄今已踰年矣。而文公來朝，即〈大行人〉所謂「世相朝也。」亦孫詒讓《周禮正義・卷七十一》云：「即位之君朝聘它國」是也。劉文淇《春秋左傳舊注疏證》云：「聘禮疏，君薨踰年，嗣子即位，鄰國朝聘，以吉禮受之于廟，故成十七年經書邾子貜且卒，十八年，邾宣公來朝，傳云即位而來見也，踰年可以朝他國。他國來朝，亦得以吉禮受之于廟矣。雖踰年而未葬，則不得朝人；人來朝己，亦使人受之于廟。」按九年冬，葬曹共公，則文公之來朝、禮也。

　　唯諸侯即位，往朝他國，或他國來朝，因時早晚，史例殊名也。若此年文公來朝，傳曰「即位而來見也。」文十二年杞桓公來朝，傳曰「始朝公」是也。于來朝，來見，始朝，始見之異稱者，劉炫云：「魯公新立，鄰國及時來朝，則曰：公即位而來朝。晚則云始朝公也。諸侯自新立來，及時者，則

云即位而來見，晚則云始見。霸主即位，魯公往朝，則曰朝嗣君；魯君新立，往朝大國，則曰即位而往見也。」（《左傳·文十二年》孔疏引）蓋周禮世朝之制，春秋猶行之，然有行而及時者，有行而不及時者，史官殊稱，亦史家策書大體也。則其禮歟？其義自明。考之左氏，劉君之說，信而有據也。

文公十有二年，經云：「杞伯來朝。」

　　左氏云：「杞桓公來朝，始朝公也。」杜元凱注云：「公即位，始來朝。」

文公十有二年，經云：「秋、滕子來朝。」

　　左氏云：「秋、滕昭公來朝，亦始朝公也。」

文公十有五年，經云：「夏，曹伯來朝。」

　　左氏云：「夏，曹伯來朝，禮也。諸侯五年再相朝，以脩王命，古之制也。」

　　諸侯相朝之期，於世相朝固見之禮經矣。而《左氏》又謂諸侯五年再相朝者何也？審周公之制禮，于土宇相望，境界相連，鷄犬之聲相聞者，未必世而朝也，特禮文具其大者耳。若有事相朝，亦禮所不禁也。直以春秋之時，世朝之禮尚存焉。故孫詒讓《周禮正義·卷七十一》云：「襄元年邾子來朝。傳曰：凡諸侯即位，小國朝之，是此新立而彼朝之也。文九年曹伯襄卒，十一年曹伯來朝。傳曰：即位而來見也，是彼新立而朝此也。則知春秋之世，猶有世朝法，與周禮合」是也。世朝之法既存，而兩君因事相朝，概無定期。故春秋賢大夫聘辭言禮，其制多殊焉。今試述之如下：

　　△《左氏·文十五年傳》云：「諸侯五年再相朝，以脩王命，古之制也。」鄭君云：「古者、據今而述前代之言，夏殷之時。天子蓋六年一巡守，諸侯閒而朝天子，其不朝者，朝罷朝。五年再相朝者，似如此。」（本疏引）孔疏既駁鄭君夏殷禮之說，乃曰：「僖十五年公如齊。杜云：諸侯五年再相朝，禮也。引此證彼，則是當時正法，非為前代禮也。或人（按指沈文阿）見僖公朝齊，杜引此為證，遂言五年再相朝，是事霸主之法。然則魯非霸主，曹伯何以朝之？曹豈推魯為霸主，而屈己以朝之也。且云古之制也，即是古之聖王制為此法。」又曰：「《周禮》言世相朝者，以其一舊一新，彼此未狎，於此之際，必須往朝，舉其禮之大者，不言唯有此事，五年再相朝，正是《周禮》之制，《周禮》文不具耳。」

　　△《左氏·昭三年傳》，子大叔曰：「昔文襄之霸也，其務不煩諸侯，

令諸侯三歲而聘，五歲而朝，有事而會，不協而盟。」孔疏云：「此
說文襄之霸，令諸侯朝聘霸主大國之法也。」

△《左氏‧昭十三年傳》，叔向曰：「明王之制，使諸侯歲聘以志業，
閒朝以講禮，再朝而會以示威，再會而盟以顯昭明。」杜注云：「三
年而一朝。」（此「閒朝以講禮」，杜孔皆以爲諸侯朝天王之制，
此說誤也，說已見「朝王」節。）

《左氏》于世朝外，其說諸侯相朝之期者三，曰五年再相朝，曰五歲而朝，
曰閒朝是也。五歲而朝，子大叔固曰文襄之霸制也。而孔氏曰：「霸主遭時制
宜，非能創制改物，諸侯或從時令，或率舊章」（文十年傳疏）。則文襄霸制，
審孔氏意，亦因周禮五年再相朝而來者，特其五年一朝，非五年再朝耳。

今考春秋諸侯之相朝也，差無定制，魯宣公四年如齊，五年如齊，九年
如齊，十年春如齊，夏又如齊。襄公三年如晉，四年又如晉。昭公二年如晉，
五年又如晉。十二年如晉，十三年如晉，十五年又如晉。則比歲往朝者有之，
一年再朝者有之，何有于五年再相朝？亦何有于五歲一朝？杜云三歲之朝亦
無焉。此固衰周時諸侯之悖禮耳，不得據以考盛世之制也。顧盛世之制，亦
未必唯世一朝而已。孔穎達云：「諸侯之邦交者，將以協近鄰，結恩好，安社
稷，息民人，土宇相望，竟界連接，一世一朝，疏闊大甚，其於閒暇之年，
必有相朝之法」（文十五年傳疏）是也。唯其於「閒暇之年」或「有事之秋」
有相朝之法，故左氏得有「五年再相朝」，「閒朝」之語。

然「五歲而朝」，固晉文所制，不足以論矣。若「五年再相朝」。「閒朝」。
豈周制而《周禮》文不具邪？曰此必不然。按成十二年《左傳》，晉郤至云：
「世之治也，諸侯閒於天子之事，則相朝也。於是乎有享宴之禮，享以訓共
儉，宴以示慈惠，共儉以行禮，而慈惠以布政，政以禮成，民是以息，百官
承事，朝而不夕，此公侯之以扞城其民也。」則閒者，不必三年，亦非據歲
聘爲言也。蓋王朝無事，諸侯閒暇，則相朝以講禮，於是乎有宴享之禮，以
訓恭儉，以示慈惠，兩國和好，政平民安，此所謂「賓禮親邦國」者是也。
若乎「五年再相朝」，蓋謂閒闊五年，可再相朝矣，非謂必「五年再相朝」
也。按之左氏文十五年傳，曹伯來朝、禮也。杜注云：「十一年，曹伯來朝，
雖至此乃來，亦五年。」僖公十五年經，公如齊。杜注云：「諸侯五年再相
朝、禮也。」蓋僖十年公如齊，迄今如齊，正六年矣，焉得五年。若曰五年，
則曹伯十一年來朝，至十五年來朝，又焉得五年，是皆言其槩也，非謂必五

年再相朝。唯其閒於王事，固無定期，視其閒暇或有事，則相朝也。故春秋大夫騁辭言禮，疏數不一者，蓋亦時之所當也。劉師培先生《春秋左氏傳例略》云：「傳引時人詮禮之詞，均爲傳說，知者，隱傳因生賜姓，眾仲之說也。昭傳閒朝而會，叔向之說也」是也。唯其傳說，固不得確制。唯其去盛周之世不遠，所言每中禮也。孫詒讓《周禮正義·卷七十一》云：「《左氏》所云多後世權時更變之法，與周公制太平之初制，勢固不能盡合，而邦交疏數，亦自有斟酌變通之道，必謂非父死子立，即不可相朝，是亦膠固之論矣」是也。

　　雖曰權時更變，曰斟酌變通。唯其多本周禮，故脈胳可尋，若盛周之世，但有世朝，春秋諸侯，唯僭禮悖教，必不敢比年而朝，或年而再朝矣。唯其有閒於王事而相朝之禮，故諸侯得藉而行之，《春秋》直書之，傳詳其事，則褒貶存焉。若趙氏匡，劉氏敞謂諸侯五年一朝于天子，則諸侯亦五年一朝也。此不知周禮六服之朝，乃第一歲、第二歲，由侯服、甸服而入朝于王，非五年一朝于王也。尤不知諸侯有世朝、有閒於王事之朝。故劉氏有「朝無已乎？」，趙氏有「無停歇時矣」之譏。而鄭君謂夏殷之禮。夏殷之禮或五年而朝，然春秋諸侯相朝，不必取于斯也。

宣公元年，經云：「秋、邾子來朝。」

成公四年，經云：「杞伯來朝。」

　　左氏云：「杞伯來朝。歸叔姬故也。」

成公六年，經云：「夏、六月、邾子來朝。」

成公七年，經云：「夏、五月、曹伯來朝。」

　　左氏云：「夏、曹宣公來朝。」

成公十有八年，經云：「秋、杞伯來朝。」

　　左氏云：「秋、杞桓公來朝，勞公、且問晉故。」

成公十有八年，經云：「八月、邾子來朝。」

　　左氏云：「八月、邾宣公來朝，即位而來見也。」

襄公元年，經云：「邾子來朝。」

　　左氏云：「九月，邾子來朝，禮也。」

　　諸侯邦交，有世朝之禮，即《周禮·秋官·大行人》云：「凡諸侯之邦交，歲相問也，殷相聘也，世相朝也」是也。鄭君云：「父死子立曰世，凡君即位，

大國朝焉，小國聘焉。」《春秋》本經云：「元年春，王正月，公即位。」九月下又云：「邾子來朝，冬、衛侯使公孫剽來聘，晉侯使荀罃來聘。」《左氏》云：「九月、邾子來朝，禮也。冬、衛子叔、晉知武子來聘、禮也。凡諸侯即位，小國朝之，大國聘焉，以繼好結信，謀事補闕，禮之大者也。」檢春秋經傳，正與〈大行人〉之文合。故孫詒讓氏云：「襄元年邾子來朝，傳曰凡諸侯即位，小國朝之，是此新立而彼朝之也。文九年曹伯襄卒，十一年曹伯來朝，傳曰即位而來見也，是彼新立而朝此也。則知春秋之世，猶有世朝法，與周禮合」（《周禮正義·卷七十一》）是也。而宋儒葉夢得力斥「世朝爲非」（《春秋左傳讞·卷三》），蓋不信禮經之誤也。

顧《左氏》謂「小國朝之，大國聘焉。」鄭君禮注則曰：「大國朝焉，小國聘焉。」檢《春秋》魯公即位，來朝者若曹伯、邾子皆小國也，來聘者若衛子叔，晉知武子，皆大國也。則左氏與禮注似有未合。劉文淇《春秋左氏傳舊注疏證》云：「校勘記云：〈大行人〉注引作大國朝焉，小國聘焉。賈疏同。〈王制〉正義引《周禮》鄭氏注同，孔自引《左傳》，仍作小國朝之。《儀禮·聘禮》賈疏凡兩見，俱作小國朝焉。據阮說，則鄭君本大小朝聘，與杜本互異。鄭君引傳乃傳寫誤文，故疏家仍以小國朝，大國聘爲說。」此校甚精。然孫詒讓《周禮·卷七十一》云：「彼《左傳》據它國來朝聘繼位之君言，故云小朝大聘；此注據即位之君朝聘它國言，故云大朝小聘，與《左傳》文異而旨同」。則孫氏之說亦可取也。

唯《春秋》本經于九月下，書曰「辛酉，天王崩。」杜氏于「天王崩」下注云：「辛酉，九月十五日。」于「晉侯使荀罃來聘」下注云：「冬者，十月初也，王崩，赴未至，皆未聞喪，故各得行朝聘之禮，而傳善之。」是天王之喪聞未至，故四國得成其朝聘之禮也。范寧《穀梁注》，徐彥《公羊疏》並從杜說，是三傳初無異說也。洎宋儒胡安國乃痛斥四國聞天王之喪，不知奔喪而行朝聘。胡氏《春秋傳·卷二十一》云：「簡王崩，赴告已及，藏在諸侯之策矣，則宜以所聞先後而奔喪。今邾子方來修朝禮，衛侯、晉侯方來修聘事，於王喪若越人視秦人之肥瘠，曾不與焉。而左氏以爲禮，此何禮乎？」按君薨如父喪，果赴已至，其欲行朝聘之禮，可得乎？必不然也。考三傳無赴至之文，不知文定何據？

考諸侯相見，其不得終禮者六，即《禮記·曾子問》云：「曾子問諸侯相見，揖讓入門，不得終禮，廢者幾？孔子曰六，請問之，曰天子崩，大廟火，

日食，后夫人之喪，雨霑服失容，則廢。」是天王赴至，諸侯廢相見之禮，記有明文也。魯猶秉周禮，必不聞王喪而安受諸侯朝聘，左氏親受于夫子，必不以逆君臣大倫爲禮。胡氏蓋感時而發，乃旁出義例也。竹添光鴻《左傳會箋・卷十四》云：「王訃未至，杜蓋按日而稽之，非意度也」。此言近是。

襄公六年，經云：「滕子來朝。」

　　左氏云：「秋、滕成公來朝，始朝公也。」

襄公七年，經云：「春、郯子來朝。」

　　左氏云：「春，郯子來朝，始朝公也。」

襄公七年，經云：「小邾子來朝。」

　　左氏云：「小邾穆公來朝，亦始朝公也。」

襄公二十有一年，經云：「曹伯來朝。」

　　左氏云：「冬、曹武公來朝，始見也。」杜元凱云：「即位三年，始來見公。」

昭公三年，經云：「秋、小邾子來朝。」

　　左氏云：「小邾穆公來朝。季武子欲卑之，穆叔曰：不可，曹滕二邾，實不忘我好，敬以逆之，猶懼其貳，又卑一睦焉，逆群好也，其如舊而加敬焉。」

昭公十有七年，經云：「春、小邾子來朝。」

　　左氏云：「春、小邾穆公來朝，公與之燕。季平子賦采菽，穆公賦菁菁者莪。昭子曰：不有以國，其能久乎？」

昭公十有七年，經云：「秋、郯子來朝。」

　　左氏云：「秋、郯子來朝，公與之宴。」

定公十有五年，經云：「春，王正月，邾子來朝。」

　　左氏云：「春、邾隱公來朝。子貢觀焉，邾子執玉高，其容仰。」

哀公二年，經云：「滕子來朝。」

　　綜上所述，春秋列國來朝於魯者三十有八，皆小國也。或世朝，或因事而朝，差無定準。而諸國之朝魯，亦未見魯公嘗一報之，是世朝之禮雖存，亦小國朝于大國耳。其于大國朝小國之禮，則闕如也。此亦衰周諸侯之悖禮，禮亦因時勢而損益之也。

三、公如列國

　　春秋諸侯相朝，有世相朝，有閒王事之朝。閒王事者，盛世治平之禮；殆春秋之世，因其無定期，遂至比年而朝，或年而再朝，其禮歟：非禮歟！《左氏》隨事而發，其義自明。顧列國朝魯者，例書來朝，桓六年紀侯來朝，文十一年曹伯來朝者是也。魯之往朝列國者，例書如，如者、往也，著其出境是也，此魯史之法也。魯公之出，有書如而非朝者，桓十八年，公將有行，遂與夫人姜氏如齊。又莊公之世三如齊，一為觀社，再為納幣，三為逆女，傳皆明書其事，以別其非行朝禮也。書如而曰朝者，先儒備論之矣：

　　　　△高閌《春秋集註‧卷十五》云：「公朝他國皆書如，著其出竟也。」

　　　　△葉夢得《春秋傳‧卷九》云：「如、朝也。凡公如皆朝，朝、君之事也。大夫如皆聘，聘、臣之事也。」

　　　　△程端學《春秋本義‧卷十一》云：「啖氏曰：凡公及內卿往他國朝聘，皆書曰如。愚謂如者，往也。故上下內外通言之。然外諸侯大夫來魯朝聘皆明書之，魯往他國朝聘，皆但言如者，亦內辭，而孔子因之也。」

　　蓋魯君臣出外朝聘書如者，著其出境也。《周禮‧小行人職》云：「朝覲宗遇會同，君之禮也。存覜省聘問，臣之禮也。」故知君之書如為朝，卿大夫出書如為聘也。然亦國史之法，國史主乎其國，故有內外之別，即所謂內辭是也。設晉侯來朝，晉史書之，必曰公如魯。而不曰公朝魯也。

　　春秋之世，魯十有二公，自僖公以下，朝列國者屢矣。或世朝，或因事而朝，差無定準。故左氏隨文發義，其盛衰之迹亦已見矣。茲略述如下：

僖公十年，經云：「春、王正月，公如齊。」

　　案：僖公此行，乃魯公朝列國之始。

僖公十有五年，經云：「春、王正月，公如齊。」

　　杜注云：「諸侯五年再相朝，禮也。」

僖公三十有三年，經云：「冬、十月，公如齊。」

　　左氏云：「冬，公如齊。朝、且弔有狄師也。」

宣公四年，經云：「秋、公如齊。」

宣公五年，經云：「春、公如齊。」

　　左氏云：「春、公如齊。高固使齊侯止公，請叔姬焉。」

宣公九年，經云：「春、王正月，公如齊。」

宣公十年，經云：「春、公如齊。」

　　左氏云：「春、公如齊。齊侯以我服故，歸濟西之田。」

宣公十年，經云：「公如齊。」

　　左氏云：「公如齊奔喪。」杜注云：「公親奔喪，非禮也。」

昭公二十有七年，經云：「春、公如齊。」

　　左氏云：「春、公如齊，公至自齊，處于鄆，言在外也。」

昭公二十有七年，經云：「公如齊。」

　　左氏云：「冬、公如齊，齊請饗之。」

　　上述魯公朝齊者十，由魯往朝者七，往奔喪者一。由鄆往朝者二。所以比年朝齊者，蓋齊自桓公出，九合諸侯，一匡天下，諸侯以爲主。時周室不振，力不足以治諸侯，諸侯力足治者治之，亦變之正也。昭公因季氏擅權，出居於鄆，再如齊而齊終無能爲公謀，故朝齊終於此。

文公三年，經云：「冬、公如晉。」

　　左氏云：「公如晉，及晉侯盟。」

文公十有三年，經云：「冬、公如晉。」

　　左氏云：「冬、公如晉。朝、且尋盟。」

成公三年，經云：「夏、公如晉。」

　　左氏云：「夏、公如晉，拜汶陽之田。」

成公四年，經云：「公如晉。」

　　左氏云：「夏、公如晉。晉侯見公不敬。」

成公十年，經云：「秋、七月，公如晉。」

　　左氏云：「秋、公如晉。晉人止公，使送葬。」

成公十有八年，經云：「公如晉。」

　　左氏云：「公如晉。朝嗣君也。」

襄公三年，經云：「公如晉。」

　　左氏云：「公如晉，始朝也。」杜注云：「公即位而朝。」

襄公四年，經云：「冬、公如晉。」

襄公八年，經云：「春、王正月，公如晉。」

左氏云：「春，公如晉朝，且聽朝聘之數。杜注云：「晉悼復修霸業，故朝而稟其多少。」

襄公十有二年，經云：「公如晉。」

左氏云：「公如晉，朝，且拜士魴之辱，禮也。」

襄公二十有一年，經云：「春、王正月，公如晉。」

左氏云：「春，公如晉拜師，及取邾田也。」

昭公二年，經云：「冬、公如晉，至河乃復。」

左氏云：「晉少姜卒。公如晉。及河，晉侯使士文伯來辭，曰：非伉儷也。請君無辱，公還。」

昭公五年，經云：「公如晉。」

左氏云：「公如晉，自郊勞至于贈賄，無失禮。」

昭公十有二年，經云：「公如晉，至河乃復。」

左氏云：「公如晉，至河乃復，取郠之役，莒人愬于晉。晉有平公之喪，未之治也，故辭公。」

昭公十有三年，經云：「公如晉，至河乃復。」

左氏云：「公如晉，荀吳謂韓宣子曰：諸侯相朝，講舊好也。執其卿而朝其君，有不好焉。不如辭之，乃使士景伯辭公于河。」

昭公十有五年，經云：「冬、公如晉。」

左氏云：「冬、公如晉，平丘之會故也。」

昭公二十有一年，經云：「公如晉，至河乃復。」

左氏云：「公如晉，及河，鼓叛晉。晉將伐鮮虞，故辭公。」

昭公二十有三年，經云：「冬，公如晉，至河有疾，乃復。」

左氏云：「公為叔孫故如晉，及河，有疾而復。」

昭公二十有八年，經云：「公如晉，次于乾侯。」

左氏云：「春，公如晉，將如乾侯。子家子曰：有求於人，而即其安，人孰矜之，其造於竟。弗聽，使請逆於晉。晉人曰：天禍魯國，君淹恤在外，君亦不使一个辱在寡人，而即安於甥舅，其亦使逆君。使公復于竟，而後逆之。」

昭公二十有九年，經云：「公如晉，次于乾侯。」

　　　　左氏云：「春，公至自乾侯，處于鄆，齊侯使高張來唁公，稱主君。子家
　　　　子曰：齊卑君矣，君衹辱焉。公如乾侯。」

定公三年，經云：「春，王正月，公如晉，至河乃復。」

　　上述魯公如晉者二十有一，世朝者二，他皆因事而往也。昭公之世，雖
九次如晉，唯五年，十五年至晉，他皆中途乃復。

襄公二十有八年，經云：「十月一日，公如楚。」

　　　　左氏云：「爲宋之盟故，公及宋公、陳侯、鄭伯、許男如楚。」

昭公七年，經云：「三月，公如楚。」

　　　　左氏云：「三月，公如楚。鄭伯勞于師之梁。孟僖子爲介，不能相儀。及
　　　　楚，不能答郊勞。」

　　上述魯公如楚者二，皆因事而往也。

　　魯十二公之朝列國，始乎僖公，成襄以下則屢朝矣。閒或有世朝者，如
成公十八年，襄公三年之如晉是也。要皆因事而往者爲多，故無定期焉。春
秋之世，朝王之禮闕如，但小國朝大國，大國朝伯主。故魯公之朝，齊晉是
趨，此後儒多難之。然左氏有所謂禮者何也？蓋西周盛世不復得見，退而求
其次焉，得寧國息民，有邦國交會之親者，皆與之也，即所謂禮時爲大之義
也。故陳五父云：「親仁善鄰，國之寶也」（《左傳・隱六年》文）。君子曰「禮、
經國家，定社稷，序人民，利後嗣者也」（《左傳・隱十一年》文）。會於商任。
齊侯、衛侯不敬，叔向云：「二君者必不免，會朝，禮之經也。禮、政之輿也。
政、身之守也。怠禮失政，失政不立，是以亂也」（《左傳・襄二十一年》文）。
其云會朝爲禮之經者，皆就當日諸侯之會朝言之也。

　　蓋春秋之時，乃一朝聘會盟之世。政治既繁，邦交是視，故春秋直書之，
丘明隨文發義，褒貶大義存焉。此《左氏》所以功罪不相掩者也。

第二節　聘　禮

一、天王下聘

　　昔者，天王經緯天下，諸侯受命擁國，情同父子，義則君臣。故諸侯於
朝覲之歲如京師，所以述職敘禮，又時加聘問以結恩好。天王亦遣卿大夫時

聘于諸侯，以招倈諸侯。故《周禮‧秋官大行人》云：「閒問以諭諸侯之志，歸脤以交諸侯之福，賀慶以贊諸侯之喜，致襘以補諸侯之裁。」諸侯志有未暢則助達之，有宗廟之事則共先王之福，諸侯有喜則賀贊之，侯國有裁則賑濟之。此天王所以臣諸侯，子萬民之事也。〈大行人〉又云：「王之所以撫邦國諸侯者，歲徧存，三歲徧頫，五歲徧省。」鄭君注竝云：「王使臣于諸侯之禮。」然則，天王之於諸侯，亦親之至，禮之備矣。即所謂「以賓禮親邦國」者是也。此天子遣使侯國，見諸禮經者如是，至春秋之初，斯禮猶存。茲就春秋天王下聘事，略述於后：

隱公七年，經云：「冬，天王使凡伯來聘。戎伐凡伯于楚丘，以歸。」

左氏云：「初，戎朝于周，發幣于公卿，凡伯弗賓。冬，王使凡伯來聘。還，戎伐之于楚丘，以歸。」

按：春秋之世，天王下聘始乎此。而凡伯之還，爲戎所伐，準乎《公》《穀》之例，《春秋》常事不書，書必以志非常。此凡伯來聘，而經書之者，蓋「戎伐凡伯於楚丘以歸」是也。戎伐凡伯奈何？《左氏》曰：「初，戎朝于周，發幣于公卿，凡伯弗賓。冬，天王使凡伯來聘，還，戎伐之于楚丘，以歸。」杜元凱云：「楚丘，衛地。」按之杜意，則此戎者衛地之戎，凡伯前不賓于戎，故戎伐之也。此《左氏》躬爲國史，故記事特詳。《公羊》則發戎狄不宜執中國之義，以明尊中國，攘夷狄之義。

△《公羊》云：「凡伯者何？天子之大夫也，此聘也，其言伐之何？執之也，執之，則其言伐之何？大之也，曷爲大之，不與夷狄之執中國也，其地何？大之也。」

何休《公羊解詁》云：「執天子大夫，而以中國正之者，執中國尚不可，況執天子之大夫？所以降夷狄，尊天子，爲順辭。」公羊善發大義，雖不免有謬，然此不與夷狄執中國，其義至確。《左氏》雖弗發例，然詳其史迹，則褒貶大義存焉，且凡伯弗賓，亦知其所由致之也。特《穀梁》有戎衛之說，遂使經義不可得解，未知其戎耶？衛耶？

△《穀梁》云：「凡伯者何也？天子之大夫也，國而曰伐，此一人而曰伐，何也？大天子之命也。戎者，衛也；戎衛者，爲其伐天子之使，貶而戎之也。」范寧注云：「天子之使過諸侯，諸侯當候在疆場，膳宰致饔，司里授館，猶懼不敬，今乃執天子之使，無禮莫大焉。昭十二年，晉侯伐鮮虞，傳曰：晉，狄之也。今不曰衛

伐凡伯，乃變衛爲戎者，伐中國之罪輕，故稱國以狄晉，執天子
之使罪重，故變衛以戎之。」

審《穀梁》此義，伐天子使者，衛也。以其伐天子之使，貶而書戎。范
氏寧謂晉侯伐鮮虞，傳曰晉，狄之也，爲伐中國之罪輕，執天天子之使罪重，
故變衛以戎之。然則衛伐天子之使，如書衛伐凡伯，雖不貶而戎之，其罪焉
逃。是此說甚晦，不可從也。故楊士勛疏已疑之矣。

△楊士勛疏云：「麋信云：不言夷狄，獨言戎者，因衛有戎邑故也，
范意或然。」

按：衛有戎邑，遂疑戎爲衛，此非解經之義，推之人情，必不然也。楊氏已
疑戎衛之說，故云或然，或然者，疑辭也。蓋疏不悖注，不得已也。故胡文
定雖用《穀梁》「國而曰伐，此一人而曰伐」（《春秋傳·卷二》），而不同其戎
衛之說也。吾師程旨雲夫子《春秋左氏傳地名圖考》云：『楚丘有二，據一統
志載：「一爲僖公二年之衛楚邱，在今河南滑縣之東六十里；一爲本年之曹楚
邱，今山東曹縣東南四十里，古戎州已氏之邑，戎伐凡伯即此，今名楚邱集。」
《春秋分記》及《左傳地名補注》，俱以天王使凡伯聘魯，曹楚邱宜爲往來之
地，安有北道衛國而南使于魯耶？從一統志。』則楚丘非衛地，凡伯之來未
嘗過衛也，《穀梁》以衛有楚丘，遂傅會爲「戎衛」之說，固誤矣。杜氏注《左
傳》，蓋取《穀梁》戎衛義，故以戎爲衛地，亦非矣。

隱公九年，經云：「春、天王使南季來聘。」

諸侯受命擁國，既朝聘述職於京師，天王亦使卿大夫交福，贊喜，諭志，
補裁於侯國，存頵省問唯徧，所以親邦國，結恩好也。其禮既詳乎行人，其
制固盛周之制也。春秋之初，天王屢聘于魯者，亦斯禮之僅存。而穀梁子獨
標異義，以爲非禮之正，今略述之：

△《穀梁·隱九年傳》云：「春、天王使南季來聘，南氏，姓也。季，
字也。聘，問也。聘諸侯非正也。」

天王下聘侯國，禮著乎行人，而《穀梁》以「聘諸侯爲非正」也。是穀梁子
或有疑於禮經乎？檢《穀梁》於他年天王下聘事考之，或有資證者：

△《穀梁·桓公五年傳》云：「天王使任叔之子來聘。任叔之子者，
錄父以使子也。故微其君臣而著其父子，不正父在子代仕之辭也。」

△《穀梁·定公十四年傳》云：「天王使石尚來歸脤。脤者何也？俎
實也。祭肉也。生曰脤，熟曰膰。其辭石尚，士也。何以知其士

也。天子之大夫不名。石尚欲書春秋，諫曰：久矣，周之不行禮
於魯也，請行脤，貴復正也。」

任叔子之來聘，不云聘諸侯爲非正。但云不正父在子代仕之辭。然則，若任
叔之子，父已沒，王已命，則可行聘矣。如其時來聘魯，正乎？非正乎？石
尚之歸脤，天王所以交福侯國者，亦聘之事也。而云貴復正也。則《穀梁》
之觝牾顯見矣。故范氏寧注《穀梁》，乃據《周禮》以辨其非，亦注家之佼佼
者矣。

△穀梁·隱九年·天王使南季來聘下云注：

「《周禮》，天子時聘以結諸侯之好，殷頫以除邦國之慝，閒問以
諭諸侯之志，歸脤以交諸侯之福，賀慶以贊諸侯之喜，致禬以補
諸侯之災。許慎曰：禮，臣病，君親問之，天子有下聘之義。傳
曰：聘諸侯非正。寧所未詳。」

范氏既辨穀梁子之誤矣。唯其「時聘」，「殷頫」二者，乃諸侯遣使天王之事，
非天子下聘之禮也。故楊疏云：「然時聘、殷頫二者，是諸侯臣使於王也」。
是楊氏又能辨范氏之疏，善莫大焉。而《穀梁》之異乎禮經，亦昭昭然明矣。

考《公羊》家於天王來聘，但於桓五年仍叔之子，有「譏父老子代父從
政也。」未有譏天王下聘者，是公羊子亦以天王有下聘之禮也。故隱七年天
王使凡伯來聘下，何休解詁云：「古者，諸侯有較德殊風異行，天子聘問之，
當北面稱臣，受之於大廟，所以尊王命，歸美於先君，不敢以己當之。」是
《公羊》不以天王下聘爲非禮矣。按之禮經，其義亦正。故後儒于天王下聘，
皆能本禮經以辨《穀梁》之謬也。如：

△惠士奇《春秋說·卷七》云：「穀梁子曰：石尚欲書春秋，諫曰：
久矣，周之不行禮于魯也，請行脤，貴復正也。蓋自宣十年天王
使季子來聘，歷成襄昭三公，百有餘年，天王不行禮於魯，至是
始復行之，故穀梁有貴復正之說。而隱九年天王使南季來聘，穀
梁又云：聘諸侯非正，其說前後如出兩人，蓋穀梁之徒，以意說
而非本師說也。」

△劉文淇《春秋左氏傳舊注疏證》云：「五經異義，天子聘諸侯。《公
羊》說天子無下聘義。《周禮》說閒問以諭諸侯之志。許慎謹案，
禮，臣疾，君親問之，天子有下聘義，從《周禮》說。〈王制〉正
義引之，謂鄭無駁，與許慎同。孔廣森曰：春秋王使宰周公聘于

魯，經無貶辭，知《周禮》固成周制也。鄭君注，聞、問也。王
使臣于諸侯之禮，是與許君同也。」

叔重謂《公羊》說「天子無下聘義」，檢《春秋》所書，似應爲《穀梁》說也。
然則天王有下聘之禮，亦以明矣。而《穀梁》以爲非正者何也？蓋見隱公即
位九年矣，未嘗有朝聘于天王，而再受天王之聘，是上下儐倒其禮，故發「聘
諸侯非正」之歎。然則，諸侯之不臣，廢王朝法紀，多行非禮，國史著文，
屬辭見譏，不可因時君之不知禮，而疑禮經爲非也。

桓公四年，經云：「夏，天王使宰渠伯糾來聘。」

左氏云：「夏，周宰渠伯糾來聘，父在故名。」

《春秋》者，魯史也，記事者也。記事者，以事繫日，以日繫月，以月
繫時，以時繫年。雖無事，必書首月以成時，書時以成歲，此《春秋》記事
之法也。此年經不書秋冬，杜元凱云：「國史之記，必書年以集此公之事，書
首時以成此年之歲，故《春秋》有空時而無事者，今不書秋冬首月，史闕文。」
春秋古史，典籍廢缺，郭公夏五，在所不免。且《春秋》不以日月爲義例（見
「壬申、公朝王所」條），其義已知之矣。而何邵公又有去時之例。

　　△何休《公羊解詁》云：「去二時者，桓公無王而行，天子不能誅，
　　　　反下聘之，故爲貶，見其罪，明不宜。」

何氏既創之于前，文定乃承之于後，遂有四時配賞刑之說。

　　△胡安國《春秋傳・卷五》云：「古者，賞以春夏，刑以秋冬，象天
　　　　道也。桓，弟弒兄，臣弒君，而天討不加焉，是陽而無陰，歲功
　　　　不能成矣。故特去秋冬二時，以志當世之失刑也。」

　　△高閌《春秋集註・卷四》云：「此有春夏而無秋冬之時，蓋天理即
　　　　滅，天運乖矣，陰陽失序，歲功不能成矣，故不具秋冬。」

《公羊》固以日月爲義例，使平易之事，有怪異之說。而何邵公則旁出義例，
謂去二時者，桓無王而天子不能誅，所以見其罪也。胡氏、高氏則本陽舒陰
殺之道，謂去二時者，所以不能成歲，失天刑也。遂使春秋字字有義例，句
句有褒貶，若刑書者然。故清儒萬斯大駁之曰：「胡文定於此四年、七年無秋
冬，謂古者賞以春夏，刑以秋冬，桓弒君不討，而天王反聘，是無刑也，故
去秋冬。夫不當賞而賞，與當刑而不刑同失，天王不討，當去秋冬；天王濫
聘，亦宜并去春夏矣。有是理乎？且其朝聘適來於夏耳，使來於春，或來於
秋冬，將謂夫子亦云去二時乎？」（《學春秋隨筆・卷一》）萬氏之說甚確，文

定之說不足信也。

　　高氏又謂「歲功不能成」，桓公在位，十有八年，以其弒君而去秋冬，以見歲功之不成，則何但去四年、七年、而他年不去者，其歲功成耶？且三年冬，經書有年，《穀梁》曰：「五穀皆熟爲有年也。」既有年矣，何歲功不成乎？知高氏之說亦未得。考典籍流傳，闕失不免，杜氏闕文說未可廢也。以日月時爲義例，固多非常異義之論，學者好之，然亦有無益於經者也。

桓公五年，經云：「天王使仍叔之子來聘。」

　　左氏云：「仍叔之子，弱也。」

　　《春秋》有父老疾，子代從政者，桓四年宰渠伯糾，此年仍叔之子，桓九年曹世子射姑是也。昔武王崩，成王幼，周公輔政，致太平。則《春秋》父老子代，亦取其義乎？攝者，攝其事，非攝其位也。故《春秋》于「父老子代」者，無譏貶之文。然有不能堪其事，而任之要務者，則《左氏》詳之，若此年傳曰「弱也。」杜氏于經文下注云：「稱仍叔之子，本於父字，幼弱之辭也，譏使童子出聘。」檢《左氏》但曰弱也，杜氏云：「譏使童子出聘。」則若已成年，能堪其任，則無譏矣。考禮經「諸侯適子誓于天子，攝其君，則下其君之禮一等，未誓，則以皮帛繼子男。」諸侯世子有下其君之禮，則卿大夫亦或有此法，唯禮文不具，故《左氏》但曰弱也。然《公》、《穀》二傳，其義則別：

> △《公羊》曰：「仍叔之子者何？天子之大夫也。其稱仍叔之子何？譏。何譏爾？譏父老子代父從政也。」
>
> △《穀梁》曰：「任叔之子者，錄父以使子也。故微其君臣而著其父子，不正父在，子代仕之詞也。」

是二傳以仍叔子者，竝有譏父老子代之義，與《左氏》殊焉。蓋二傳有譏世卿之說，既不與有世卿，故父老子代，則必譏焉。考二傳譏世卿者：

> △《公羊·隱三年》云：「尹氏卒。尹氏者何？天子之大夫也，其稱尹氏何？貶。曷爲貶？譏世卿，世卿非禮也。」
>
> △《公羊·宣十年》云：「齊崔氏出奔衛。崔氏者何？齊大夫也，其稱崔氏何？貶，曷爲貶？譏世卿，世卿非禮也。」
>
> △《穀梁·隱三年》云：「尹氏卒。尹氏者何也？天子之大夫也，外大夫不卒，此何以卒之也？於天子之崩爲魯主，故隱而卒之。」
> 　范寧云：「不書官名，疑其譏世卿。」

△《穀梁・宣十年》云：「齊崔氏出奔衛，氏者，舉族而出之之辭也。」

　　范寧云：「何休曰：氏者，譏世卿也。」

以上是二傳「譏世卿」之說也。若《公羊》於桓九年「曹伯使其世子射姑來朝」又曰：「《春秋》有譏父老，子代從政者」，正與此年文合。則公穀以「世卿」與「父老子代」竝舉者。必先有「世卿」，後有「父老子代」也。若不有世卿，何「父老子代」之有？此孔廣森《公羊通義・卷二》云：「案譏父老子代從政者，亦譏世卿之意也」是矣。

　　考之《左氏》，似春秋未譏世卿，若有父老疾者，世子可堪其事則使之可也。故曹世子射姑來朝，《左氏》曰「賓之以上卿，禮也。」此年仍叔之子來聘，《左氏》曰「弱也」，是諸侯世子可攝父事，大夫世子可代父職也。

　　△鄭君《箴膏盲》云：「仍叔之子，譏其幼弱，故略而言子，不名之。

　　　　至於伯糾能聘事，私覿，又不失子道，故名且字。」（桓四年疏引）

是鄭君但譏幼弱不堪任事，若堪任事，則使之可也。於桓公九年，曹大子射姑來朝，鄭君《箴膏盲》亦云：「必如所言，父有老耄罷病，孰當理其政，預王事也」（桓九年疏引）。則鄭君竝主《左氏》，急國政，人民之治也。且二傳譏「父老子代」，與譏世卿同舉，不知《春秋》未譏世卿也，此朱氏大韶論之甚詳：

　　△朱大韶《實事求是齋經義・卷二・春秋不譏世卿說》云：「案左傳載范宣子之言曰：昔匄之祖，自虞以上為陶唐氏，在夏為御龍氏，在商為豕韋氏，在周為唐杜氏，晉主夏盟為范氏。穆叔曰：是之謂世祿。世其祿即世其爵，未有無爵而空食邑者。封建之世，諸侯世國，大夫世爵。魯眾仲曰：天子建德，因生以賜姓，胙之土而命之氏，諸侯以字為氏，因以為族。堯典平章百姓。某氏傳曰：百姓，百官是也。蓋賜之姓以立宗，使收族以為宗主，此宗法所由立也。」又云：「禮運記曰：天子有田以處其子孫，諸侯有國以處其子孫，大夫有采以處其子孫。又曰：君死社稷謂之義，大大夫死宗廟謂之變，鄭讀變為辨，辨，正也是也。國君守土，故死社稷謂之義，大夫守先祀，故死宗廟謂之正。大夫守宗廟，與諸侯守社稷，皆為世傳之重，無子則絕，故必為之立後。國君盡臣其諸父昆弟，故繼統者，不論世次，大夫不得臣其本宗，故以族之支子為後，若不世爵，無重可傳，亦無重可受。」又云：「古者，

諸侯以功德懿親受封，大夫亦以公族之有功德者受封。諸侯守土，故晉欒盈曰：得罪于王之守臣。大夫守官，故齊管仲云：有天子之二守國、高在。宗法與封建相維，封建廢，諸侯無茅土之封，何有於大夫。公羊師徒見三家擅魯，六卿分晉，春秋防微杜漸，特譏世卿，不知巨室專政，由人主倒持大柄耳。」

《左氏》、禮家本不譏世卿，故有封建，宗法之制。若譏世卿，則封建崩，宗法壞，蓋戰國後事耳。春秋既弗譏世卿，則「父有老疾」，子代「理其政」，固攝其事，非攝其位，何有不可？唯攝事在能堪其任，鄭君「能堪聘事」則無譏是也。仍叔之子。《左氏》特譏其弱耳。而杜元凱於桓四年經「天王使宰渠伯糾來聘」下注云：「王官之宰，當以才授位，而作糾攝父之職，出聘列國，故書名以譏之。」似沿二傳之義，非《左氏》之法也。

桓公八年，經云：「天王使家父來聘。」

杜注云：「家父，天子大夫，家、氏。父、字。」

莊公二十有三年，經云：「祭叔來聘。」

杜元凱云：「《穀梁》以祭叔爲祭公來聘魯，天子內臣，不得外交，故不言使，不與其得使聘。」

按：祭叔來聘，《左氏》無傳，故杜氏引《穀梁》以釋之。考《穀梁傳》云：「祭叔來聘。其不言使何也？天子之內臣也。不正其外交，故不與使也。」范寧注云：「鄭君釋之曰：諸稱使者，是奉王命，其人無自來之意。今祭叔不一心於王而欲外交，不得王命來，故去使以見之。」何休《公羊解詁》云：「不稱使者……不與天子下聘小人。」然則祭叔是天子內臣，未奉王命而來聘于魯者也。因列入天王來聘門。

僖公三十年，經云：「冬，天王使宰周公來聘。」

左氏云：「冬，王使周公閱來聘，饗有昌歜，白黑形鹽。」

宣公十年，經云：「秋，天王使王季子來聘。」

左氏云：「秋，劉康公來報聘。」

按：以上天王下聘於魯者八。蓋古者，天王有使卿大夫聘問諸侯之禮，故詳著於禮經。春秋凡八聘於魯者，成周之遺制也。然斯時諸侯不行朝覲，不入職貢。故天王之聘亦終乎宣十年之王季子，至定十四年，而石尙一歸脤焉。斯蓋亂世禮闕，不可謂古無斯制也。

二、聘天王

古者，君臣若父子，王者王天下，諸侯君一國。然諸侯之于天王，純臣也。故制爲朝聘之禮，使知所以臣；若子之事父，昏定晨省，明其所以爲子之分也。故《周禮・春官・大宗伯職》云：「時聘曰問，殷頫曰視。」鄭君注視云：「時聘者，亦無常期，天子有事，乃聘之焉。竟外之臣，既非朝歲，不敢瀆爲小禮。殷頫，謂一服朝之歲，以朝者少，諸侯乃使卿以大禮眾聘焉。」〈秋官・大行人職〉亦云：「時聘以結諸侯之好，殷頫以除邦國之慝。」鄭君注云：「此二事者，亦以王見諸侯之臣使來者爲文也。時聘者，亦無常期，天子有事，諸侯使大夫來聘，親以禮見之，禮而遣之，所以結其恩好也，天子無事則已。」此諸侯使卿大夫時聘于天王，見諸禮經者也。是諸侯使卿大夫時聘于天子者，固周制也。唯其無常期，必天子有事乃行之耳。

周制諸侯有使卿大夫聘王者，及其行也，必以卿爲使，大夫爲介。《通典》云：「周制，諸侯遣使聘天子，皆以卿爲使，大夫爲上介，士爲眾介。將行之朝，朝服捧幣于襧，告爲君。然後釋幣于行，介及眾介皆從；遂受命于朝，受聘珪享，束帛加璧，遂行。」（《五禮通考・卷二百二十六》引），及聘使之至京師，其行禮之節，〈秋官・大行人〉云：「凡大國之孤，執皮帛以繼小國之君，出入三積。不問壹勞，朝位當車前，不交擯，廟中無相。以酒禮之，其他皆眂小國之君。」鄭君注云：「此以君命來聘者也。」然則，周制聘禮之大要如是也。至於春秋之世，諸侯之聘周，其禮幾墜。茲就春秋內諸侯之聘周事，略述於后：

僖公三十年，經云：「公子遂如京師。」

左氏云：「東門襄仲將聘于周，遂初聘於晉。」

杜氏注經云：「如京師，報宰周公。」

周制，諸侯有使卿大夫聘王之禮，所以結其恩好也。唯春秋諸侯，未有行之者，蓋自平王東遷，王政衰微，朝禮或闕，故聘禮亦不行矣。魯自隱公以來，六受周聘。唯此年公子遂一如京師。而傳曰：「東門襄仲將聘于周。」杜元凱云：「如京師，報宰周公。」周公之來，經書於冬，遂之聘周，書於周公來之下，則勤禮報聘，未敢怠忽也。然遂之聘周，其行聘禮可知。唯隱桓以來，天王六聘魯矣，而魯之往報唯此一見，亦見其疏也。後儒由是謂諸侯于王，有貢有見，弗有聘問矣。

　　△趙汸《春秋左氏傳補注・卷三》云：「周制，諸侯于天子，有見有

貢，而無聘問。見則大行人朝覲以下六禮，貢則六服所貢之物，小行人令諸侯春入貢是也。諸侯於天子言聘，乃東遷禮失之辭，由職貢俱廢，而後以聘禮上問如邦交，非成周之舊也。」又曰：「自隱至僖，天子遣使聘魯者六，而魯始使人如京師。傳言聘周於是始，前此魯人安受王朝聘問，而不遣一介如京師者，先儒謂因王使之來，厚其好貨而已。蓋諸侯交聘王室，古無其事，既職貢不歸，則亦無名以往。」

趙氏蓋見天王屢聘于魯，未見公之朝王。見天王之求車、求金，未見公之歸貢。故疑無名以往，乃名之曰聘也。按諸侯時聘、殷頫，宗伯詳之。結好、除慝，行人職焉。豈可謂聘天王非周制乎？或聘王之禮，久不行矣，遽行之焉，故有此疑，非謂于王無聘也。

　　△秦蕙田《五禮通考・卷二二六》云：「案趙氏論魯失事王室之禮是也，謂聘問非事天子之禮則非。」

　　△孫詒讓《周禮正義・卷七十一》云：「注云此二事者，亦以王見諸侯之臣使來者爲文者，喪服傳所謂諸侯之大夫以時接見乎天子是也。」

秦氏論趙氏得失甚當，若孫氏引喪服傳者，可爲諸侯有聘天王禮之旁證也。諸侯有驕僭，不知唯禮是行，不可謂禮無斯制。

文公元年，經云：「叔孫得臣如京師。」

　　左氏云：「叔孫得臣如周拜。」

　　杜元凱云：「謝賜命。」

宣公九年，經云：「夏，仲孫蔑如京師。」

　　左氏云：「春，王使來徵聘。夏，孫獻子聘于周，王以爲有禮，厚賄之。」

襄公二十有四年，經云：「叔孫豹如京師。」

　　左氏云：「穆叔如周聘。且賀城，王嘉其有禮也。賜之大路。」

　　綜上所述，春秋之世，魯之聘周者四。一報宰周公，再謝賜命，三因來徵聘，四則賀城。而周之聘魯者，自凡伯以來，至王季子，前後七聘，而石尚歸脤於定公之世，則周之親魯也再，而魯之報周也闕。春秋之以力相尚也明矣。雖然，徵聘、賀城，王竝嘉有禮。故一則厚賄，再則賜之大路。或謂「以獻子爲有禮君子，非以來聘爲禮也」（竹添光鴻《左傳會箋・卷十》）。然

聘者，本也。獻子，賓也。本者不固，賓雖有禮，何有于王而嘉之。故知諸
侯有聘王之禮，春秋諸侯廢禮不行，此其失禮也。

三、列國來聘

　　昔諸侯之邦交，有遣使相存問之禮，〈曲禮〉云：「諸侯使大夫問于諸侯
曰聘」是其事也。故周之秩官，於〈行人職〉云：「凡諸侯之邦交，歲相問也。
殷相聘也。」《禮記・聘義》云：「故天子制諸侯，比年小聘，三年大聘，相
厲以禮。」此諸侯同秉王命，各守一方，於境界相連，鷄犬之聲相聞者，於
兩君相朝者外，別有遣使相聘之禮也。蓋聘賓相接，主乎敬讓，諸侯相接以
敬讓，則不相侵陵（〈聘義〉）。敬讓行則國治，不相侵陵則天下平。此先王制
禮，所以必制諸侯邦交之禮者此也。

　　唯禮經所載，聘期非一，當宜先論者。〈行人〉云歲問，云殷聘，鄭君注
云：「小聘曰問。殷，中也。久無事又于殷朝者，及而相聘也。」〈王制〉注
云：「小聘使大夫，大聘使卿。」孫詒讓《周禮正義》云：「殷者，皆中閒閒
闊之謂，自閒歲以上，通得謂之殷。」（卷七十一），由是言之，成周諸侯之
相聘也，似比年相問則使大夫。若久無事，自閒歲以上，禮意稍疏，則使卿
殷聘，修禮正刑。故〈聘義〉云：「諸侯相厲以禮，則外不相侵，內不相陵，
此天子之所以養諸侯，兵不用，而諸侯自爲正之具也。」先王制諸侯邦交之
禮似此。而〈聘義〉之云聘期，謂「比年小聘，三年大聘。」鄭君注云：「比
年小聘，所謂歲相問也。三年大聘，所謂殷相聘也。」鄭君既釋殷爲中，謂
「久無事，又于殷朝者，及而相聘也。」又以三年大聘爲殷聘。其間似有未
合者焉。蓋以中釋殷，則殷聘爲無定期。又安得以三年爲制乎？

　　唐人賈公彥氏疏《周禮》，知鄭君之自相觝牾，乃爲之疏通云：「聘義王
制皆云三年一大聘，此不言三年，而云殷者，欲見中間久無事，及殷朝者來
及亦相聘，故云殷，不云三年也。若然，〈聘義〉與〈王制〉皆云比年一小
聘，此云歲相問，不云比年者，取歲歲之義也」（〈大行人〉疏）。賈氏之說
雖可通，而鄭君以三年大聘爲殷聘，則似殷聘爲有定期矣。是其說誠有可議
者焉。

　　考《禮記・王制》云：「諸侯之于天子也。比年一小聘，三年一大聘。五
年一朝。」鄭君注云：「此大聘與朝，晉文霸時所制也」。鄭君不云比年一小
聘爲晉文霸制者，蓋比年小聘與《周官・行人》「歲相問」合也。《左氏・昭

三年傳》，子大叔云：「昔文襄之霸也，其務不煩諸侯，令諸侯三歲而聘，五歲而朝。」此鄭君謂大聘與朝，爲晉文霸制之所本。鄭君於〈王制〉則云晉文霸制，於〈聘義〉則謂三年大聘即《周官》之殷聘，似誤。蓋記禮者非一人，雜取《左氏》，〈王制〉、《周官》以成聘義，疑成周制不若是也。然則，《周官》「殷相聘」也，自以鄭君釋中爲是。孫詒讓《周禮正義‧卷七十一》云：「殷聘，與掌客殷膳義同。殷者，皆中閒閒闊之謂，自閒歲以上通得謂之殷，不論年數多少，其至數者，亦必閒歲爲限耳。」其說近是。

至於春秋之世，諸侯以力相屈降，邦交鼎盛，交聘存問，已非成周之舊矣。茲類列春秋諸侯大夫來聘于魯者於后，並從而論述之：

隱公七年，經云：「齊侯使其弟年來聘。」

左氏云：「齊侯使夷仲年來聘，結艾之盟也。」

按：隱六年左氏云：「盟于艾，始平於齊也。」則年之聘也，在乎「踐修舊好」。所謂「謀事補闕」，「繼好結信」，「親仁善鄰」，「相屬以禮」者也。要之在相接以敬讓，不相侵陵而國治民安者也。此鄰國邦交之道也。然則，執玉帛以相存問而稱弟者何也？

　　△《左氏‧宣十七年傳》曰：「凡大子之母弟，公在曰公子，不在曰
　　　弟，凡稱弟，皆母弟也。」

　　△《公羊‧隱七年傳》曰：「其稱弟何？母弟稱弟，母兄稱兄。」

　　△《穀梁‧隱七年傳》曰：「諸侯之尊，兄弟不得以屬通，其弟云者，
　　　以來接于我，舉其貴者也。」

三傳於書弟，蓋皆母弟也，未存褒貶義焉。特《穀梁》以「來接于我，舉其貴者」，此似不然。春秋，王者之事，何來接于魯，則貴之乎？後儒于三傳外，別發義例，以春秋書弟皆爲貶：

　　△程子曰：「不稱公子而稱公弟，貶也。或責其失弟兄之義，或罪其
　　　寵任之過。」（李明復《春秋集義‧卷四》引）

　　△胡安國《春秋傳‧卷二》云：「不稱公子，貶也，書盟，書帥師而
　　　稱兄弟者，罪其有寵愛之私。書出奔，書歸而稱兄弟者，責其薄友
　　　恭之義。」又曰：「僖公私其同母，寵愛異於他弟，施及其子，猶
　　　與適等而襄公絀之，遂成篡弒之禍，故聖人於年來聘，特變文書
　　　弟以示貶焉。」

諸侯臣其父兄昆弟，或稱公子，或稱公弟，似不爲貶也。程氏，胡氏旁出義

例，以稱公子爲正，稱弟爲貶。似穀梁「舉其貴者也」有以啓之。蓋貴者，所以寵異愛過也。按此非左氏義，公子，公弟，苟居其位，使之可也。若胡程之論，前人辨之甚詳：

> △毛奇齡《春秋傳·卷五》云：「胡氏謂惡夷仲之子，後成篡弑，遂責僖公寵夷仲之故而削其氏號。夫以兄寵弟而削弟氏，子篡弑而削父氏，連坐之法，春秋無有。況無知之弑在莊八年，此時篡弑未形，而豫戮其父于三十八年之前，不已急乎？」

> △徐庭垣《春秋管窺·卷一》曰：「按左傳夷仲年生公孫無知，有寵於僖，衣服禮秩如嫡，此寵其姪，而非寵其弟，不應以子累父。〈鄭語〉魯胖無所表見，非寵任之過，陳黃以慶氏專而出，衛鱄以君無信而出，非友恭之薄，何皆以弟稱也。謂盟，帥帥爲寵，則列國公子奉命而盟，帥師者多矣，何公子不爲貶，而公弟即爲貶耶？且魯莊之兄慶父伐於餘丘，鄭襄之弟棄疾伐許，俱帥師也，而稱公子。魯季友，莊公之弟，陳女所出，如陳及越竟葬原仲，非寵乎而稱公子，豈不以非母兄弟故耶？故知年之稱弟，實母弟也，非貶也。」

《左氏》傳例，凡稱弟皆母弟也，則不必稱弟爲貶，稱公子爲褒，蓋史迹陳其惡，書其美，苟其有罪，雖不書弟，不能逃其罪，苟其有美，雖不書公子，其義自顯。故季友稱公子，越竟葬原仲，傳以爲非禮。棄疾伐許，而稱公子，傳無褒焉。毛、徐二氏之說爲是。

桓公三年，經云：「冬、齊侯使其弟年來聘。」

左氏云：「冬、齊仲年來聘，致夫人也。」

杜注云：「古者女出嫁，又使大夫隨加聘問，存謙敬，序殷勤也。在魯而出則曰致女。在他國而來，則揔曰聘。故傳以致夫人釋之。」

僖公三十有三年，經云：「齊侯使國歸父來聘。」

左氏云：「齊國莊子來聘，自郊勞至于贈賄，禮成而加之以敏。臧文仲言於公曰：『國子爲政，齊猶有禮。君其朝焉。臣聞之，服於有禮，社稷之衛也。』」

宣公十年，經云：「齊侯使國佐來聘。」

左氏云：「國武子來報聘。」

襄公二十有七年，經云：「春，齊侯使慶封來聘。」

　　左氏云：「齊慶封來聘，其車美。孟孫謂叔孫曰：『慶季之車，不亦美乎？』
　　叔孫曰：『豹聞之。服美不稱，必以惡終，美車何爲？』叔孫與慶封食，
　　不敬。爲賦相鼠，亦不知也。」

　　杜元凱注經云：「景公即位，通嗣君也。」

按：以上齊國來聘者五。致夫人者一，通嗣君者一，報聘者一，他事者二。
然終春秋之世，其聘魯者五，亦聘無定期，且非成周制也。

成公三年，經云：「冬、十有一月，晉侯使荀庚來聘。丙午，及荀庚盟。」

　　左氏云：「冬，十一月，晉侯使荀庚來聘，且尋盟。」

成公八年，經云：「晉侯使士燮來聘。」

　　左氏云：「晉士燮來聘，言伐郯也，以其事吳故。」

成公十有一年，經云：「晉侯使卻犨來聘。己丑，及卻犨盟。」

　　左氏云：「卻犨來聘，且涖盟。」

成公十有八年，經云：「晉侯使士匄來聘。」

　　左氏云：「晉范宣子來聘，且拜朝也。君子謂晉於是乎有禮。」

襄公元年，經云：「晉侯使荀罃來聘。」

　　左氏云：「晉知武子來聘，禮也。」

襄公八年，經云：「晉侯使士匄來聘。」

　　左氏云：「晉范宣子來聘，且拜公之辱，告將用師于鄭。公享之。」

襄公十有二年，經云：「夏、晉侯使士魴來聘。」

　　左氏云：「夏、晉士魴來聘。且拜師。」

　　杜注云：「謝前年伐鄭師。」

襄公二十有六年，經云：「夏、晉侯使荀吳來聘。」

　　左氏云：「夏、中行穆子來聘，召公也。」

　　杜元凱云：「召公，爲澶淵盟。」

襄公二十有九年，經云：「晉侯使士鞅來聘。」

　　左氏云：「范獻子來聘，拜城杞也。」

昭公二年，經云：「春，晉侯使韓起來聘。」

　　左氏云：「春，晉侯使韓宣子來聘。且告爲政而來見，禮也。」

昭公二十有一年，經云：「夏，晉侯使士鞅來聘。」

　　左氏云：「夏，晉士鞅來聘。叔孫爲政。季孫欲惡諸晉。使有司以齊鮑國
　　費之禮爲士鞅。士鞅怒曰：『鮑國之位下，其國小，而使鞅從其牢禮，是
　　卑敝邑也，將復諸寡君。』魯人恐，加四牢焉，爲十一牢。」

按：以上晉國來聘者十一。諸侯邦交，遣使聘問，本周禮之制，盛世通行，
先王所重，所以知敬讓，而屬禮義也。洎春秋諸侯行之，雖通嗣君，拜朝，
告爲政而來者，不失其爲禮。若乎士燮之來，言伐鄭也。范宣子之聘，爲伐
鄭也。中行穆子爲召公而聘矣。其與成周之聘也異矣。左氏既躬爲國史，廣
記備言，則功罪昭昭然明矣。

成公四年，經云：「春，宋公使華元來聘。」

　　左氏云：「春，宋華元來聘。通嗣君也。」

　　杜元凱云：「宋共公即位。」

　　諸侯邦交，有所謂通嗣君者，若天子之於諸侯，即所謂「賀慶以贊諸侯
之喜」（〈大行人〉文）是也。其諸侯相施者，則通嗣君是也。

　　　　△《周禮・大行人》云：「凡諸侯之邦交，歲相問也，殷相聘也，世
　　　　相朝也。」

　　　　鄭君注云：「父死子立曰世，凡君即位，大國朝焉，小國聘焉，皆
　　　　所以習禮考義，正刑一德，以尊天子也。」

　　　　△《左氏・襄元年傳》曰：「凡諸侯即位，小國朝之，大國聘焉，以
　　　　繼好結信，謀事補闕，禮之大者也。」

諸侯即位，小國之君往朝之，以贊其喜，以繼其好。大國則遣卿大夫往聘之，
以睦其鄰，以補其闕，此即所謂通嗣君也。唯鄭君謂大朝小聘，左氏謂小朝
大聘耳。孫詒讓《周禮正義・卷七十一》曰：「彼《左傳》據它國來朝聘繼位
之君言，故云小朝大聘。此注據即位之君朝聘它國言，故云大朝小聘，與《左
傳》文異而旨同」是也。

　　考《春秋》聘嗣君之禮，猶無定期，此年即成公四年，華元來聘，所以
結好也。成三年晉荀庚，衛孫良夫來聘，傳雖弗言何爲而聘，但釋其尋盟之
事，蓋盟重而聘輕也。然其必聘嗣君可知也。此魯公即位，他國大夫來聘者
也。若他國嗣君繼位，遣使來聘者：

　　　　△襄二十七年，齊慶封來聘。杜注云：「景公即位，通嗣君也。」

　　　　△襄五年，鄭子國來聘。傳曰：「通嗣君也。」杜注云：「鄭僖公初

　　　即位。」

　　△昭二十一年，晉士鞅來聘。杜注云：「晉頃公即位，通嗣君。」

若魯公即位，遣使聘于他國者：

　　△文元年，公孫敖如齊。傳曰：「穆伯如齊，始聘焉，禮也。凡君即
　　　位，卿出竝聘，踐修舊好，要結外援，好事鄰國，以衛社稷，忠
　　　信卑讓之道也。」

　　△襄二年，叔孫豹如宋，傳曰：「穆叔聘于宋，通嗣君也。」

若列國嗣君繼立，魯遣使往聘者：

　　△文十八年，公子遂，叔孫得臣如齊。傳曰：「襄仲，莊叔如齊，惠
　　　公立故，且拜葬也。」杜注云：「襄仲賀惠公立。」

　　△宣十年，季孫行父如齊。杜注云：「齊侯初即位。」

凡此諸侯繼立，遣使交聘，即所謂通嗣君也。于《周禮》謂「賀慶以贊諸侯
之喜」是也，此雖就天子贊諸侯而言。然諸侯邦交，亦必有贊喜之禮，特禮
文不具耳。杜元凱十八年傳注謂「賀惠公立」，最得厥旨。

成公八年，經云：「宋公使華元來聘。」

　　左氏云：「宋華元來聘。聘共姬也。」

　　杜元凱云：「穆姜之女，成公姊妹，為宋共夫人。聘不應使卿，故傳發其
　　　事而已。」

襄公十有五年，經云：「春，宋公使向戌來聘。」

　　左氏云：「春，宋向戌來聘，且尋盟。」

昭公十有二年，經云：「夏，宋公使華定來聘。」

　　左氏云：「夏，宋華定來聘，通嗣君也。公享之，為賦蓼蕭，弗知，又不
　　　答賦。昭子曰：必亡。宴語之不懷，寵光之不宣，令德之不知，同福之
　　　不受，將何以在。」

按：以上宋國來聘者四。通嗣君者二，聘女者一，尋盟者一。聘雖舊典，而
春秋大夫每不知厥禮，若華定者是也。

文公四年，經云：「衛侯使寧俞來聘。」

　　左氏云：「衛寧武子來聘，公與之宴，為賦湛露及彤弓。不辭，又不答賦。
　　　使行人私焉。對曰：臣以為肄業及之也。昔諸侯朝正於王，王宴樂之，

於是乎賦湛露，則天子當陽，諸侯用命也。諸侯敵王所愾，而獻其功，王於是乎賜之彤弓一，彤矢百，玈弓矢千，以覺報宴。今陪臣來繼舊好，君辱貺之，其敢干大禮，以自取戾。」

成公三年，經云：「衛侯使孫良夫來聘。丁未，及孫良夫盟。」

左氏云：「衛侯使孫良夫來聘且尋盟。」

襄公元年，經云：「冬，衛侯使公孫剽來聘。」

左氏云：「冬，衛子叔，晉知武子，來聘，禮也。凡諸侯即位，小國朝之，大國聘焉。以繼好結信，謀事補闕，禮之大者也。」

襄公七年，經云：「冬，十月，衛侯使孫林父來聘。壬戌，及孫林父盟。」

左氏云：「衛孫文子來聘。且拜武子之言，而尋孫桓子之盟。公登亦登。叔孫穆子相。趨進曰：『諸侯之會，寡君未嘗後衛君，今吾子不後寡君，寡君未知所過，吾子其少安。』孫子無辭，亦無悛容。穆叔曰：『孫子必亡，爲臣而君，過而不悛，亡之本也。詩曰：退食自公，委蛇委蛇。謂從者也。衡而委蛇必折。』」

按：以上衛國來聘者四。若寧武子者，善於禮者也。若孫文子者，禮之所棄也。何以爲國而聘乎？春秋大夫類此者屢矣。

莊公二十有三年，經云：「荊人來聘。」

杜元凱《左氏經注》云：「不書荊子使某來聘，君臣同辭者。蓋楚之始通，未能成禮。」

按：楚之初見春秋稱荊，稱人。公羊云：「荊何以稱人？始能聘也。」

文公九年，經云：「冬，楚子使椒來聘。」

左氏云：「冬，楚子越椒來聘，執幣傲。叔仲惠伯曰：是必滅若敖氏之宗，傲其先君，神弗福也。」

杜元凱注經云：「稱以使大夫，其禮辭與中國同。」

襄公三十年，經云：「春，王正月，楚子使薳罷來聘。」

左氏云：「春，王正月，楚子使薳罷來聘，通嗣君也。穆叔問王子之爲政何如？對曰：吾儕小人，食而聽事，猶懼不給命，而不免於戾，焉與知政。固問焉，不告。穆叔告大夫曰：楚令尹將有大事，子蕩將與焉，助之匿其情矣。」

按：以上楚國來聘者三。其始稱荊，後進曰子者。蓋楚乃南方之夷，文化稍

低，前此未嘗通中原大國也。其後國勢日強，交通中原，禮辭閒習，中原大國亦知有彼邦矣，故進而稱子。

莊公二十有五年，經云：「春，陳侯使女叔來聘。」

左氏云：「春，陳女叔來聘。始結陳好也。嘉之故不名。」

杜元凱注云：「季友相魯，原仲相陳，二人有舊，故女叔來聘。季友冬亦報聘。嘉好接備，卿以字爲嘉，則稱名其常也。」

按：諸侯邦交，遣使聘問，成周之舊典也。春秋諸侯循其禮而異其實。故因聘以請師，以伐異，其去禮也遠矣。故孫復《春秋尊王發微》云：「列國相聘，非禮也。斯皆東遷之後，諸侯橫恣，連衡自固，以相比周，乃有玉帛交聘之事爾」（卷一）。連衡自固，黨同伐異，固春秋諸侯之罪，而以斯疑禮，似可不必也。

女叔來聘，經云陳侯使之。則秉君命以重玉帛之交於魯。冬，公子友如陳，蓋報女叔之聘也。而黃仲炎《春秋通說‧卷三》云：「陳女叔來聘，雖其君使之，實出其臣之私意也。蓋是時原仲相陳，季友相魯，因二人有舊，而相聘焉爾。大夫交政於中國，其見此乎？」謹案：諸侯遣使聘問，不可謂之交政，故禮經著其文。而「親仁善鄰」，「謀事補闕」，左氏善言之。然則，以季友，原仲之有舊，而施及二國，以賓禮相親善，不亦可乎？黃氏之說，似有未得也。

文公十有二年，經云：「秦伯使術來聘。」

左氏云：「秦伯使西乞術來聘。且言將伐晉。襄仲辭玉曰：君不忘先君之好，照臨魯國，鎮撫其社稷，重之以大器，寡君敢辭玉。對曰：不腆敝器，不足辭也。主人三辭。賓答曰：寡君願繳福于周公魯公，以事君，不腆先君之敝器，使下臣致諸執事，以爲瑞節，要結好命，所以藉寡君之命，結二國之好，是以敢致之。襄仲曰：不有君子，其能國乎？國無陋矣，厚賄之。」

襄公五年，經云：「夏，鄭伯使公子發來聘。」

左氏云：「夏，鄭子國來聘。通嗣君也。」

杜元凱注云：「鄭僖公初即位。」

襄公二十有九年，經云：「吳子使札來聘。」

左氏云：「吳公子札來聘。……」

按：以上陳、鄭、秦、吳來聘於魯者各一。

綜上所列，春秋諸侯聘魯者三十有一，顧棟高氏《春秋大事表・十七》引汪克寬云：「經諸侯來聘三十一，齊聘者五，晉聘者十有一，宋衛聘者各四，陳鄭秦吳聘者各一，楚聘者三。魯以秉禮之國，受同列之朝聘，而尊王之禮，寥寥罕見。」春秋列國以政事日繁，故交聘不歇。然王道之不行，周室之不振，益可見矣。此儒者之所譏也。

四、聘列國

諸侯遣使相存問，相接以敬讓，相屬以禮義，此成周之舊典，而先王之所重也。故《周禮》云「歲相問，殷相聘」，乃諸侯之所以邦交也。降及春秋，其制猶有存者，故孟僖子如齊（昭九年），傳云「殷聘也」。公孫敖如齊，傳云「始聘焉禮也。」然則，春秋交聘，唯強弱是視，或連橫自固，或黨同伐異，則禮之所棄也。考其外交之事，而盛衰之迹昭昭然矣。茲列魯大夫聘列國者於后，並略述之：

僖公七年，經云：「公子右如齊。」

杜元凱云：「罷盟而聘，謝不敏也。」

僖公十三年，經云：「冬，公子友如齊。」

僖公二十有八年，經云：「公子遂如齊。」

杜元凱云：「聘也。」

文公元年，經云：「公孫敖如齊。」

左氏云：「穆伯如齊，始聘焉，禮也。凡君即位，卿出竝聘，踐修舊好，要結外援，好事鄰國，以衛社稷，忠信卑讓之道也。忠、德之正也。信、德之固也。卑讓、德之基也。」

文公十有七年，經云：「冬、公子遂如齊。」

左氏云：「襄仲如齊，拜穀之盟。」

文公十有八年，經云：「秋，公子遂，叔孫得臣如齊。」

左氏云：「秋，襄仲，莊叔如齊，惠公立故，且拜葬也。」

杜元凱云：「襄仲賀惠公立，莊叔謝齊來會葬。」

文公十有八年，經云：「季孫行父如齊。」

宣公元年，經云：「夏，季孫行父如齊。」

　　左氏云：「夏，季文子如齊。納賂，以請會。」

　　杜元凱云：「宣公簒立，未列於會，故以賂請之。」

宣公元年，經云：「公子遂如齊。」

　　左氏云：「會于平州，以定公位。東門襄仲如齊拜成。」

　　杜元凱云：「謝得會也。」

宣公八年，經云：「夏，六月，公子遂如齊，至黃乃復。」

　　杜元凱云：「蓋有疾而還，大夫受命而出，雖死，以尸將事，遂以疾還，
　　非禮也。」

按：公子遂受命聘齊，至黃而復。杜氏知其疾者，蓋經文于「至黃乃復」下
云：「仲遂卒于垂」是也。大夫受命不居家，所以急君命。今仲遂有疾，未有
君命而自復，是棄君命也。考之左氏，文六年傳，季文子將聘于晉，有求遭
喪之禮以行。哀十五年傳，楚子西，子期伐吳，及桐汭。陳侯使公孫貞子引
焉，及良而卒。上介芋尹蓋將以尸將事，曰：「事死如事生，禮也。於是乎有
朝聘而終，以尸將事之禮；又有朝聘而遭喪之禮。」則公子遂之復，非禮可
知也。考之二傳，其義亦同：

　　△《公羊傳》云：「其言至黃乃復何？有疾也，何言乎有疾乃復？譏，
　　何譏爾？大夫以君命出，聞喪徐行而不反。」

　　何休解詁云：「以喪喻疾者，喪尚不當反，況於疾乎？順經文而重
　　責之。」

　　△《穀梁傳》云：「乃者，亡乎人之辭也。復者，事畢也。不專公命
　　也。」

　　范寧注云：「鄭嗣曰：大夫受命而出，雖死以尸將事。今遂以疾而
　　還，失禮違命，故曰亡乎人，言魯使不得其人也。」又曰：「遂以
　　疾反，而加事畢之文者，是不使遂專命還。」

按：二傳竝譏遂之專命，與《左氏》同，特《穀梁》以「復者，事畢也，不
專公命也。」以事畢以明不使遂專公命，則晦而難明矣；使非《左》、《公》
之存，則《穀梁》不特天書乎？三傳之義既未殊，後儒之說《春秋》者，亦
未異也。唯劉文淇氏獨不同此說：

　　△劉文淇《春秋左氏傳舊注疏證》云：「按以尸將事，謂至彼國而死，
　　則有以柩造朝之事，若未通命，而疾瀕以殆，與其廢命失辭，不

如還而擇堪其使者可也。」

劉氏以「疾瀨以殆」，可「還而擇堪其使者」，其說推之人情，似可通之，然
行人出使，可專命而還，則凡事艱途遙者，其亦可藉疾而棄命矣。必擇堪使
者，遣介告君，己徐行以待可也，劉說未可從也，且與禮經有悖。

考《儀禮‧聘禮》曰：「賓入竟而死，遂也，主人爲之具而殯，介攝其命。」
又曰：「若賓死，未將命，則既歛于棺，造于朝，介將命。」鄭君注云：「請
俟閒之後也。」是賓入竟而死，若未請俟閒，但介攝其命而已。若請俟閒之
後而死，則有以柩造朝，以尸將事之禮。若杜氏但云：「雖死，以尸將事。」
劉氏云：「按以尸將事，謂至彼國而死。」皆未分請俟閒前後之異禮，蓋此或
考之未詳耳。然大夫受命，若有疾喪之事，但介攝其事，未可專命而反也。
公子遂至黃乃復，故三傳同譏焉。

宣公十年，經云：「季孫行父如齊。」

　　左氏云：「季文子初聘于齊。」

　　杜元凱云：「齊侯初即位。」

宣公十年，經云：「冬，公孫歸父如齊。」

　　左氏云：「冬，子家如齊。伐邾故也。」

　　杜元凱云：「魯侵小，恐爲齊所討，故往謝。」

成公十有一年，經云：「秋，叔孫僑如如齊。」

　　左氏云：「秋，宣伯聘于齊，以修前好。」

襄公二十年，經云：「叔老如齊。」

　　左氏云：「齊子初聘于齊。禮也。」

　　杜元凱云：「齊魯有怨，朝聘禮絕。今始復通，故曰初，繼好息民，故曰禮。」

昭公九年，經云：「秋，仲孫貜如齊。」

　　左氏云：「孟僖子如齊殷聘，禮也。」

按：殷聘，即《周禮‧大行人》所謂「殷相聘也」。鄭君注禮云：「殷，中也，
久無事，又於殷朝者，及而相聘也。」杜元凱注《左氏》云：「自叔老聘齊，
至今二十年，禮意久曠，今修盛聘，以無忘舊好，故曰禮。」是《左氏》記
禮，都與禮經合也。故「鄭司農說殷聘，以春秋傳曰孟僖子如齊殷聘是也」（〈大
行人〉注）。而服虔氏釋《左氏》曰：「殷，中也，自襄二十年叔老聘於齊，
至今積二十（原作二十一，誤也）年聘齊，故中復盛聘」（大行疏引）。先鄭

引傳以釋禮，服氏引後鄭以解傳，可謂相得益顯矣。然殷者何也？

　　△鄭君〈大行人〉注：「殷，中也。」

　　△服虔曰：「殷，中也。」（〈大行人〉疏引）

　　△孫詒讓《周禮正義·卷七十一》云：「殷者，皆中閒閒闊之謂，自
　　　閒歲以上通得謂之殷。」

此以中釋殷，謂中閒閒闊者。

　　△杜元凱注云：「禮意久曠，今修盛聘。」

　　△竹添光鴻《左傳會箋·卷二十二》云：「殷在聘物。」

此以盛釋殷，以殷聘者，主乎聘禮之盛者也。

　　△李貽德《春秋左傳賈服注輯述·卷十六》云：「言此二十年之閒，
　　　無聘齊之事，至此始聘，同於彼注云久無事而聘也，故傳云殷聘
　　　焉。盛聘對小聘而言，易象上傳，殷薦之上帝。釋文引馬注，殷，
　　　盛也。儀禮士喪禮，月半不殷奠。注，殷，盛也。或服兼取此義，
　　　故云盛聘。」

　　△方觀承云：「案殷有眾義，亦有中義。殷見曰同，及巡守殷國，自
　　　當主眾義。此歲相問，世相朝，而以殷相聘閒於其中，則當主中
　　　義，然小聘禮輕而人數少，大聘禮盛而人數多，則眾義亦可兼之。
　　　彼殷見殷國，本非朝聘常期，則亦兼有中義，固無不可通也。」
　　（《五禮通考·卷二百三十一》）。

此以殷兼中，盛二義，以殷聘者，既中閒閒闊，又盛其禮，以修舊好也。

案：禮經「歲相問」，「殷相聘」，二者對文，似「歲問」，「殷聘」，皆以時言，
然殷聘無常期，故鄭君釋爲「中」，則自以「中」意爲是。檢春秋之世，朝聘
之禮，唯彊弱是視，若齊，若晉，其聘也，敢厚此以薄彼乎？而傳以孟僖子
一殷聘于齊，曰禮也。是取其中閒閒闊，禮意久曠，今復修之，以親仁睦鄰
也，非取其盛聘也。且〈聘義〉云：「以圭璋聘，重禮也。已聘而還圭璋，此
輕財而重禮之義也，諸侯相屬以輕財重禮，則民作讓矣。」是聘主乎其禮，
非主其財也。〈聘義〉又云：「主國待客，出入十車，芻薪倍禾，皆陳於外，
乘禽日五雙，群介皆有餼牢，壹食，再饗，燕與時賜無數，所以厚重禮也。」
則主國之待賓，其禮有定準，非可意增也。〈聘義〉又云：「古之用財者，不
能均如此，然而用財如此其厚者，言盡之於禮也。盡之於禮，則內君臣不相

陵，而外不相侵。故天子制之，而諸侯務焉爾。」鄭君云：「言無則從其實也，言盡之於禮，欲令富者不得過也。」富者不得過，無者從其實，此禮之大者也。是以殷釋盛，似未得，而竹添光鴻「殷在聘物」尤非。

　　若殷兼中，盛二義者，固見鄭君〈王制〉注云：「小聘使大夫，大聘使卿。」〈聘義〉云：「上公七介，侯伯五介，子男三介，所以明貴賤也」。使卿，使大夫，其命數各異，其禮有差降，自不得謂此爲盛聘。李貽德謂「盛聘對小聘而言」是也。蓋後儒因比年小聘釋爲歲問，三年大聘釋爲殷聘，因殷對小，遂謂殷爲盛，似非是。檢春秋若晉之韓宣子，范宣子皆執政之卿，屢聘列國，未有書殷聘者。唯穆伯如齊，左傳一發殷聘爲禮，則禮經自以閒闊爲義也。劉師培先生《群經大義相通論‧周官左氏相通考》云：「自襄二十年叔老聘于齊，至今積二十年聘者，故中復盛聘焉，此中年數不相當，引之者，年雖差遠，用禮則同，故引爲記也。」是聘主乎禮，殷聘在年數差遠，其行禮則同也。

定公十年，經云：「叔孫州仇如齊。」
　　左氏云：「武叔聘于齊。齊侯享之。曰：子叔孫，若使邱在君之他竟，寡人何知焉，屬與敝邑際，故敢助君憂之。對曰：非寡君之望也。所以事君，封疆社稷是以，敢以家隸，勤君之執事。夫不令之臣，天上之所惡也，君豈以爲寡君賜。」

按：以上魯大夫聘齊者十有六。大夫秉君命，執玉帛以聘他國，主乎敬讓，相屬以禮。若魯之聘齊也，雖穆伯之始聘（文元年），好事鄰國。孟僖之殷聘，以禮意怠忽而復修重聘，乃禮之善物也。至如季文子之納賂請會（宣元年），以定篡賊，子家之聘（宣公十年），以伐弱懼討。然則，其非典禮之要也明矣。固《春秋》之所惡也。

僖公三十年，經云：「公子遂如京師，遂如晉。」
　　左氏云：「東門襄仲將聘于周，遂初聘于晉。」
　　杜元凱云：「自入春秋，魯始聘晉，故曰初。」
僖公三十有一年，經云：「公子遂如晉。」
　　左氏云：「襄仲如晉，拜曹田也。」
文公五年，經云：「夏，公孫敖如晉。」

文公六年，經云：「秋，季孫行父如晉。」

左氏云：「秋，季文子將聘于晉。使求遭喪之禮以行。其人曰：將焉用之，文子曰：備豫不虞，古之善教也，求而無之，實難，過求何害。」

按：季文子聘晉，求遭喪之禮，先儒有以爲聘使之法，自須造遭喪之禮者。有以爲聞晉侯疾，故求遭喪之禮。使弗聞晉侯之疾，則不當求遭喪之禮矣。今分述之：

　　△杜元凱注傳云：「聞晉侯疾故。」又云：「所謂文子三思。」

　　△孔穎達正義云：「聘禮出使，唯以幣物而行，無別齎遭喪之禮。若主國有凶，則臨時辦備。」

　　△程公說《春秋分記・卷四十八》云：「晉侯雖有疾，不幸而死，諸侯五月同盟至，歸再聘焉可也，未死則吾不幾於幸亡樂禍。」

杜氏謂文子聞晉侯有疾，以其凡事三思，故有遭喪禮之求，實不應求，故有三思之譏。正義固不悖注，而宋儒程公說則以聘爲賓禮，不應求遭喪之禮，使求遭喪之禮，禮意相悖，爲「幸亡樂禍」。然有以爲聘必以喪備者：

　　△劉炫云：「聘使之法，自須造遭喪之禮而行，防其未然也，非是聞晉侯有疾。」（本疏引）

　　△沈欽韓《春秋左氏傳補注・卷九》引劉炫說，並曰：「按曾子問，君出疆以三年之戒，以椑從，人君出竟有喪備，則人臣出竟，亦預慮喪事，當然矣。」

　　△惠士奇《春秋說・卷八》云：「聘禮遭喪，豈獨主國之喪哉，其禮有五：一主國君之喪，二主國夫人世子之喪，三聘君之喪，四私喪，謂使者父母之喪。五賓介之喪，其禮皆詳於〈聘禮〉。故曰豫備不虞，古之善教也。古皆有之，後世以爲豫凶事而去之。」

　　△劉文淇《春秋左氏傳舊注疏證》引惠士奇說，並曰：「魏書成淹傳，文明太后崩，齊遣裴昭明，謝竣等來弔，欲以朝服行事，主客不許，昭明等執志不移，言不聽朝服行禮，義出何典？淹言玄冠不弔，童孺共聞。昔季孫將行，謂遭喪之禮，千載之下，猶共稱之，卿方謂義出何典？何其異哉！此可證文子求遭喪之禮，爲後世使臣所法。若審因聞疾，裴昭明等曷不援以難成淹，如聞疾乃杜一人之說，舊說不如此也。」

　　△朱大韶《春秋傳禮徵》云：「傳云求者，求其禮，非求其幣物也。

古者禮皆書于策，謂之禮書。哀三年傳，命宰人出禮書是也。春
官太史，大祭祀與群執事讀禮書而協事，大會同朝覲，以書協事，
書謂載禮之典籍也。」

按：聘使求遭喪禮，有以必備，有以弗備之爭。考之《左氏》，於季文子之求
也。其人曰：「將焉用之。」文子曰：「備豫不虞，古之善教也，求而無之實
難，過求何害？」《左氏》繁文詳述者，善其知禮，故既曰備豫不虞，又曰古
之善教也。辭繁而無貶，亦與之也。杜氏注似與傳悖。《儀禮聘禮》于遭喪之
目有五，則有備喪之禮可知矣，特杜氏不引禮以注傳，未知其何為？

聘有備喪之禮，故〈聘禮〉有遭喪之目五，《左氏》以文子之求曰豫備不
虞，古之善教也。然其求者何耶？孔氏正義謂「聘惟以幣物而行，無別齎遭
喪之禮。」則似備遭喪時所用之物也。而朱大韶氏以求者，求禮書也。其說
甚新，然行人之事，使於四方，不辱君命，豈可不知其禮。且禮書何待求而
後有乎？此似不然。左氏襄二十八年，公如楚，二十九年在楚，楚人使公親
襚，公患之。穆叔曰：「袚殯而襚，則布幣也。乃使巫以桃茢先袚殯，楚人弗
禁，既而悔之。」據杜注公為宋之盟故朝楚。則公之襚，桃茢，必因朝而備，
非臨時備辦也。故劉文淇云：「篇中（聘禮）既有遭喪名目，豈無齎備之禮，
必謂臨時辦備，無此理也」是矣。則此求遭喪之禮，必有備物，如曾子問，
君出疆以三年之戒，以椑從者是也，特君臣異物爾。

文公十有五年，經云：「春，季孫行父如晉。」

左氏云：「春，季文子如晉。為單伯與子叔姬故也。」

文公十有五年，經云：「季孫行父如晉。」

左氏云：「秋，齊人侵我西鄙，故季文子告于晉。」

宣公十有八年，經云：「公孫歸父如晉。」

左氏云：「公孫歸父以襄仲之立公也。有寵，欲去三桓，以張公室。與公
謀而聘于晉。欲以晉人去之。」

成公六年，經云：「公孫嬰齊如晉。」

左氏云：「子叔聲伯如晉，命伐宋。」

成公六年，經云：「冬，季孫行父如晉。」

左氏云：「冬，季文子如晉，賀遷也。」

成公十有一年，經云：「夏，季孫行父如晉。」

左氏云：「夏，季文子如晉報聘。且涖盟也。」

襄公四年，經云：「夏，叔孫豹如晉。」

左氏云：「穆叔如晉，報知武子之聘也。晉侯享之。」

襄公五年，經云：「叔孫豹，鄫世子巫如晉。」

左氏云：「穆叔覿鄫大子于晉，以成屬鄫。書曰：叔孫豹，鄫大子巫如晉。言比諸魯大夫也。」

襄公六年，經云：「季孫宿如晉。」

左氏云：「季武子如晉見，且聽命。」

襄公九年，經云：「夏，季孫宿如晉。」

左氏云：「夏，季武子如晉，報宣子之聘也。」

襄公十有六年，經云：「冬，叔孫豹如晉。」

左氏云：「冬，穆叔如晉聘，且言齊故。」

襄公十有九年，經云：「季孫宿如晉。」

左氏云：「武子如晉拜師。」

杜元凱云：「謝討齊。」

襄公二十有四年，經云：「春，叔孫豹如晉。」

左氏云：「春，穆叔如晉。」

襄公二十有八年，經云：「仲孫羯如晉。」

左氏云：「孟孝伯如晉，告將爲宋之盟故如楚也。」

杜元凱注云：「魯，晉屬，故告晉而行。」

昭公二年，經云：「夏，叔弓如晉。」

左氏云：「叔弓聘于晉，報宣子也。晉侯使郊勞。辭曰：寡君使弓來繼舊好。固曰：女無敢爲賓，徹命於執事，敝邑弘矣。敢辱郊使，請辭。致館，辭曰：寡君命下臣來繼舊好，好合使成，臣之祿也。敢辱大館。叔向曰：子叔子知禮哉。吾聞之曰：忠信，禮之器也。卑讓，禮之宗也。辭不忘國，忠信也。先國後己，卑讓也。詩曰：敬愼威儀，以近有德，夫子近德矣。」

昭公六年，經云：「夏，季孫宿如晉。」

左氏云：「夏，季孫宿如晉。拜莒田也。晉侯享之，有加籩，武子退，使

行人告曰：小國之事大國也，苟免於討，不敢求賄，得賄不過三獻，今豆有加，下臣弗堪，無乃戾也。韓宣子曰：寡君以爲讙也。對曰：寡君猶未敢，況下臣，君之隸也。敢聞加賄，固請徹加，而後卒事。晉人以爲知禮，重其好貨。」

昭公八年，經云：「叔弓如晉。」

左氏云：「叔公如晉，賀虒祈也。」

杜元凱云：「賀宮成。」

昭公二十有三年，經云：「春，正王月，叔孫婼如晉。」

左氏云：「叔孫婼如晉，晉人執之。書曰：晉人執我行人叔孫婼，言使人也。」

定公六年，經云：「夏，季孫斯，仲孫何忌如晉。」

左氏云：「夏，季桓子如晉，獻鄭俘也。」

按：以上魯大夫聘晉者二十有四。始乎僖公之世，公子遂兩如晉。文公之世四聘之，宣公一聘，成公三聘，襄公八聘，昭公四聘，定公一行，以下無聞焉。諸侯相聘，固爲周典。春秋之行也異乎是。故宣公篡立，請會於齊，則寡聘於晉。成襄以下則事之唯謹。蓋晉悼修文襄之業，晉再爲諸侯主也。然則春秋諸侯聘問，唯力是視，屈降乎大國之間。由魯而知天下矣。雖曰聘曰問，其事大國之謹，已非成周相屬以禮之事，乃小國爲大國所私之義也。

文公十有一年，經云：「公子遂如宋。」

左氏云：「襄仲聘于宋，且言司城蕩意諸而復之。因賀楚師之不害也。」

成公五年，經云：「仲孫蔑如宋。」

左氏云：「孟獻子如宋，報華元也。」

案：華元來聘，在四年春。

襄公二年，經云：「叔孫豹如宋。」

左氏云：「穆叔聘于宋，通嗣君也。」

竹添光鴻云：「宋文公之卒，華元來聘。傳曰：通嗣君也。今穆叔如宋，傳謂之通嗣君。與成四年照應，以見禮之有往來也。」(《左傳會箋‧卷十四》)

襄公二十年，經云：「季孫宿如宋。」

左氏云：「冬，季武子如宋，報向戌之聘也。」

杜元凱云：「向戌聘在十五年。」

昭公二十有五年，經云：「春，叔孫婼如宋。」

左氏云：「春，叔孫婼聘于宋。桐門右師見之，語卑宋大夫，而賤司城氏。昭子告其人曰：右師其亡乎？君子貴其身，而後能及人，是以有禮。今夫子卑其大夫而賤其宗，是賤其身也。能有禮乎？無禮必亡。宋公享昭子，賦新宮，昭子賦車轄。明日宴，飲酒樂。宋公使昭子右坐。語相泣也。樂祈佐。退而告人曰：今茲君與叔孫，其皆死乎？吾聞之，哀樂，而樂哀，皆喪心也。心之精爽，是謂魂魄，魂魄去之，何以能久。」

按：以上魯大夫聘宋者五。春秋之世，齊晉霸業最盛，故諸侯之聘，唯齊晉是趨，而或為大國所私，故事之唯謹，或連橫自固，以黨同伐異，春秋罪之。若宋國力弱，與魯或等，故其聘也希。而報聘，通嗣君，每多可取焉。

莊公二十有五年，經云：「冬，公子友如陳。」

杜元凱注云：「報女叔之聘。」

按：竹添光鴻云：「此內大夫出聘之始也。」（《左傳會箋‧卷三》）

文公六年，經云：「夏，季孫行父如陳。」

左氏云：「夏，季文子聘于陳，且娶焉。」

以上魯大夫聘陳者二。

僖公五年，經云：「夏。公孫茲如牟。」

左氏云：「夏，公孫茲如牟，娶焉。」

杜元凱注經云：「卿非君命不越竟。故奉公命聘於牟，因自為娶。」注傳云：「因聘而娶，故傳實其事。」

成公八年，經云：「公孫嬰齊如莒。」

左氏云：「聲伯如莒，逆也。」

杜元凱云：「因聘而逆。」

襄公六年，經云：「冬，叔孫豹如邾。」

左氏云：「冬，穆叔如邾聘，且修平。」

杜元凱云：「平四年狐駘戰。」

襄公七年，經云：「秋，季孫宿如衛。」

左氏云：「秋，季武子如衛，報子叔之聘，且辭緩報，非貳也。」

杜元凱云：「子叔聘在元年。」

昭公六年，經云：「冬，叔弓如楚。」

左氏云：「冬，叔弓如楚聘，且弔敗也。」

以上魯大夫聘牟、莒、邾、衛、楚者各一。

綜上魯大夫聘列國者五十有二。聘齊者十有六，聘晉者二十有四，聘宋者五，聘陳者二，聘牟、莒、邾、衛、楚各一。春秋之世，魯以秉周禮見重于時，而于霸主之朝聘，事之唯謹，爲霸主所私。由魯而知天下，知成周之制雖猶存，其於小國則希以禮相親，於大國則搖尾乞憐，王道之不行，非一日耳。

五、獨稱來

夫禮，諸侯受命守國，有朝有聘，以述職結好於天王。諸侯境宇相接亦有朝有聘，主乎敬讓，相屬以禮。結二國之歡，則國寧民息，君逸乎上，民悅于下，是禮之大者也。唯賓主相接，必受命而來，未有但云來者。《禮記‧檀弓》云：「古之大夫，束修之問不出竟。」〈郊特牲〉云：「朝覲，大夫之私覿非禮也。大夫執圭而使，所以申信也。不敢私覿，所以致敬也。而庭實私覿，何爲乎諸侯之庭，爲人臣者無外交，不敢貳君也。」大夫從君朝覲，不敢私覿。必奉君命，執圭而使於四方，則「束錦以請覿」可也。然則，大夫非君命而出者，非禮矣。

至於《春秋》書來者，有王臣，有諸侯，有夷狄之君，有大夫，其事各異，《左氏》隨文發義，不盡與禮同。茲類列后，而申論之：

隱元年，經云：「冬，十有二月，祭伯來。」

左氏云：「十二月，祭伯來，非王命也。」

按：春秋王使至魯，皆書王使，天王使或天子使，且書其事，若隱七年「天王使凡伯來聘」，莊元年「王使榮叔來錫桓公命」。成公八年「天子使召伯來錫公命」者是也。有弗稱使而書其事者，若隱三年「秋，武氏子來求賻」。文九年「春，毛伯來求金」者是也。若祭伯之來，既弗稱使，又弗書其事，則不知其何爲而來？《左氏》曰「非王命也」。杜元凱注經云：「祭伯，諸侯爲王卿士者，祭國，伯爵也。」杜注又曰：「傳曰非王命也，釋其不稱使。」古者，大夫非君命不踰竟。今祭伯者，杜云：「諸侯爲王卿士」，則王臣也。王臣唯王命是務，今非王命而私行至魯。《左氏》云：「非王命也。」《穀梁傳》

云：「不正其外交」。檢記禮云「為人臣者無外交」，則其來非禮也明矣。

祭伯來則來矣，《左氏》但云「非王命」，蓋著其失禮之大者，故不復詳其事。是以其何為而來者，莫得其詳焉。考《公》《穀》二傳，立義多非常異論，試辨正之於后：

> △《公羊》云：「祭伯者何？天子之大夫也，何以不稱使？奔也。奔則何為不言奔？王者無外，言奔，則有外之辭也。」
>
> 何休解詁云：「言奔，則與外大夫來奔同文，故去奔，明王者以天下為家，無絕義。」
>
> 徐彥疏云：「春秋進退無義，若來奔魯者，見王者以天下為家無絕義，故不言奔矣。若奔別國，即見春秋黜周，與外諸侯同例，故言奔矣。既以魯為王，而不守黜周者，若專黜周，則非順之義故也。」
>
> △《穀梁》云：「來者，來朝也。其弗謂朝何也？寰內諸侯，非有天子之命，不得出會諸侯，不正其外交，故弗與朝也。」
>
> 范寧注云：「天子畿內大夫，有采地，謂之寰內諸侯。」

按之《公羊》，則祭伯來者，來奔也。何以不言來奔？以王者無外也。考《春秋》書王臣出奔者，成十二年春，周公出奔晉是也。書王子出奔者，襄三十年王子瑕奔晉。昭二十六年，尹氏，召伯，毛伯以王子朝奔楚是也。然則王臣，王子書奔者有之矣。何以不言奔？徐疏謂「既以魯為王，而不專黜周，若專黜周，則非遜順之義。」蓋黜周王魯，《公羊》之大義也。既王魯，故于魯不言奔。《公羊》黜周王魯說，其義甚晦，劉師培先生嘗辨其非矣：

> △劉師培先生〈王魯新周辨〉云：「公羊家言，有王魯新周，故宋黜杞之說，始於《繁露》。然考《史記·孔子世家》云：『孔子因史記作春秋，據魯親周故殷』。索隱云：『言夫子修春秋，以魯為主，故云據魯』。據此則王魯乃主魯之訛，主據音義略同，故史公以據代主，即史表所謂興於魯而次春秋也。西漢初年，訛主為王，猶周秦故籍，王主互訛也。董生據之，遂有託王於魯之說。」（《左盦集》）

若然，則《公羊》黜周王魯，乃主魯之訛，是《公羊》王魯說本不可信。則祭伯之來，非奔可知矣，未有來奔而不書奔者。

乃《穀梁》又謂來朝，穀梁子以祭伯為寰內諸侯，據范注則寰內諸侯者，

乃天子畿內大夫有采邑者也。畿內大夫則王臣也,《周禮秋官小行人》云:「朝、覲、宗、遇、會、同,君之禮也。存、頫、省、聘、問,臣之禮也。」未有王臣至侯國,可謂之朝者,其曰頫省聘問,則有之矣,若朝者,諸侯入見天子,有春朝、夏宗、秋覲、冬遇者是也。又有諸侯之相朝者,行人之世相朝,《左氏》閒於王事則相朝者是也。王臣至侯國,未有行朝之禮,此《穀梁》之誤也。

顧祭伯來者奈何?左史但曰非王命也,而公、穀來奔,來朝,與禮皆悖,則似史有所闕也,不必意解也。故毛奇齡《春秋傳‧卷二》云:「其曰來,則不奉王使而自來于魯,初不知其所來者爲何事?然而僅曰來,則來之耳,不必有事也。所謂以王臣而私交于諸侯,雖事也而意非之,所謂義也。乃公曰來奔,穀曰來朝。夫春秋書事,必以其實,來奔來朝,則未有舍實而但書一來字可成史者,若云貶之,貶不在此也。」經書王子,王臣奔者有之,王臣之來有聘有問,未有朝者,斯公穀未足信也。古史義有不明,則詳考之,考有不得,愼而闕之可也。

桓公六年,經云:「春,正月,寔來。」

左氏云:「春,自曹來朝。書曰寔來。不復其國也。」

按:《左氏》于五年「冬,州公如曹」下云:「淳于公如曹,度其國危,遂不復。」于六年春,正月,寔來下云:「自曹來朝,書曰寔來,不復其國也。」杜氏五年傳注云:「淳于,州國所都,國有危難,不能自安,故出朝而遂不還。」六年經注云:「寔,實也,不言州公者,承上五年冬,經如曹,閒無異事,省文從可知。」六年傳注云:「亦承五年冬,傳淳于公如曹也。言奔則來行朝禮,言朝則遂留不去,故變文言寔來。」檢杜氏之意,淳于公因國危,出朝而不還,故書寔來也。然諸侯來朝,雖國危而不還,書寔來,其意奈何?

△《公羊》云:「寔來者何?猶曰是人來也,孰謂?謂州公也。曷爲謂之寔來?慢之也。曷爲慢之?化我也。」

何休解詁云:「行過無禮,謂之化,齊人語也。諸侯相過,至竟必假塗,入都必朝,所以崇禮讓,絕慢易,戒不虞也。今州公過魯都,不朝魯,是慢之爲惡,故書寔來,見其義也。」

△《穀梁》曰:「寔來者,是來也,何謂是來?謂州公也。其謂之是來何也?以其畫我,故簡言之,諸侯不以過相朝也。」

楊士勛疏云:「今州公不以禮朝,又至魯不反,是無禮之事。」

《公》、《穀》于五年「冬,州公如曹」下云:「外相如不書,此何以書?過我也。」于六年「春,寔來」下,《公羊》以爲慢,《穀梁》以爲晝,皆謂州公過魯不朝,責其無禮,故書寔來以貶之。按之左氏,州公如曹,又自曹來朝于魯,因國危,遂不復,非州公過魯都而不行朝禮也。二傳以慢我,晝我者,似未必,然先儒嘗辨之矣:

△陸淳《春秋集傳辯疑·卷二》敘其師趙匡云:「或大夫見而知之,或來告故知之,或爲其自曹而來故知之,何必過我乎?」

△劉敞《春秋權衡·卷九》云:「公羊以爲慢之也,非也。君子躬自厚而薄責於人,人雖無禮,我可不爲禮乎?何故慢之?何休云:州公過魯都而不朝,是慢之,亦非也。諸侯相過,安得必行朝禮,假令過十國,亦當處處朝乎?蓋假道則有之矣,主爲客禮則有之矣,何必盡行朝禮乎?」

二傳以意解經,故多異義,《左氏》躬爲國史,曰自曹來朝,則朝之矣。何慢之,晝我之有乎?且諸侯來朝,書寔來,曰是人來,有是理乎?是皆不然。蓋寔者,州公名也。《春秋》之例,諸侯不生名,必失地,滅同姓而後名(〈曲禮〉)。州公五年冬如曹,而國爲杞所併,故不得還,乃由曹來朝,故《左氏》曰:「書曰寔來,不復其國也」是也。《左氏》既書「度其國危」于前,乃曰「不復其國」于後,是視同失地之君,故書寔來也。何不書州公寔?若衛侯燬之例,蓋杜氏所謂「省文從可知也」是也。故胡安國《春秋傳·卷五》云:「寔者,州公名也。」毛奇齡《春秋傳·卷七》云:「實不知何人?據傳即州公之名也。不書國爵者,承前年冬,州公如曹文也。」是胡氏,毛氏竝以寔爲州公之名也。吾師程旨雲夫子《春秋左氏傳地名圖考》云:「案左氏以州公爲淳于公,故杜注淳于爲州國所都,是時杞似併州國而遷淳于,故傳曰度其國危,遂不復。」則州國爲杞所侵,國遂危亡,故州公不復,春秋視同失地君,故曰寔來是也。

僖公二十有九年,經云:「春,介葛盧來。」

左氏云:「春,介葛盧來朝,舍于昌衍之上。公在會,饋之芻米,禮也。」

僖公二十有九年,經云:「冬,介葛盧來。」

左氏云:「冬,介葛盧來。以未見公,故復來朝。禮之,加燕好。介葛盧

聞牛鳴，曰：是生三犧，皆用之矣。其音云，問之而信。」

按：介葛盧者：夷狄之君也，其來者何？《左氏》於「春，介葛盧來」下云：「介葛盧來朝，舍于昌衍之上，公在會，饋之芻米，禮也。」於「冬，介葛盧來」下云：「以未見公，故復來朝，禮之，加燕好。」則葛盧來者，來朝也。何以不書來朝？杜氏于經，「春、介葛盧來」下注云：「不稱朝，不見公，且不能行朝禮，雖不見公，國賓禮之，故書。」杜氏謂不能行朝禮，故不稱朝，或是。謂不見公，故不稱朝，或非。介葛盧春來固未見公，于冬又來則見之矣。故傳禮之，何以亦不稱朝？此蓋杜氏之疏也。檢二傳師說，其義略同：

　　△《公羊》云：「介葛盧者何？夷狄之君也。何以不言朝？不能乎朝
　　　也。」

　　△《穀梁》云：「其曰來，卑也。」

按：《公羊》以「不能乎朝」，故不稱朝，其義與《左氏》合。蓋史家記實，葛盧來至魯，不能行朝禮，然其來矣，故書曰來是也。特《穀梁》曰「卑也。」曰卑則不能行朝禮見矣，然不可以夷狄則卑之，蓋不能行朝禮則有之，若卑其夷狄，聖人何其不仁哉？此必不然。

　　夫子作《春秋》，主乎王者之事，故《春秋》義行則亂臣賊子懼。故四夷之民，其能中國則中國之，若乎中國而不能中國者，則夷狄之。左氏親聞夫子鴻緒，故於「介葛盧冬來」下云：「以未見公，故復來朝，禮之，加燕好。」杜元凱云：「一歲再來，故加之。」即所謂其「能中國之」是也。特說《公羊》者非之：

　　△何休《公羊解詁》云：「前公圍許不在，故更來朝，不稱字者，一
　　　年再朝不中禮，故不復也。」

　　△陳傅良《春秋後傳・卷五》云：「介，東夷也，未通於上國，一歲
　　　再至，其意將安在乎？故亟書之。介人侵蕭，識有以來也。」

　　△黃仲炎《春秋通說・卷六》云：「介葛盧來，遠人服也，何以書？
　　　春秋之義，不以夷狄煩中國也。」

何邵公創一歲再朝為不中禮，後儒喜新，多所譏刺，不知聖人樂進人于善也；《論語・述而篇》云：「與其進也，不與其退也，唯何甚？」又曰：「人絜己以進，與其絜也，不保其往也。」是夫子作春秋，不以葛盧一歲再至為譏可知。《禮記・中庸》云：「凡為天下國家有九經，八曰柔遠人，柔遠人則四方歸之。」鄭君云：「遠人，蕃國諸侯也。」然則，夷狄能慕禮義而一歲再至，

不亦可乎？若其侵蕭，則故「與其絜也，不保其往也」是矣。且左氏功罪不相掩，功者褒之，罪者貶之，讀其史，知其義，故葛盧之來，不爲貶也。

襄公十有八年，經云：「春，白狄來。」

左氏云：「春，白狄始來。」

按：白狄，杜元凱注傳云：「狄之別名。未嘗與魯接，故曰始。」白狄既始來與魯接，則必白狄之君也。然其來不曰朝者何也。

> △《公羊傳》云：「春，白狄來。白狄者何？夷狄之君也。何以不言朝？不能朝也。」
>
> △《穀梁》范寧氏注云：「不言朝。不能行朝禮。」

是白狄之來，以不能行中國之朝禮，而不書朝，但著其來魯之事實耳。杜元凱注經云：「不言朝，不能行朝禮。」然則，白狄之來，不能行朝禮，三傳無異說也。

閔公元年，經云：「冬，齊仲孫來。」

左氏云：「冬，齊仲孫湫來省難。書曰仲孫，亦嘉之也。仲孫歸曰：不去慶父，魯難未已。公曰：若之何而去之。對曰：難不已，將自斃，君其待之。公曰：魯可取乎？對曰：不可，猶秉周禮，周禮所以本也。臣聞之，國將亡，本必先顛，而後枝葉從之。魯不弃周禮，未可動也。君其務寧魯難而親之，親有禮，因重固，閒携貳，覆昏亂，霸王之器也。」

按：《春秋》外大夫至魯者，或曰來聘，或曰來盟，必書使，以明其受命于君也。仲孫之來，既不稱使，且弗言其事，考之《左氏》經傳，則齊仲孫者，齊大夫仲孫湫也。其來者，省魯難也。故《左氏》曰：「冬，齊仲孫湫來省難。」杜氏注經云：「仲孫，齊大夫。」經書齊仲孫，則齊大夫無疑也。特二傳獨立異說：

> △《公羊》云：「齊仲孫者何？公子慶父也，公子慶父則曷爲謂之齊仲孫？繫之齊也。曷爲繫之齊？外之也。曷爲外之？春秋爲尊者諱，爲賢者諱，子女子曰：以春秋爲春秋，齊無仲孫，其諸吾仲孫與。」
>
> 何休《解詁》云：「齊有高、國、崔。魯有仲孫氏。亦足以知魯仲孫。言仲孫者，以后所氏起其事，明主書者，賊不宜來，因以起上如齊，實殺君出奔。」

△《梁穀》云:「其曰齊仲孫,外之也,其不目,而曰仲孫,疏之也,
其言齊,以累桓也。」

范寧云:「齊仲孫,慶父也。左氏以爲齊大夫。」又曰:「繫仲孫
於齊,言相容赦有罪。」

齊仲孫,則經固繫之於齊矣。夫子作《春秋》,欲行王者之政,以垂後世法。
其答子路行衛政,曰必也正名乎。則《春秋》之作,必正名爲先。慶父內公
子也,而繫之齊,曰齊仲孫。欲其政行義明,不亦難乎?夫子必不若是,先
儒嘗論之矣:

△陸淳《春秋集傳辯疑·卷五》云:「啖助云:齊之仲孫,謂是魯之
公子,謬亦甚矣。」

△劉敞《春秋權衡·卷十一》云:「孫以王父字爲氏,此乃慶父之身
也,未可以稱仲孫。且經繫之齊,若之何謂魯仲孫哉?此不近人
情之尤者。」

△孫覺《春秋經解·卷七》云:「春秋之作,所以懲亂,實魯慶父,
而書齊仲孫,不惟義不明,亦何以止亂乎?」

三氏之辯甚是,檢《公羊》「齊無仲孫,其諸吾仲孫與。」則以《春秋》不見齊
有仲孫之氏,適魯有仲孫之族,遂以爲慶父。然其曰「其吾仲孫與?」則疑辭
也。是二傳慶父繫齊之說,徒見慶父奔齊,遂疑仲孫爲慶父,此未可信也。

然仲孫來者何也?《左氏》云:「齊仲孫湫來省難,書曰仲孫,亦嘉之也。
仲孫歸曰:不去慶父,魯難未已。公曰:若之何去之?對曰:難不已,將自
斃,君其待之。公曰:魯可取乎?對曰:不可,猶秉周禮,周禮,所以本也,
臣聞之,國將亡,本必先顛,而後枝葉從之,魯不弃周禮,未可動也。君其
務寧魯難而親之,親有禮,因重固,閒携貳,覆昏亂,霸王之器也。」是湫
之來,爲省魯難,蓋時莊公新薨,嗣子既弒,閔公方立,慶父猶在,國之危
也甚矣,故湫奉命省魯之難。然《左氏》有「難不已,將自斃,君其待之」
之語,學者乃執以難左氏:

△胡安國《春秋傳·卷十云》:「桓公使臣不以禮,仲孫事君不以禮
也。」

△陳傅良《春秋後傳·卷四》曰:「書來,譏也,仲孫湫,齊之命大
夫也,其書來何?是覘魯也。」

按:湫之來,未興齊侯去慶父之賊,以獎魯君臣,故學者譏之。觀桓公志在取

魯，非湫對以猶秉周禮，則魯其齊有乎？使從俗，禮從宜，豈可壹以譏之乎？

　　△趙鵬飛《春秋經筌‧卷五》云：「雖齊侯遣仲孫之言不可得而考，而其歸也，首與取魯之問，則其所以遣仲孫之意見矣。」又曰：「其初命仲孫也，必不曰爾觀魯可取？吾將取之。蓋曰姑省其安危而已。仲孫亦不知其將取魯也，姑省其君，慰其大臣，而歸復其君曰：魯秉周禮，未可動也，君其務寧魯難而親之，且教以伯主之器，其爲益大矣。不惟有功於魯，且納其君於善。」

趙氏此說甚確，禮從宜，使從俗，非湫告以魯秉周禮，則桓公將有侵魯之罪，而魯君或絕周公之祀矣。行人唯辭達而已，豈可以人廢言哉；《左氏》曰嘉之，于經于禮皆合。

第三節　會　禮

　　夫先王之制，天子有會諸侯之禮，故禹會塗山，執玉帛者萬國；武王會孟津，八百諸侯承命。殆乎周公制禮，會爲盛典，所以會諸侯者，要在講禮命政，承職勤王也。即王弗巡守，六服盡朝，爲壇命政，以承職事。若諸侯有不順服，王者大會諸侯，以征討之，此會禮之盛者。故禮官，行人各掌之：

　　△〈大宗伯〉云：「時見曰會，殷見曰同。」

　　△〈大行人〉云：「時會以發四方之禁，殷同以施天下之政。」

　　鄭康成云：「時見者，言無常期，諸侯有不順服者，王將有征討之事，則既朝覲，王爲壇于國外，合諸侯而命事焉。春秋傳曰：『有事而會，不協而盟』是也。殷猶眾也，十二歲，王如不巡守，則六服盡朝，朝禮既畢，王亦爲壇，合諸侯以命政焉。」（〈大宗伯注〉）

此王會諸侯，命政發禁之禮。即諸侯有不服，王者將討之會，王弗巡守，六服朝畢之會，其會皆於王都，然會同之禮，有會方岳下者，有會近畿者，故《周官》所司，各有專職是也。而會同爲成周盛典，亦可見焉。

　　△〈牛人職〉云：「凡會同，共其兵車之牛。」

　　△〈縣師職〉云：「若將有軍旅會同田役之戒，則受法于司法，以作其眾庶，及馬牛車輦，會其車人之卒伍，使皆備旗鼓兵器，以帥而至。」

△〈梢人職〉云：「若有會師田行役之事，則以縣師之法，作其同徒輦輂，帥而以至。」

△〈廩人職〉云：「凡邦有會同師役之事，則治其糧與其食。」

△〈大祝職〉云：「大會同，造于廟，宜于社，過大山川則用事焉，反行舍奠。」

△〈大司馬〉云：「大會同，則帥士庶子，而掌其政令。」

△〈儲子職〉云：「會同賓客，作群子從。

凡此皆王者會諸侯之事，散見于《周官》者，《禮記·檀弓》云：「周人作會。」則會固爲成周之盛典也。會以命政，會以討不服，此諸侯所以勤王，王室所以永固者也。然由〈廩人〉之治糧食，〈大祝〉之過山川則用事，〈稍人〉之作同徒輦輂，則知王者之會，非僅會于王都也，金氏鶚論之詳矣。

△金鶚《求古錄禮說·卷十三會同考》云：「會同之禮有四，一是王將有征討，會一方之諸侯，《周官·大宗伯》云時見曰會。一是王不巡守，四方諸侯皆會京師，〈大宗伯〉云殷見曰同。一是王巡守，諸侯會于方岳，《尚書·周官》篇所謂王乃時巡，諸侯各朝于方岳也。一是王不巡守而殷國，諸侯畢會于近畿，若周宣王會諸侯于東都，詩言會同有繹是也。」

△孫詒讓《周禮正義·卷三十四》云：「會同禮蓋有常變不同，鄭、賈所釋並據常典言之，故壇宮受玉，不出郊甸。若其變禮，則多與巡守並行，或在万岳，或在東都，如周公朝諸侯於東都之明堂，宣王亦有東都之會，《詩·小雅·車攻》云：會同有繹是也。其殷國則又或在侯國，道里遠近，不豫定，故六軍群子從行，而委積館舍之煩，亦與大師無異。」

考王者會同，據孫說則禮有變常，考之經傳，其說或是，若〈掌舍〉掌王會同之舍，竝〈牛人〉諸職，明會同不必皆在畿內也。斯王者會同，禮文有據，說者不異也。

顧諸侯之相會，則《周官》不具，儒者非之。然春秋屢書某侯會某侯子某，或某侯會某而盟于某，則春秋諸侯已行之矣，豈無斯禮哉？此必不然，而先儒多非之者：

△何休《公羊解詁》云：「凡書會者，惡其虛內務，持外好也，諸侯非朝時，不得踰竟。」（隱二年，「公會戎于潛」下）

△胡安國《春秋傳‧卷三》云：「《周官‧行人》曰：時會以發四方
之禁。此謂非時而合諸侯，以禁止天下之不義也，列國何爲有此
名。凡書會，皆譏也，謂非王事相會聚爾。」

按：先儒以書會爲譏者多矣，茲不復贅。考《周官》雖不具諸侯會禮；而《禮
記‧曲禮》云：「諸侯未及期相見曰遇，相見于郤地曰會。」孔穎達正義云：
「相見於郤地曰會者，此謂及期之禮。郤，閒也，既及期，又至所期之地，
則其禮閒暇。」則諸侯有會禮矣。何氏，胡氏說，似未可信也。

檢《論語‧先進篇》云：「公西華曰：『宗廟之事，如會同，端章甫，願
爲小相。』孔子曰：『宗廟會同，非諸侯而何？』」夫子但曰「非諸侯而何？」
則諸侯有會同之事，夫子明言之矣。

△金鶚《求古錄禮說‧卷六‧宗廟會同解》云：「案會同之禮，非諸
侯會同于天子也。《左氏襄四年傳》云：文王，兩君相見之樂也。
杜注以諸侯會同，解兩君相見。孔疏云：朝而設享，是亦二君聚
會，故以會同言之。《爾雅‧釋詁》言會、合也。又云會、對也。
《說文》云同，合會也，合、合口也，是會同二字，本義原止二
人相合。易有同人之封，以己與人合而言，〈繫辭傳〉云二人同心，
其證也。同止二人會亦可知矣。〈禹貢〉云：灉沮會同。孔傳云：
灉沮二水會同雷夏之澤，二人可言會同，豈二君不可言會同乎？
〈曲禮〉云：諸侯相見於郤地曰會，相見于郤地，可謂之會，則
相見于宗廟之中，亦可謂之會矣。此會同之小者也，至於數君，
十餘君聚會，不于廟而于壇，則會同之大者也。」

按：金氏主諸侯相見于宗廟爲會，以辨鄭君宗廟之事爲祭祀之誤。考夫子言
「宗廟會同，非諸侯而何？」則諸侯有相會之禮，金氏解之甚詳。奈何氏，
胡氏之不信禮經，不考夫子言行，而遽以《春秋》書會皆譏，疑非。此徐彥
《公羊疏》已見之矣：

△徐彥《公羊疏‧卷二》云：「案〈曲禮下〉云：『諸侯相見于郤地
曰會』故定十四年注云：『古者，諸侯將朝天子，必先會閒隙之地。』
以此言之，則會合於禮。言會爲惡之，非朝時不得踰竟者，正以
春秋之會，非爲天子而作之。」（隱二年「公會戎于潛」下）

按：注疏之體，疏不悖法，今徐氏能辨何邵公之非，舉禮文以明之，可謂特
識。若《春秋》之會，非爲天子而作，則屬辭比事，其罪焉逃，不可謂古無

此禮也。茲引經傳諸侯之會禮於此而略述之：

一、特　會

隱公二年，經云：「春，公會戎于潛。」

　　左氏云：「春，公會戎于潛，修惠公之好也。戎請盟，公辭。」

隱公九年，經云：「冬，公會齊侯于防。」

　　左氏云：「冬，公會齊侯于防，謀伐宋也。」

隱公十有一年，經云：「夏，公會鄭伯于時來。」

　　左氏云：「夏，公會鄭伯于郲，謀伐許也。」

桓公元年，經云：「三月，公會鄭伯于垂。」

按：顧棟高《春秋大事表‧十七下》引張氏洽云：「公篡立而懼諸侯討己，欲外結好以自固，因鄭伯嘗歸祊以易許田而未遂，乃求好于鄭，鄭亦欲乘此機以求許田，故會于垂。」

桓公三年，經云：「春，正月，公會齊侯于嬴。」

　　左氏云：「會于嬴成昏于齊也。」

　　杜元凱云：「公不由媒介，自與齊侯會而成昏，非禮也。」

桓公三年，經云：「公會齊侯于讙。」

　　謹案：公使公子翬如齊逆女。而齊侯寵異其妹，送之越竟至讙，公乃會而逆之也。

桓公十有一年，經云：「公會宋公于夫鐘。」

桓公十有一年，經云：「冬，十有二月，公會宋公于闞。」

　　竹添光鴻云：「蓋欲平宋鄭也，傳於明年發之，而平宋鄭之故，則於又明年言之。」（《左傳會箋》「會于夫鐘」下）

桓公十有二年，經云：「公會宋公于虛。」

　　左氏云：「公欲平宋鄭。秋，公及宋公盟于句瀆之丘。宋成未可知也，又會于虛。」

桓公十有二年，經云：「冬，十有一月，公會宋公于龜。」

　　左氏云：「冬，又會于龜。宋公辭平，故與鄭伯盟于武父。」

　　杜元凱云：「宋公貪鄭賂，故與公三會，而卒辭不與鄭平。」

桓公十有五年，經云：「公會齊侯于艾。」

左氏云：「公會齊侯于艾。謀定許也。」

桓公十有八年，經云：「春，王正月，公會齊侯于濼。」

左氏云：「公會齊侯于濼，遂及文姜如齊。齊侯通焉。公謫之，以告。」

杜元凱注經云：「公本與夫人俱行，至濼，公與齊侯行會禮。故先書會濼，既會而相隨至齊。故曰遂。」

謹案：《左氏》云：「春，公將有行，遂與姜氏如齊。」下又云：「公會齊侯于濼，遂及文姜如齊。」則濼之會，姜氏在焉。會者，兩君相見之禮，或相見于宗廟，或相見于郤地。何有於夫人哉？故申繻有「女有家，男有室，無相瀆也，謂之有禮，易此必敗」之諫。桓公既簒立，又不知唯禮是行，此其所以不還也。

莊公二十有七年，經云：「公會齊侯于城濮。」

杜元凱云：「城濮、衛地、將討衛也。」

僖公十有一年，經云：「夏，公及夫人姜氏，會齊侯于陽穀。」

杜元凱云：「婦人送逆不出門，見兄弟不踰閾，與公俱會齊侯，非禮。」

謹案：桓公十八年傳，申繻曰：「女有家，男有室，無相瀆也，謂之有禮，易此必敗。」夫人與會，非禮敗事者也。

文公十有三年，經云：「冬，公如晉，衛侯會公于沓。公還自晉。鄭伯會公于棐。」

左氏云：「衛侯會公于沓，請平于晉。公還，鄭公會公于棐，亦請平于晉。公皆成之。」

宣公元年，經云：「公會齊侯于平州。」

左氏云：「會于平州，以定公位。」

杜元凱云：「簒立者，諸侯既與之會，則不得復討。臣子殺之，與弒君同，故公與齊會而位定。」

定公八年，經云：「公會晉師于瓦。」

左氏云：「夏，齊國夏，高張伐我西鄙。晉士鞅、趙鞅，荀寅救我。公會晉師于瓦。范獻子執羔，趙簡子，中行文子皆執鴈。魯于是始尚羔。」

按：古者，諸侯朝覲，侯國邦交，命使相接，必執贄以相見，所以序上下，等尊卑。故《周禮・春官・典瑞》掌「玉瑞玉器之藏，辨其名物，與其用事，

設其服飾。公執桓圭，侯執信圭，伯執躬圭，子執穀璧，男執蒲璧。以朝覲宗遇會同。諸侯相見亦如之。」〈春官・大宗伯〉云：「以六玉作六瑞，以等邦國。」〈秋官・大行人〉云：「以九儀辨諸侯之命，等諸臣之爵，以同邦國之禮，而待其賓客。」其所執之摯，並以典瑞同，此五等諸侯之所執也。若乎卿大夫也，則〈春官・大宗伯〉云：「以禽作六摯，以等諸臣，孤執皮帛，卿執羔，大夫執雁，士執雉，庶人執鶩，工商執雞。」《禮記・曲禮下》云：「凡摯，天子鬯，諸侯圭，卿羔，大夫鴈，士雉，庶人之摯匹，童子委摯而退。」此卿大夫之所執摯也。

卿執羔，大夫執鴈，禮有定數，差降有等，豈容踖駁乎？《說苑・修文篇》云：「贄者，所以質也。」《白虎通義・文質篇》云：「臣見君有贄何？贄者，執也，質己之誠，致己之悃愊也。」是「摯者，質己之誠，致己之悃愊」，差其尊卑也。《左氏莊二十四年傳》：「哀姜至，公使宗婦覿用幣，非禮也。御孫曰：男贄，大者玉帛，小者禽鳥，以章物也。」杜元凱云：「章所執之物，別貴賤。」則摯者，所以別其貴賤，非所以重財也，摯既以「質己之誠」，「以別貴賤」。而魯人「始尚羔」者何耶？

　　△杜元凱注傳云：「禮，卿執羔，大夫執鴈，魯則同之，今始知執羔
　　　之尊也。」
　　△孔穎達疏云：「魯則同之，蓋命卿與大夫俱執鴈。今見士鞅執羔，
　　　始知羔之尊，於是方始尚羔，令卿執之，記禮廢之久也。」
　　△賈逵云：「周禮，公之孤四命，執皮帛，卿三命執羔，大夫再命執
　　　鴈，魯廢其禮，三命之卿皆執皮帛，至是乃始復禮尚羔。」（《孔
　　　疏》引）
　　△鄭眾云：「天子之卿執羔，大夫執鴈，諸侯之卿，當天子之大夫，
　　　故傳曰：唯卿爲大夫。當執鴈而執羔，僭天子之卿也。魯人效之，
　　　而始尚羔，記禮所從壞。」（《孔疏》引）
　　△沈欽韓《春秋左氏傳補注・卷十一》云：「賈謂魯之僭禮，反出晉
　　　上，杜謂魯不別羔鴈之尊，是皆謂魯懵然無知，何爲秉周禮，鄭
　　　說得之。」

孔疏既申杜注，乃引賈鄭二家，詳爲駁辨，其辨賈君云：「案《周禮》、《禮記》，皆言卿執羔，大夫執鴈，並以爵斷，不依命數，賈何以計命高下，妄稱禮乎！傳言始尚羔者，當謂舊賤羔，而今尊之耳。」再辨先鄭云：「案禮傳及記，天

子之臣與諸侯之臣，所執無異文也。《周禮・掌客》，凡諸侯之禮，上公及侯
伯之下，皆云卿相見以羔，是諸侯之卿不執鴈，又士相見者，諸侯之臣相見
之禮也。經曰下大夫相見以鴈，上大夫相見以羔，是諸侯之卿，必執羔矣。
安在於諸侯之卿，當天子之大夫乎？」孔疏所駁，禮文詳明，自爲可據，而
沈氏辨杜「魯不別羔鴈之尊」。考左氏韓宣子有「周禮盡在魯矣」（昭二年傳）
之歎，齊仲孫有「猶秉周禮」（閔元年傳）之說，則魯必不若斯之不知禮，以
至羔鴈無別也。

　　然魯始尚羔者何耶？孔疏云：「傳文之乖於禮者，爵是卿也，皆當執羔，
趙鞅、荀寅、不應執鴈，此是當時之失，失於偪下。以晉卿失於偪下，魯卿
不應僭上益明。」孔疏旨駁賈鄭，故「以晉卿失於偪下，魯卿不應僭上。」
以明杜氏「魯則同之」，而知魯本「命卿與大夫俱執鴈」也。而弗知「晉卿失
於偪下」，乃晉之非禮，魯不爲不知禮也。此日儒竹添光鴻嘗論之矣：

　　　△竹添光鴻《左傳會箋・卷二十八》云：「卿執羔，魯人何不知？蓋
　　　魯從禮，凡爲卿者皆執羔，晉則唯正卿執羔，諸卿皆降而執鴈，
　　　以晉例魯，則唯季孫可執羔，故叔孫、孟孫皆宜執鴈。魯人以其
　　　爲霸主，遂棄禮從之，傳記變古之始耳，非謂復正也。」
考《左氏傳》，春秋諸侯，政聽於霸主，故襄四年冬，公如晉。傳曰：「公如
晉聽政。」襄八年春王正月，公如晉。傳曰：「公如晉朝，且聽朝聘之數。」
昭三年傳，子大叔云：「昔文襄之霸也，其務不煩諸侯，令諸侯三歲而聘，五
歲而朝。」是春秋諸侯，皆從霸制，故晉唯正卿執羔，禮失於偪下，而魯人
雖秉周禮，不得不屈二卿以尚羔，所以從霸主也，非魯不知禮也，竹添光鴻
氏說得之。

定公十年，經云：「夏，公會齊侯于夾谷。」

　　左氏云：「夏，公會齊侯于祝其。實夾谷。孔丘相，犂彌言於齊侯曰：『孔
丘知禮而無勇，若使萊人以兵劫魯侯，必得志焉爾。』齊侯從之。孔丘
以公退。曰『士兵之。兩君合好，而裔夷之俘以兵亂之，非齊君所以命
諸侯也。裔不謀夏，夷不亂華，俘不干盟，兵不逼好，於神爲不祥，於
德爲愆義，於人爲失禮，君必不然。』齊侯聞之，遽辟之。將盟，齊人
加以載書曰：『齊師出竟，而不以甲車三百乘從我者，有如此盟。』孔丘
使茲無還揖對曰：『而不反我汶陽之田，吾以共命者，亦如之。』齊侯將
享公，孔丘謂梁丘據曰：『齊魯之故，吾子何不聞焉，事既成矣，而又享

之，是勤執事也。且犧象不出門，嘉樂不野合，饗而既具，是弃禮也。
若其不具，用秕稗也。用秕稗君辱，弃禮名惡，子盍圖之。夫享，所以
昭德，不昭，不如其已也。』乃不果享。」

謹案：夫子嘗云：「爲國以禮。」（《論語‧先進》），又云：「能以禮讓爲
國乎，何有？不能以禮讓爲國，如禮何？」（《論語‧里仁》），又云：「苟
有用我者，期月而已可也，三年有成」（《論語‧子路》）。然則，夾谷之
會，亦「以禮爲國」之效也。

哀公七年，經云：「夏，公會吳于鄫。」

左氏云：「夏，公會吳于鄫。吳來徵百牢。子服景伯對曰：『先王未之有
也。』吳人曰：『宋百牢我，魯不可以後宋，且魯牢晉大夫過十，吳王百
牢，不亦可乎？』景伯曰：『晉范鞅貪而弃禮，以大國懼敝邑，故敝邑十
一牢之，君若以禮命於諸侯，則有數矣。若亦弃禮，則有淫者矣。周之
王也，制禮上物不過十二，以爲天之大數也。今弃周禮，而曰必百牢，
亦唯執事。』吳人弗聽，景伯曰：『吳將亡矣，弃天而背本，不與，必弃
疾於我。』乃與之。」

哀公十有二年，經云：「公會吳于橐皋。」

左氏云：「公會吳于橐皋。吳子使大宰嚭請尋盟，公不欲。使子貢對曰：
『盟，以周信也。故心以制之，玉帛以奉之，言以結之，明神以要之。
寡君以爲果有盟焉，弗可改也已，若猶可改，日盟何益。今吾子曰：「必
尋盟，若可尋也，亦可寒也。』乃不尋盟。」

按：以上書公特會者二十有二。而桓公十年經云：「秋，公會衛侯于桃丘，弗
遇。」杜元凱云：「衛侯與公爲會期，中背公，更與齊鄭，故公獨往而不相遇
也。」是桃丘之會，未相見也，故不列入。

二、參 會

隱公十年，經云：「春，王二月，公會齊侯，鄭伯于中丘。」

左氏云：「春，王正月，公會齊侯，鄭伯于中丘。癸丑，盟于鄧，爲師期。」
杜元凱云：「尋九年會于防，謀伐宋也。公既會而盟，盟不書，非後也。
蓋公還，告會而不告盟。」

桓公三年，經云：「六月，公會杞侯于郕。」

左氏云：「公會杞侯于郕，杞求成也。」

杜元凱云：「二年入杞，故今來求成。」

桓公六年，經云：「夏，四月，公會紀侯于郕。」

左氏云：「夏、會于郕，紀來諮謀齊難也。」

杜元凱云：「齊欲滅紀，故來謀之。」

桓公十有四年，經云：「春、正月。公會鄭伯于曹。」

左氏云：「春、會于曹，曹人致餼，禮也。」

杜元凱注經云：「修十二年武父之好。以曹地，曹與會。」

謹案：曹人致餼者，《左氏‧哀公十有二年傳》，子服景伯謂子貢曰：「夫諸侯之會事既畢矣，侯伯致禮，地主歸餼，以相辭也。」杜元凱注云：「侯伯致禮，以禮賓也。地主，所會主人也。餼、生物。」然則，曹人致餼者，所謂盡地主之誼也。

成公十有二年，經云：「夏、公會晉侯、衛侯于瑣澤。」

左氏云：「會于瑣澤，成故也。」

杜元凱云：「晉既與楚成，合諸侯以申成好。」

定公十有四年，經云：「公會齊侯、衛侯于牽。」

左氏云：「公會齊侯、衛侯于脾上梁之閒。謀救范中行氏。」

哀公十有二年，經云：「秋、公會衛侯、宋皇瑗于鄖。」

左氏云：「秋、衛侯會吳于鄖。公及衛侯、宋皇瑗盟。」

按：春秋之世，乃一會盟之天下，故隱公二年，首書「公會戎于潛」。乃中原大國，下與戎狄會也。然則，修好施惠，禮之經也。洎春秋之終卷，則吳主黃池，夷狄主中國矣。其盛衰之迹，可得而知矣。以上公參會者七。

三、合　會

桓公二年，經云：「三月，公會齊侯、陳侯、鄭伯于稷，以成宋亂。」

左氏云：「會于稷，以成宋亂，爲賂故，立華氏也。」

杜元凱注經云：「成、平也。宋有弒君之亂，故爲會欲以平之。稷、宋地。」

按：春秋之會屢矣，而此云「成宋亂」者。杜氏以平釋成。謂桓公所以會齊侯、陳侯、鄭伯者，欲以平宋之亂也。而惠士奇《春秋說》云：「《周官‧訝

士》掌四方之獄訟，四方有亂獄則往而成之。成之者，成其亂也。成即小宰之八成，成謂之聽。八成謂之八德，故大司寇凡庶民之獄訟，以邦成弊之。鄭司農謂邦成若今時決事比弊之斷其獄訟，而〈士師〉掌士之八成。司農謂八成者，行事有八篇，皆所以斷獄，斷獄之成。」又云：「古者，諸侯有屬長連帥卒正州伯，州中有作亂者，則長帥正伯征之。征者，正也。謂成其亂。桓公有長帥正伯之任。故會齊侯、陳侯、鄭伯、往而成之。當請命天子，執華督而戮之，則華氏安得有後于宋乎，」（卷一），似以惠氏說爲長。

桓公十有六年，經云：「春、正月，公會宋公，蔡侯，衛侯于曹。」

左氏云：「春、正月，會于曹。謀伐鄭也。」

僖公十有三年，經云：「公會齊侯、宋公、陳侯、衛侯、鄭伯、許男，曹伯于鹹。」

左氏云：「夏，會于鹹，淮夷病杞故，且謀王室也。」

僖公十有六年，經云：「冬，十有二月，公會齊侯，宋公，陳侯、衛侯、鄭伯、許男、邢侯、曹伯于淮。」

左氏云：「十二月，會于淮，謀鄫，且東略也。」

杜元凱云：「鄫爲淮夷所病故。」

成公十有六年，經云：「秋、公會晉侯、齊侯、衛侯、宋華元、邾人于沙隨。」

左氏云：「秋、會于沙隨，謀伐鄭也。」

襄公七年，經云：「十有二月，公會晉侯、宋公、陳侯、衛侯、曹伯、莒子、邾子于鄬。」

左氏云：「楚子囊圍陳，會于鄬以救之。」

杜元凱注經云：「謀救陳、陳侯逃歸，不成救，故不書救也。」

襄公十年，經云：「春、公會晉侯、宋公、衛侯、曹伯、莒子、曹子、邾子、薛伯、杞伯、小邾子、齊世子光，會吳于柤。」

左氏云：「會于柤，會吳子壽夢也。」又云：「夏、四月，戊午，會于柤。」

杜元凱云：「經書春，書始行也。」

襄公十有一年，經云：「會于蕭魚。」

左氏云：「十二月、戊寅，會于蕭魚。庚辰，赦鄭囚，皆禮而歸之。納斥候，禁侵掠，晉侯使叔肸告于諸侯。」

謹案：此會即伐鄭之諸侯，即公、晉侯、宋公、衛侯、曹伯、齊世子光、

莒子、邾子、滕子、薛伯、杞伯、小邾子等。

襄公十有六年，經云：「三月、公會晉侯、宋侯、衛侯、鄭伯、曹伯、莒子、邾子、薛伯、杞伯、小邾子于溴梁。」

左氏云：「會于溴梁，命歸侵田。以我故，執邾宣公，莒犁比公，且曰：通齊楚之使。」

襄公二十有一年，經云：「公會晉侯、齊侯、宋公、衛侯、鄭伯、曹伯、莒子、邾子于商任。」

左氏云：「會於商任，錮欒氏也。齊侯、衛侯不敬。叔向曰：『二君者必不免，會朝，禮之經也。禮，政之輿也。政，身之守也。怠禮失政，失政不立，是以亂也。』」

襄公二十有二年，經云：「冬、公會晉侯、齊侯、宋公、衛侯、鄭伯、曹伯、莒子、薛伯、杞伯、小邾子于夷儀。」

左氏云：「冬、會于沙隨，復錮欒氏也。」

襄公二十有四年，經云：「公會晉侯、宋公、衛侯、鄭伯、曹伯、莒子、邾子、滕子、薛伯、杞伯、小邾子于夷儀。」

左氏云：「會于夷儀，將以伐齊，水不克。」

哀公十有三年，經云：「公會晉侯及吳子于黃池。」

左氏云：「夏、公會單平公，晉定公，吳夫差于黃池。」

杜元凱云：「平公，周卿士也。不書，尊之，不與會」。

謹案：四國以上相會，謂之合會，檢諸《春秋》，得十三焉。

四、因會而盟

僖公元年，經云：「八月、公會齊侯、宋公、鄭伯、曹伯、邾人于檉。」

左氏云：「盟于犖，謀救鄭也。」

杜元凱注經云：「公及其會，而不書盟，還不以盟告。」

僖公五年，經云：「公及齊侯、宋公、陳侯、衛侯、鄭伯、許男，會王世子於首止。秋，八月，諸侯盟于首止。」

左氏云：「會于首止，會王大子鄭。謀寧周也。」又云：「秋，諸侯盟。」

杜元凱注經云：「惠王大子鄭也。不名而殊會，尊之也。」又云：「復稱諸侯者，王世子不盟故也。王之世子，尊與王同，齊桓行霸，翼戴天子，

尊崇王室，故殊貴世子。」注傳云：「惠王以惠后故，將廢大子鄭，而立
王子帶，故齊桓帥諸侯，會王大子，以定其位。」

謹案：春秋會盟者屢矣，諸侯特會，參會。既而大夫會諸侯，盟諸侯矣。
若齊桓雖會王世子，而不敢與盟而殊貴之，是諸侯猶知勤王室也。《公羊
傳》云：「曷爲殊會王世子？世子貴也。世子猶世世子也。」《穀梁傳》
云：「無中事而復與諸侯何也？尊王世子而不敢與盟也。」是三傳於尊王
世子義同。

**僖公九年，經云：「夏、公會宰周公、齊侯、宋子、衛侯、鄭伯、許男、曹伯
于葵丘。又云：「九月、戊辰，諸侯盟于葵丘。」**

左氏云：「夏、會于葵丘，尋盟，且修好。禮也。」又云：「秋、齊侯盟
諸侯于葵丘。曰：凡我同盟之人，既盟之後，言歸于好。」

謹案：齊桓之會盟，莫盛乎葵丘。故《穀梁》、《孟子》詳厥盟辭。茲錄
於后：

　△《穀梁》云：「九月戊辰，諸侯盟于葵丘。桓盟不日，此何以日？
　　美之也。爲見天子之禁，故備之也。葵丘之會，陳牲而不殺，讀
　　書加于牲上，壹明天子之禁。曰：毋雍泉，毋訖糴，毋易樹子，
　　毋以妾爲妻，毋使婦人與國事。」

　△《孟子》云：「五霸、桓公爲盛。葵丘之會，諸侯束牲載書而不歃
　　血。初命曰：誅不孝，無易樹子，無以妾爲妻。再命曰：尊賢育
　　才，以彰有德。三命曰：敬老慈幼，無忘賓旅。四命曰：士無世
　　官，官事無攝，取士必得，無專殺大夫。五命曰：無曲防，無遏
　　糴，無有封而不告。曰：凡我同盟之人，既盟之後，言歸于好。」
　　（〈告子下〉）

《穀梁》、《孟子》所載盟辭，雖有詳略，其義略同。而《左氏》無文者，竹
添光鴻云：「左氏記事浩博，而特遺此盟辭者，葵丘之盟，絕大美舉，在當時
三尺童兒皆能知之也」（《左傳會箋・卷五》）。以三尺童兒皆知，故略不書，
其意或是。特《公羊》云：「葵丘之會，桓公震而矜之，叛者九國。」檢經傳
與會諸侯，未有叛者。知叛者九人，乃《公羊》異議也。

**僖公二十有八年，經云：「五月，癸丑。公會晉侯、齊侯、宋公、蔡侯、鄭伯、
衛子、莒子、盟于踐土。」**

左氏云：「癸亥，王子虎盟諸侯于王庭。要言曰：皆獎王室，無相害也。有渝此盟，明神殛之，俾隊其師，無克祚國。及而玄孫，無有老幼。君子謂是盟也信。晉於是役也，能以德攻。」

宣公七年，經云：「冬，公會晉侯、宋公、衛侯、鄭伯、曹伯于黑壤。」

左氏云：「冬、盟于黑壤，王叔桓公臨之，以謀不睦。晉侯之立也，公不朝焉，又不使大夫聘。晉人止公于會，盟于黃父，公不與盟，以賂免。故黑壤之盟不書，諱之也。」杜元凱云：「王叔桓公，周卿士，銜天子之命，以監臨諸侯，不同歃者，尊卑之別也。」

襄公五年，經云：「公會晉侯、宋公、陳侯、衛侯、鄭伯、曹伯、莒子、邾子、滕子、薛伯、齊世子光、吳人、鄫人于戚。」

左氏云：「九月、丙午、盟于戚。會吳，且命戍陳也。」

杜元凱云：「公及其會，而不書盟，非公後會，蓋不以盟告廟。」

襄公二十有五年，經云：「公會晉侯、宋公、衛侯、鄭伯、曹伯、莒子、邾子、滕子、薛伯、杞伯、小邾子于夷儀。」又云：「秋、八月、己巳，諸侯同盟于重丘。」

左氏云：「會于夷儀伐齊。以報朝歌之役。」又云：「秋、七月，己巳、同盟于重丘，齊成故也。」

昭公十有三年，經云：「秋、公會劉子、晉侯、齊侯、宋公、衛侯、鄭伯、曹伯、莒子、邾子、滕子、薛伯、杞伯、小邾子于平丘。」又云：「八月、甲戌、同盟于平丘。」

左氏云：「甲戌、同盟于平丘、齊服也。」

按：以上公會諸侯，因會而盟者八。伯主主會，或申天下之禁，或勤王事，或討諸侯之叛也。若其盛者，莫若葵丘之申五禁，首止之不敢盟王世子。而王叔桓公，劉獻公亦每涖之焉。

五、外相會

桓公二年，經云：「蔡侯、鄭伯會于鄧。」

左氏云：「蔡侯、鄭伯會于鄧。始懼楚也。」

莊公十有三年，經云：「春、齊侯、宋人、陳人、蔡人、邾人會于北杏。」

左氏云：「春、會于北杏，以平宋亂。」

杜元凱云：「宋有弒君之亂，齊桓欲修霸業。」

莊公十有五年，經云：「春、齊侯、宋公、陳侯、衛侯、鄭伯會于鄄。」

左氏云：「春，復會焉。齊始霸也。」

杜元凱云：「始為諸侯長。」

僖公三年，經云：「秋、齊侯、宋公、江人、黃人會于陽穀。」

左氏云：「秋、會于陽穀，謀伐楚也。」

謹案：《公羊傳》云：「秋、齊侯、宋公、江人、黃人，會于陽穀。此大會也，曷為末言爾？桓公曰：無障谷，無貯粟，無易樹子，無以妾為妻。」

僖公二十有一年，經云：「秋、宋公、楚子、陳侯、蔡侯、鄭伯、許男、曹伯、會于盂。」

左氏云：「秋，諸侯會宋公于盂。」

文公十有七年，經云：「諸侯會于扈。」

左氏云：「晉侯蒐于黃父，遂復合諸侯于扈，平宋也。」

宣公九年，經云：「九月、晉侯、宋公、衛侯、鄭伯、曹伯，會于扈。」

左氏云：「會于扈，討不睦也。」

宣公十有一年，經云：「秋、晉侯會狄于攢函。」

左氏云：「秋、會于攢函。眾狄服也。是行也，諸大夫欲召狄。郤成子曰：吾聞之，非德莫如勤，非勤何以求人，能勤有繼，其從之也。詩曰文王既勤止。文王猶勤，況寡德乎？」

昭公四年，經云：「夏、楚子、蔡侯、陳侯、鄭伯、許男、徐子、滕子、頓子、胡子、沈子、小邾子、宋世子佐，淮夷，會于申。」

左氏云：「六月、丙午、楚子合諸侯于申。」

定公十年，經云：「冬、齊侯、衛侯、鄭游速，會于安甫。」

定公十有四年，經云：「秋、齊侯、宋公會于洮。」

左氏云：「秋、齊侯、宋公會於洮。范氏故也。」

杜元凱云：「謀救范氏。」

按：以上外相會者十有一。《春秋》魯史，本據史事而書，觀史迹而知成敗興衰之迹焉。顧棟高云：「案外諸侯相會不書，必關天下之故而書，會鄄，始懼楚也，道之一變也。會洮，會安甫，黨亂臣而叛伯主，天下自此無伯，世道

之又一變也。」(《春秋大事表・卷十七下》)魯史之書，或因來告，或因大夫聘異國而知之。魯史書之，夫子修春秋，因其舊文。觀其史迹，亦知盛衰矣。似不必以其有關天下而後《春秋》書之也。

　　綜上所列，公會諸侯者五十，外諸侯相會者十有一。《左氏・桓公二年傳》云：「特相會，往來稱地，讓事也。自參以上，則往稱地，來稱會，成事也。」杜元凱云：「特相會，公與一國會也。」顧棟高《春秋大事表・十七下》引其母舅華氏云：「特會者，離會也。兩君相見也。三以上爲參。」因爲分特會，參會之目，其因會而盟，及外諸侯相會者，亦分別立目焉。

　　按：《左氏》於公會五十，外會十一，皆詳其始末，或勤王室，或討叛逆，或黨同伐異，或救難分災，讀其史而知功罪，檢其事而知盛衰。因知先王有會諸侯之禮，以正天下。諸侯相會於郤地，以講禮觀政。左氏所述，特詳其史，又每及諸侯會同之禮，茲略述之：

　　　　△《左氏・昭四年傳》云：「楚王使問禮于左師與子產。左師獻公合
　　　　　諸侯之禮六，子產獻伯子男會公之禮六。」
　　　　杜元凱云：「宋、公爵，故獻公禮，鄭、伯爵，故獻伯子男會公之
　　　　　禮，其禮同，所從言之異。」
　　　　△《左氏・哀十三年傳》云：「子服景伯曰：王合諸侯，則伯帥侯牧
　　　　　以見於王。伯合諸侯，則侯帥子男以見於伯，自王以下，朝聘玉
　　　　　帛不同。」

左師，子產之所獻，惜其禮不傳，後學者不得與知焉。若子服景伯謂王合諸侯者，必與禮經不殊。其謂伯合諸侯者，杜氏以伯爲諸侯長。諸侯長于春秋固霸王也。「朝聘玉帛不同」，則五等諸侯之相朝聘，相會盟，固不敢與天王同也。

　　　　△章太炎先生《春秋左氏疑義答問・卷二下》云：「春秋之世，諸侯
　　　　　多自相會盟者，固非敢儗于時會殷同。至桓文之伯，宰周公等往
　　　　　往涖之，其後劉子、單子亦常涖之，涖之、正也。其或不涖，則
　　　　　董褐稱天子命孤禮佐周公以見我一二兄弟之國，是亦王所委屬，
　　　　　而不得謂之私也。」

子服景伯「朝聘玉帛不同。」章氏「非敢儗于時會殷同。」知春秋諸侯會同不爲非禮也。故叔向云：「會朝、禮之經也。」(《左氏・襄公二十一年傳》文)。而春秋諸侯之會，莫不因事而行，故子大叔云：「有事而會」(《左氏・昭公三年傳》文) 是也。然則諸侯會同之禮，其大略若是也。

六、卿大夫會諸侯、大夫相會之禮

《周官》云時見殷同，鄭君云諸侯有不順服者，王將有征討之事，則既朝覲，王爲壇于國外，合諸侯而命事焉。是王者會同，必諸侯親行。〈曲禮〉云諸侯相見於郤地曰會。然則、會者，諸侯受命于王而會京師，或諸侯相會之禮也。故〈檀弓〉云：「古之大夫，束修之問不出竟。」〈郊特牲〉云：「大夫執圭而使，所以申信也。」蓋皆指卿大夫受命出聘之事。由是而觀之，古之大夫未有出會諸侯，或大夫相會之事也。若春秋之世，大夫出會諸侯，或大夫持政相會者屢矣。故孔子曰：「天下有道，則禮樂征伐自天子出。天下無道，則禮樂征伐自諸侯出。自諸侯出，蓋十世希不失矣。自大夫出，五世希不失矣。陪臣執國命，三世希不失矣。天下有道，則政不在大夫，天下有道，則庶人不議。」又云：「祿之去公室，五世矣。政逮於大夫，四世矣。故夫三桓之子孫微」（《論語・季氏篇》）。然則，大夫秉政出會諸侯，或大夫自相會者，非禮也。茲就春秋大夫出會之事，類列於后，竝略述之：

（一）公會大夫

成公成二年經：「十一月，公會楚公子嬰齊于蜀。」

　　杜元凱注云：「公與大夫會，不貶嬰齊者，時有許、蔡之君故。」

襄公二十有六年，經云：「公會晉人，鄭良霄，宋人，曹人于澶淵。」

　　左氏云：「六月，公會晉趙武，宋向戌，鄭良霄，曹人于澶淵。以討衛，疆戚田，取衛西鄙懿氏六十，以與孫氏。趙武不書，尊公也。向戌不書，後也。鄭先宋，不失所也。」

　　杜元凱注經云：「卿會公侯皆應貶，方責宋向戌後期，故書良霄以駁之，若皆稱人，則嫌向戌直以會公貶之。」

　　以上公會大夫者二。

（二）內大夫會諸侯

文公元年，經云：「秋，公孫敖會晉侯于戚。」

　　左氏云：「秋、晉侯疆戚田，故公孫敖會之。」

　　杜元凱注經云：「禮、卿不會公侯。而春秋魯大夫皆不貶者，體例已舉，故據用魯史成文而已。」

文公十有六年，經云：「春、季孫行父會齊侯于陽穀。」

左氏云：「春、王正月，及齊平。公有疾，使季文子會齊侯于陽穀。請盟。齊侯不肯。曰：請俟君間。」

宣公十有四年，經云：「冬、公孫歸父會齊侯于穀。」

左氏云：「冬、公孫歸父會齊侯于穀。見宴桓子，與之魯樂。桓子告高宣子，曰子家其亡乎？懷於魯矣。懷必貪，貪必謀人，謀人，人亦謀己，一國謀之，何以不亡。」

宣公十有五年，經云：「春、公孫歸父會楚子于宋。」

左氏云：「春、公孫歸父會楚子于宋。宋人使樂嬰齊告急于晉，晉侯欲救之。伯宗曰：不可，古人有言曰：雖鞭之長，不及馬腹。天方授楚，未可與爭。雖晉之彊，能違天乎？諺曰：高下在心，川澤納汙，山藪藏疾，瑾瑜匿瑕，國君含垢，天之道也，君其待之，乃止。」

襄公五年，經云：「仲孫蔑，衛孫林父會吳于善道。」

左氏云：「晉人將為之合諸侯，使魯、衛先會吳，且告會期。故孟獻子、孫文子會吳于善道。」

昭公九年，經云：「春，叔弓會楚子于陳。」

左氏云：「春、叔弓、宋華亥、鄭游吉、衛趙黶會楚子于陳。」

杜元凱注經云：「以事往，非行會禮。」注傳云：「楚子在陳，故四國大夫往，非盟主所召，不行會禮，故不揔書。」

哀公十有六年，經云：「叔還會周于租。」

以上內大夫會諸侯者七。

綜上所列，卿大夫會諸侯者九。《左氏》但詳其史，而杜元凱於公會楚公子嬰齊。公會晉人，鄭良霄。及公孫敖會晉侯。均以「禮、卿不會公侯。」「卿會公侯皆應貶」注之，則春秋大夫出會諸侯者，非禮也明矣。

檢《春秋・僖公二十有九年》經云：「夏、六月，會王人，晉人、宋人、齊人、陳人、蔡人、秦人，盟于翟泉。」《左氏》云：「夏、公會王子虎、晉狐偃，宋公孫固，齊國歸父，陳轅濤塗，秦小子憖盟于翟泉，尋踐土之盟，且謀伐鄭也，卿不書，罪之也。在禮，卿不會公侯，會伯子男可也。」《公》、《穀》二經于會上皆有公字，與左傳同。徒《左氏》之經無公字，杜元凱以為譏，故不言公。

△杜元凱注經云：「魯侯會盟天子大夫，諸侯大夫，又違禮盟公侯，

于子虎違禮下盟，故不言公會，又皆稱人。」注傳「罪之也」下
云：「晉侯始霸，翼戴天子，諸侯輯睦，王室無虞，而王子虎下盟
列國，以瀆大典。諸侯大夫上敵公侯，虧禮傷教，故貶諸大夫，
諱公與盟。」於「會伯子男可也」下注云：「大國之卿，當小國之
君，故可以會伯子男，諸卿之見貶，亦兼有此闕。」

△孔疏云：「案杜上注經云：諸侯大夫違禮盟公侯。又注傳云：諸侯
大夫上敵公侯，則是唯責諸侯大夫上敵公侯，不責上盟天子之使，
而言兼有此闕者，以魯君上盟天子之使，已諱而不書，則諸侯之
臣，罪在可悉。」

檢《左氏》前則此盟乃公與王子虎，列國貴大夫盟也。杜、孔以王子虎不當
下盟，魯侯不當盟王人，列國大夫則不得上盟王子虎與魯公，故經不書公，
貶諸大夫爲人者，所以傷禮虧教，不可爲典要故也。

杜、孔雖以爲弗書公，貶列國大夫爲有交譏之義，檢諸侯會同，自弗敢
儗天王之禮，諸侯有會同，王官涖會，亦會之正也。若然，則魯公自可上會
王子虎，王子涖會，亦未爲貶也，則交譏之義，似非是，先儒有說之者：

△劉炫云：「直責其敵公侯，不責其盟王使。」（《孔疏》引）

△劉文淇《春秋左氏舊注疏證》云：「卿、謂王子虎也。杜注，王子
虎下盟列國，以瀆大典，蓋據下文卿不公侯爲説。杜又云：諸侯
大夫上敵公侯，虧禮傷教，故貶諸大夫，諱公與盟，傳無此義。」
又曰：「按此傳以卿不書發例，止就王子虎言，未及諸卿之與盟，
炫謂直責其敵公侯是也。杜於傳所不言者，每爲增説，多支離之
辭。」

劉文淇氏力駁元凱之非，而疏通劉炫之說，炫謂「直責其敵公侯」，義自至確，
而文淇以卿爲王子虎，則似不然。此孔疏嘗駁之云：「是君盟王使乃爲有罪，
臣盟王使，飜無貶責，便是君臣易位，尊卑失序，聖人垂訓，豈若是乎？」
孔疏之駁，斯義自通。然則斯義奈何？蓋卿者，諸侯之貴大夫也。原晉狐偃，
宋公孫固，齊國歸父，陳轅濤塗，秦小子慭也。非王子虎也。諸侯之大夫，
禮不得會公侯，若春秋衰世，大夫作會，王官涖之，亦變之正，弗爲譏也。

考《左氏‧昭二十三年傳》云：「晉人執我行人叔孫婼，使與邾大夫坐。
叔孫曰：列國之卿，當小國之君，固周制也，邾又夷也。賓君之命介子服圍
在，請使當之，不敢廢周制故也。乃不果坐。」則此卿乃列國之卿，即叔孫

也。當小國之君，則當郑君也，正與此「卿不會公侯，會伯子男可也」義合。故卿非王子虎也明矣，劉文淇氏說似誤。然則炫謂直責其敵公侯者，謂列國貴大夫敵魯公爲有罪也。以翟泉之盟，列國之貴大夫之不得敵魯公，知春秋之貴大夫亢諸侯而會之者，非禮也。而《穀梁・文公二年傳》「公孫敖會宋公、陳侯、鄭伯、晉士穀、盟于垂歛」下云：「內大夫可以會外諸侯。」范寧氏於文公元年傳「公孫敖會晉侯于戚」下云：「禮、卿不得會公侯。《春秋》尊魯，內卿大夫可以會外諸侯。」然則內大夫可以會外諸侯者，以《春秋》尊魯也。此《穀梁》異義，不與《左氏》同。

（三）大夫相會

文公十有一年，經云：「夏、叔仲彭生會晉郤缺于承匡。」

　　左氏云：「夏、叔仲惠伯會晉郤缺于承匡，謀諸侯之從於楚者。」

宣公十有五年，經云：「仲孫蔑會齊高固于無婁。」

成公五年，經云：「夏、叔孫僑如會晉荀首于穀。」

　　左氏云：「晉荀首如齊逆女，故宣伯餫諸穀。」

　　杜元凱注云：「野饋曰餫。運糧餫之，敬大國也。」

　　謹案：荀首蓋聘于齊，因聘而娶，故宣伯餫諸穀，所以賀之也。

成公十有五年，經云：「冬、十有一月，叔孫僑如會晉士燮，齊高無咎，宋華元，衛孫林父，鄭公子鰌，邾人會吳于鍾離。」

　　左氏：「十一月，會吳于鍾離。始通吳也。」

　　杜元凱注經云：「吳、夷，未嘗與中國會，今始來通。晉帥諸大夫而會之，故殊會，明本非同好。」

襄公二年，經云：「秋、七月，仲孫蔑會晉荀罃、宋華元，衛孫林父、曹人、邾人于戚。」

　　左氏云：「會于戚，謀鄭故也。孟獻子曰：請城虎牢以偪鄭。知武子曰：善。鄫之會，吾子聞崔子之言，今不來矣。滕薛小邾之不至，皆齊故也。寡君之憂，不唯鄭，罃將復於寡君，而請於齊，得請而告，吾子之功也。若不得請，事將在齊，吾子之請，諸侯之福也。豈惟寡君賴之。」

襄公二年，經云：「冬、仲孫蔑會晉荀罃，齊崔杼，宋華元，衛孫林父，曹人，邾人，滕人，小邾人于戚，遂城虎牢。」

　　左氏云：「冬，復會于戚，齊崔武子，及滕薛小邾之大夫皆會，知武子之

言故也。遂城虎牢，鄭人乃成。」

謹案：諸侯大夫會城虎牢，雖云不戰而屈鄭，然大夫秉政以謀諸侯，夫子謂「政自大夫出」是也。

襄公八年，經云：「季孫宿會晉侯、鄭伯、齊人、宋人、衛人、邾人于邢丘。」

左氏云：「五月、甲辰，會于邢丘。以命朝聘之數，使諸侯之大夫聽命。季孫宿，齊高厚，宋向戌，衛甯殖，邾大夫會之。鄭伯獻捷于會，故親聽命。大夫不書，尊晉侯也。」

杜元凱注經云：「時公在晉，晉悼難勞諸侯，唯使大夫聽命。故季孫在會，而公先歸。」注傳云：「晉悼復文襄之業，制朝聘之節，儉而有禮，德義可尊，故退諸侯大夫以崇之。」

謹案：竹添光鴻氏云：「是會，大夫以晉侯之命故奔走之，此全無罪者也。」（《左傳會箋・卷十四》）。翟泉之會，傳云：「卿不會公侯，會伯子男可也。」是卿會公侯者非禮也。此會晉悼命諸侯大夫聽命，是或無罪也。

襄公十有四年，經云：「春、王正月，季孫宿、叔老，會晉士匄，齊人，宋人，衛人，鄭公孫蠆，曹人，莒人，邾人，滕人，薛人，杞人，小邾人，會吳于向。」

左氏云：「春，吳告敗于晉，會于向。為吳謀楚故也。」

襄公十有四年，經云：「冬、季孫宿會晉士匄，宋華閱，衛孫林父，鄭公孫蠆，莒人，邾人于戚。」

左氏云：「冬，會于戚，謀定衛也。」

襄公十有九年，經云：「叔孫豹會晉士匄于柯。」

左氏云：「齊及晉平，盟于大隧。故穆叔會范宣子于柯。」

杜元凱云：「齊晉平，魯懼齊。故為柯會以自固。」

襄公二十有七年，經云：「夏、叔孫豹會晉趙武，楚屈建，蔡公孫歸生，衛石惡，陳孔奐，鄭良霄，許人，曹人于宋。秋，七月，辛巳，豹及諸侯之大夫盟于宋。」

左氏云：「宋向戌善於趙文子，又善於令尹子木，欲弭諸侯之兵以為名。……」

襄公三十年，經云：「晉人，齊人，宋人，衛人，鄭人，曹人，莒人，邾人，滕人，薛人，杞人，小邾人，會于澶淵。宋災故。」

左氏云：「爲宋災故，諸侯之大夫會，以謀歸宋財。冬、十月，叔孫豹會晉趙武，齊公孫蠆，宋向戌，衛北宮佗，鄭罕虎，及小邾之大夫。會于澶淵，既而無歸于宋。故不書其人。君子曰：信其不可不慎乎？澶淵之會，卿不書，不信也。夫諸侯之上卿，會而不信，寵名皆弃，不信之不可也如是。詩曰：文王陟降，在帝左右。信之謂也。又曰：淑慎爾止，無載爾僞，不信之謂也。書曰某人某人會于澶淵。宋災故，尤之也。不書魯大夫，諱之也。」

昭公元年，經云：「叔孫豹會晉趙武，楚公子圍，齊國弱，宋向戌，衛齊惡，陳公子招，蔡公孫歸生，鄭罕虎，許人，曹人于虢。」

左氏云：「正月、乙未，入逆而出，遂會於虢，尋宋之盟也。」

昭公十有一年，經云：「秋、季孫意如會晉韓起，齊國弱，宋華亥，衛北宮佗，鄭罕虎，曹人、杞人于厥憖。」

左氏云：「秋，會于厥憖，謀救蔡也。」

昭公二十有五年，經云：「夏，叔詣會晉趙鞅，宋樂大心，衛北宮喜，鄭游吉，曹人，邾人，滕人，薛人，小邾人于黃父。」

左氏云：「夏，會于黃父。謀王室也。」杜元凱云：「王室有子朝之亂。」
謹案：王庭有事，諸侯會而天子命事焉，正也。今王室有子朝之亂，諸侯不能會而勤王。而由大夫以謀之，若王室因而得寧，亦非諸侯藩衛之常也。故樂祈云：「政在季氏三世矣。魯君喪政四公矣。」

昭公三十有一年，經云：「季孫意如會晉荀躒于適歷。」

左氏云：「季孫意如會晉荀躒于適歷。荀躒曰：寡君使躒謂吾子，何故出君？有君不事，周有常刑，子其圖之。季孫練冠麻衣跣行，伏而對曰：事君，臣之所不得也，敢逃刑命。君若以臣爲有罪，請囚于費，以待君之察也，亦唯君。若以先臣之故，不絕季氏，而賜之死。若弗殺弗亡，君之惠也，死且不朽。若得從君而歸，則固臣之願也，敢有異心。」

按：以上大夫會者十有六。若僑如之會荀首于穀者，敬大國也。若城虎牢以服鄭。會澶淵以謀歸宋財，會黃父以謀王室，莫不大夫秉國政，交會于天下，諸侯衰微，政在大夫。雖云救蔡（昭十一年），云謀王室（昭二十五年），亦非諸侯勤王，救患分災之正也。故禮無大夫會文，亦大夫唯君命是務也，豈有秉政交會之道哉。故顧棟高《春秋大事表·十七下》引汪氏克寬云：「大夫

交爲會禮，雖以謀國事，亦亂之階也。」

七、公會內女、夫人會諸侯

鄭君注《宗伯》云：「諸侯有不順服者，王將有征討之事，則既朝覲，王爲壇于國外，合諸侯而命事焉。」《周禮・小行人》云：「朝覲宗遇會同，君之禮也。」此天子合諸侯，諸侯往會之禮也。〈曲禮〉云：「諸侯相見於郤地曰會。」《論語》云：「宗廟會同。」此諸侯「有事而會」之禮也。其於內女夫人則無聞焉。蓋禮者，所以定親疏，別嫌疑（〈曲禮〉文），而婦人者，從人者也。故送逆不出門，見兄弟不踰閾，在家從父，既嫁從夫，夫死從子者也。且禮始於謹夫婦，爲宮室，辨外內，男子居外，女子居內（〈內則〉文）。然則，婦人不有會事也。春秋書公會內女，夫人會諸侯，其亦非禮乎？今略述於后：

（一）公會內女

莊公二十有七年，經云：「春、公會杞伯姬于洮。」

左氏云：「春、公會杞伯姬于洮。非事也。天子非展義不巡守，諸侯非民事不舉，卿非君命不越竟。」

杜元凱注經云：「伯姬、莊公女。」

按：伯姬者，莊二十五年夏，伯姬歸于杞者也，莊公女也。此年多來，傳曰：「歸寧也，凡諸侯之女，歸寧曰來。」而公于春，特會杞伯姬于洮者，蓋寵異其女之過也。故傳曰：「非事也。天子非展義不巡守，諸侯非民事不舉，卿非君命不越竟。」蓋古者，若舜五載一巡守，唯時月是正，度量是同，五禮是修，無非宣德諭義是急。若乎諸侯擁國，朝覲會同，以勤王室，春省耕，秋省歛，無非民事是務，何由以會愛女哉！古者，女既嫁，父母在，年有歸寧，以問父母好否。若無大故，則不踰竟，何由出會哉！凡此皆不以禮舉之過也，身弗修，家不齊，何由以治國？故春秋書之，以垂後世法，故儒者多譏貶焉！

　　△何休《公羊解詁》云：「書者，惡公教內女以非禮也。」

　　△胡安國《春秋傳・卷九》云：「伯姬，莊公之女，非事而特會于洮，愛其女之過，而不能節之以禮，此春秋之所禁也。」

　　△高閌《春秋集註・卷十二》云：「婦女無相會之禮，伯姬既歸于杞，復來與公會，其迹幾與文姜齊襄無以異矣。」

　　△謝湜云：「女有歸寧于國，無出會于境，洮之會，在魯有敗禮之愆，

　　　在杞失正家之道。」（李明復《春秋集義》引）

莊公斯舉，固非民事，夫子垂法，彰彰明矣。儒者竝援齊襄，文姜以貶之，雖父女，兄妹有殊，然男女防閑，亦人倫之所嚴也。故杜元凱云：「非諸侯之事」是也。若趙氏汸《春秋屬辭・卷六》云：「伯姬以前二年歸杞，至此會公于洮，冬乃歸寧，皆爲杞伯來朝，先爲地也。說者但譏莊公不當出會其女，而不知大不字小之失，以至於此。」趙氏深求義例，演爲新說，然《左氏》云「諸侯非民事不舉。」則是責其舉不以民事也。若《春秋》大不字小者多矣，何必莊公。

（二）夫人會諸侯

莊公二年，經云：「冬、十有二月，夫人姜氏會齊侯于禚。」

　　左氏云：「冬、夫人姜氏會齊侯于禚，書姦也。」

按：《左氏・桓十八年傳》云：春、公將有行，遂與夫人姜氏如齊。申繻曰：『女有家，男有室，無相瀆也，謂之有禮，易此必敗。』公弗之聽，會齊侯于濼，遂及文姜如齊，齊侯通焉，公終不得以生還。桓公既薨，莊公同嗣立。文姜孫于齊，二年會齊侯于禚，傳曰：「書姦也」。此夫人會齊侯之失也。禮，夫人無會禮，故先儒非之，亦所以戒後世也。

　　△杜元凱注傳云：「會，非夫人之事，顯然書之，傳曰書姦，姦在夫

　　　人。」

　　△杜氏《春秋釋例》云：「婦人無外事，見兄弟不喻閾，故其他行，

　　　非禮所及，亦例所不存。」

　　△何休《公羊解詁》云：「婦人無外事，外則近淫。」

　　△胡安國《春秋傳・卷七》云：「婦人無外事，送逆不出門，見兄弟

　　　不喻閾，在家從父，既嫁從夫，夫死從子，今會齊侯於禚，是莊

　　　公不能防閑其母，失子道也。」

《左》、《公》二家，于夫人之會齊侯，都寓貶義。而《穀梁傳》云：「婦人既嫁不喻竟，踰竟非正也。婦人不言會，言會非正也。」則三傳義不殊矣。考《周禮・小行人職》云：「朝、覲、宗、遇、會、同，君之禮也。」《論語・先進篇》：「宗廟會同，非諸侯而何？」《禮記・曲禮》云：「諸侯相見於郤地曰會。」是會禮之行，或兩君相見，或數君，十餘君相聚，何有于夫人者哉！

夫人既滛於齊侯，與弒桓公，其悖禮也大矣。故會於禚，會于師，甚而饗之，而莊公不爲之禁，故胡文定有「失子道」之說。考治國者，必首修身，齊家，而后國可治。莊公不能防閑其母，要其本根，咎始桓公，而文定之譏，亦有當矣。

莊公七年，經云：「春、夫人姜氏會齊侯于防。」

　　左氏云：「春、文姜會齊侯于防。齊志也。」

　　杜元凱云：「文姜數與齊侯會，至齊地則姦發夫人，至魯地則齊之志。故傳略舉二端以言之。」

　　謹案：《穀梁》云：「婦人不會，會，非正也。」

莊公七年，經云：「冬、夫人姜氏會齊侯于穀。」

　　謹案：《穀梁》云：「婦人不會，會非正也。」

按：文姜與弒桓公，罪在不赦，猶不知守規悟過，數會齊侯。《左氏》首示書姦，再云齊志，詳其所之，大義曉然存焉。而《穀梁》亦云「婦人不會，會非正也。」然則，《春秋》所以因魯史舊文而著之者，錄其非禮而君亡國辱，爲天下笑，以垂戒於後世也。

僖公十有七年，經云：「秋、夫人姜氏會齊侯于穀。」

　　左氏云：「秋、聲姜以公故，會齊侯于卞。」

　　謹案：孔穎達氏經下疏云：「婦人送逆不出門，見兄弟不踰閾。今出會齊侯，無譏文者，凡夫人之行，得禮失禮，直書其事，善惡自明，故於文悉無褒貶。此時公爲齊人所止，夫人會以釋之，縱使違禮，不合貶責。」

第四節　盟　禮

　　盟者，所以周信也。故心以制之，玉帛以奉之，言以結之，明神以要之（《左氏・哀公十二年傳》子貢語）是也。然則盟之爲禮，其與會同竝。故或時見而會，會畢而盟，或殷見而同，禮成而盟，或巡守而盟于方岳下。皆所以期戮力同心，以獎王室，敦睦鄰國，熙和天下也。是以雖太平鼎盛，而會盟不禁也。鄭君《詩・小雅・巧言》箋云：「時見曰會，殷見曰同，非此時而盟謂之數。」斯言時會，殷同之盟，乃盟之正也。雖不必凡會同皆有盟，而

盟爲成周之典要可知矣。殆周公之制體，盟有專司，職任詳矣：

　　△《周禮・秋官・司盟》云：「掌盟載之法，凡邦國有疑會同，則掌
　　　其盟約之載及其禮儀，北面詔明神，既盟則貳之。」

　　△《周禮・秋官・大司寇》云：「凡邦之大盟約，涖其盟書而登之於
　　　天府，大史、内史，司會及六官，皆受其貳而藏之。」

　　△《周禮・夏官・戎右》云：「盟則以玉敦辟盟，遂役之，贊牛耳桃
　　　茢。」

　　△《周禮・天官・玉府》云：「若合諸侯，則共珠槃玉敦。」

　　△《周禮・地官・封人》云：「大盟則飾其牛牲。」

按：盟者，《禮記・曲禮》云：「涖牲曰盟」是也，檢《周禮》則其牲牛，其
器珠槃玉敦，〈大司寇〉涖之，〈司盟〉掌之，〈戎右〉贊之，其天子盟諸侯，
禮也盛矣。若其盟之興也，孔穎達云：「諸侯俱受王命，各有寰宇，上事天子，
旁交鄰國；天子不信諸侯，諸侯自不相信，則盟以要之」（《左氏・隱元年・
公及邾儀父盟于蔑疏》）是也。蓋先聖王以神道設教，諸侯有不信，「北面詔
神明」以盟之，以輔其教也。

　　周之盟會，司有帚職，則盛世太平，盟會不禁也。今檢諸經傳，其禮亦
尚矣。《書・甘誓》云：「王曰：嗟，六事之人，予誓告汝，用命，賞于祖；
弗用命，戮于社。予則孥戮汝。」〈湯誓〉：「爾尚輔予一人，致天之罰，予
其大賚汝。爾無不信，朕不食言，爾不從誓言，予則孥戮汝，罔有攸赦。」
〈牧誓〉云：「王朝至于商郊牧野，乃誓。爾所弗勗，其于爾躬有戮！」斯
「詔明神」以輔政教者，先王固多用之，徒未有言盟者耳。《周官》立〈司
盟〉諸職，上承夏、殷之誓，因時見，殷同而盟諸侯。故〈檀弓〉云：「殷
人作誓，周人作會。」鄭君注：「會、謂盟也。」《淮南子・氾論》云：「殷
人誓，周人盟。」實則「三王殊時，不相襲禮。」誓也，盟也，其必有所承
繼焉。特春秋之世，周室不振，諸侯竝興，春秋首年，公及邾儀父盟于蔑。
此公及附庸之君盟也。二年，公及戎盟于唐，此公與夷狄之君盟也。三年，
齊侯、鄭伯，盟于石門，此外諸侯相盟也。六年，公會齊侯盟于艾，此公與
外諸侯盟也。八年，齊人平宋衛于鄭，盟于瓦屋，此外諸侯之參盟也。諸侯
會盟，如此其屢，而勤王述職，不墜如線。故後儒於春秋之盟也多難之，然
諸侯相盟，或霸主盟諸侯，其必不敢儗天子盟諸侯之禮也。然先儒既已難之，
且言之成理，持之有故，後學者多附益焉，則不可不辨，今檢經傳非盟之說

如下：

　　△《詩·小雅·巧言篇》云：「君子屢盟，亂是用長。」

　　△《公羊·桓三年傳》云：「古者不盟，結言而退。」

　　△《穀梁·隱八年傳》云：「誥誓不及五帝，盟詛不及三王，交質子不及二伯。」

　　△《穀梁·桓三年傳》云：「胥之爲言猶相也。相命而信諭，謹言而退，以是爲近古也。」

　　　范寧注云：「申約言以相達，不歃血而誓盟，古謂五帝時。」

　　△《荀子·大略篇》云：「誥誓不及五帝，盟詛不及三王，交質子不及二伯。」又云：「春秋善胥命，而詩非屢盟，其心一也。」

　　△許愼《五經異義》云：「今春秋公羊説，古者不盟，結言而退。故《穀梁傳》云誥誓不及五帝，盟詛不及三王，交質不及二伯，詛盟非禮。」（黃以周《禮書通故·第三十》引）

按：盟之爲禮，典籍弗詳，康成云亡矣。周官諸職，略存梗概，斯亦周天子之盟諸侯也。《穀梁》「盟詛不及三王」者，非三王無盟詛，《書·甘誓》，夏時之篇，〈湯誓〉者，商湯之命，〈牧誓〉者，周武之典。殆周公制禮，〈司盟〉居職。此亦殷因於夏禮，周因於殷禮之證也。誓之爲儀，盟之爲禮，今竝不存。然其相襲因革之迹可知，豈可因典籍之闕如，名目之相殊，謂三王無盟詛可乎？若乎五帝之世，時代湮渺，典禮不可得知，蓋疑以傳疑可也。謂「誥誓不及五帝」，其于先王以神道設教者何？若《詩》之刺幽王，固未非其盟，但刺其屢爾。《公羊》之「古者」，未明其時。《穀梁》之「近古」范寧以爲「五帝」，五帝雖非子虛，其迹難盡詳，後儒好古，多稱引焉。若乎荀卿者，博學通儒，倡人性本惡，以化性起僞，欲王道之行，此覃思之議，非典禮之制。亦惡乎《春秋》之屢盟。然則屢盟固《春秋》之所惡，然不可謂盟非典禮之制，故前人於此，多所駁正焉！

　　△許愼《五經異義》云：「古春秋左氏云，周官有司盟之官，殺牲歃血，所以盟事神明。又云：凡國有疑，盟詛其不信者，是知于禮得盟。許愼謹案，從左氏説，太平之時，有盟詛之禮。」（黃以周《禮書通故·第三十》引）

　　△陳祥道《禮書·卷四十二》云：「先王之時，結民以忠信誠愨之心，維邦國以比小事大之禮。然盟詛之末，常不弛于天下，使人明則

知好惡，幽則知信畏，然後有同德而無離心，則盟詛之輔於教也，其可忽哉。」

△惠士奇《春秋說‧卷五》云：「聖人以神道設教而天下服，于是乎有盟，盟之禮其來尚矣。周禮有司盟及詛祝之官，司盟掌盟載之法，凡邦國有疑，會同，則掌其盟約之載。古者，大會同乃盟，謂之大盟約，大司寇涖之，而登于天府，非大會同而盟，是爲屢盟。故詩曰：君子屢盟，亂是用長。詛祝之官掌盟詛之祝號，作盟詛之載辭而詛其不信者。故詩曰：出此三物，以詛爾斯。」又曰：「所謂盟詛不及三王者，以其無忠信誠愨之心，徒爲固結之術。屢盟以瀆鬼神，則春秋之所惡焉爾，遂謂古者無盟，豈其然乎？」

先王以神道設教，故有誓誥盟會之制，五帝之世，典籍湮渺，不可得而詳。殆《書》則有〈甘誓〉，〈湯誓〉、〈牧誓〉之篇，以著盟誓之概。及周公制禮，司盟居官。則誓誥盟詛，因襲沿革之迹可尋，故先王必以盟詛爲典禮，以輔政教，治萬民也。異義、禮書，惠君之說，竝可互發，既知盟之所由起，又知盟之效用焉。

王者之盟禮，《周官》略存其槩，斯周世盟詛，可窺其禮焉。要亦時見，殷同之盟耳。殆春秋之諸侯，屢盟而信不繼，以斯而盟，徒瀆鬼神，後儒多非之，以非書盟者，皆貶也。不知諸侯之相盟，固未取儗天子之禮也。蓋禮者，時爲大，宜爲要也。學者不察，每多惑焉。

△趙匡云：「諸侯結盟，本非正道，有何合禮。」（陸淳《春秋集傳辨疑‧卷一》引）

△胡安國《春秋傳‧卷一》云：「春秋大義，公天下，以講信修睦爲事，而刑牲歃血，要質鬼神，則非所貴也。」（「公及邾儀父盟于蔑」下）又云：「凡書盟者，惡之也。」（「及宋人盟于宿」下）

按：斯類雷同之說多矣，茲不復贅。既惑於二傳，又見時盟之信不繼，遂謂書盟者皆惡。不知盟本周制，先王有行之者。春秋諸侯相盟，又未敢儗天子之禮。則盟有可以安國息民者可也。特時諸侯屢盟而信不繼，以慢鬼神者，則譏之可也。此先儒固已言之矣：

△萬斯大《學春秋隨筆‧卷一》云：「（盟詛）春秋諸侯業已行之，則當就盟之前後，觀其所盟者何事？與其信之繼否？以知其善惡。」

△章太炎先生《春秋左氏疑義答問‧卷二下》云：「司盟稱凡邦國有
　　疑，會同則掌其盟約之載，是于周典亦無禁。春秋之世，諸侯都
　　自相會盟，相會者，因非敢儗于時會，殷同。至桓文之霸，宰周
　　公等往往涖之。其後劉子，單子亦常涖之，涖之，涖之，正也。」

　　諸侯相盟，始乎春秋，或盟以結好，或盟以禦外。學者繩之于王者一統，
四海共尊；豈有天王在上，諸侯相盟者乎？故曰凡盟皆惡之。不知禮者，因
時制宜，義之所在，仁之所存，雖禮文不具，制之可也，故〈曲禮〉云「禮
從宜」是也。春秋諸侯相盟詛，蓋天子力不能治，諸侯有可以治者，治之可
也。有盟而王官涖之，有盟而王官弗臨，要皆急民之治，或多有不信者，則
諸侯盟而弗誠也。萬氏云：「就盟之前後，觀其所盟者何事？與其信之繼否？
以知其善惡。」可謂確論矣。

　　《書》稱誓，〈甘誓〉者，啓誓之篇，〈湯誓〉者，商湯之作，〈牧誓〉者，
周武之典，斯時有誓萬民，誓六卿之禮，其上不可得而知。周公制禮，有司
盟詛祝之官，則盟禮之來也尚矣。蓋上古之世，民智未開，茹芼飲血，其治
也易而簡，民有弗協，或相命，結言而退也。其後民智漸開政事益繁，先王
乃分封諸侯，置官卿以治之，乃有誓命典誥之文。殆有周之世，智識大開，
人眾事雜，政事尤繁，苟非專職，不足以馭事，若民有弗協，諸侯有不信，
則司盟以詔明神而盟之。《春秋左氏》云：「有事而會，不協而盟」是也。泊
春秋之世，天王不振，諸侯竝興，政治鼎盛，民智最精。斯乃一會盟之天下
也。諸侯自相盟，使寧國息民爲善，若盟而信不繼，則心有弗誠，春秋所貶，
後儒爲譏矣。由誓而盟而屢盟者，勢之所至，禮有所宜也。〈樂記〉云：「五
帝殊時，不相沿樂，三王異世，不相襲禮。」蓋禮者，因勢制宜，非拘泥而
不可變者也。故春秋之盟禮，亦略有可取，茲據所知而類列於此，竝略述之：

一、特　盟

隱公元年，經云：「三月、公及邾儀父盟于蔑」。

　　左氏云：「三月、公及邾儀父盟于蔑。邾子克也。未王命，故不書爵。曰
　　儀父，貴之也。公攝位，而欲求好於邾，故爲蔑之盟。」

　　杜元凱注經云：「能自通於大國，繼好息民，故書字、貴之。」

　　謹案：傳云：儀父書字，貴之也。賈服以爲儀父嘉隱公有至孝謙讓之義，

而與結好，故貴而字之，善其慕賢說讓（《經疏》引）。此說劉文淇氏力主之。考隱五年傳，鄭伯請成于陳，陳侯不許。五父諫曰：「親仁善鄰，國之寶也。君其許鄭。」然則，今公即位，欲求好于邾。故爲蔑之盟。乃嘉儀父能親仁善鄰也。非儀父嘉隱公有「至孝兼讓之義」也明矣。

隱公二年，經云：「秋，八月，公及戎盟于唐。」

左氏云：「戎請盟。秋、盟于唐，復修戎好也。」

隱公六年，經云：「夏、五月，辛酉，公會齊侯盟于艾。」

左氏云：「夏、盟于艾，始平于齊也。

杜元凱云：「春秋前，魯與齊不平。今乃弃惡結好，故言始平于齊。」

桓公元年，經云：「夏、四月、丁未，公及鄭伯盟于越。」

左氏云：「夏、四月、丁未，公及鄭伯盟于越，結祊成。」

杜元凱云：「結成，易二田之事也。」

按：公之篡立，急欲求好於鄭。因隱公八年鄭伯請釋泰山之祀而祀周公，以泰山之祊易許田。然終隱公之世，未成也。故桓與盟於越而易之。魯不宜聽鄭祀周公，又不宜易取祊田。然則此盟非禮也明矣。

桓公二年，經云：「公及戎盟于唐。」

左氏云：「公及戎盟于唐，修舊好也。」

杜元凱云：「惠隱之好。」

桓公十有二年，經云：「丙戌、公會鄭伯，盟于武父。」

左氏云：「公欲平宋鄭。秋，公及宋公盟于句瀆之丘。宋成未可知也。故又會于虛。冬、又會于龜，宋公辭平，故與鄭伯盟于武父。」

杜元凱云：「宋公貪鄭賂，故與公三會而卒辭不與鄭平。」

謹案：盟，所以周信也。故言以結之，明神以要之。今宋公貪鄭賂，盟而不信，瀆鬼神也，非禮莫大焉。卒有兵戎之禍，不亦宜哉。

桓公十有七經云：「二月、丙午、公會邾儀父盟于趡。」

左氏云：「及邾儀父盟于趡，尋蔑之盟也。」

莊公十有三年，經云：「冬，公會齊侯盟于柯。」

左氏云：「冬，盟于柯，始齊平也。」

杜元凱云：「始與齊桓通好。」

莊公二十有三年，經云：「十有二月，甲寅。公會齊侯盟于扈。」

閔公元年，經云：「秋、八月、公及齊侯盟于落姑。」

　　左氏云：「秋、八月、公及齊侯盟于落姑。請復季友也。」

　　杜元凱云：「閔公初立，國家多難，以季子忠賢，故請霸主而復之。」

文公三年，經云：「冬，公如晉。十有二月、己巳，公及晉侯盟。」

　　左氏云：「公如晉，及晉侯盟。晉侯饗公，賦菁菁者我，莊叔以公降拜。
　　曰小國受命於大國，敢不慎儀，君貺之以大禮，何樂如之。抑小國之樂。
　　大國之惠也。晉侯降辭。登成拜，公賦嘉樂。」

文公十有七年，經云：「六月癸未，公及齊侯盟于穀。」

　　左氏云：「齊侯伐我北鄙，襄仲請盟。六月，盟于穀。」

　　杜元凱云：「晉不能救魯，故請服。」

襄公三年，經云：「夏、四月、壬戌。公及晉侯盟于長樗。」

　　左氏云：「夏，盟於長樗。孟獻子相。公稽首。知武子曰：『天子在而君
　　辱稽首，寡君懼矣。』孟獻子曰：『以敝邑介在東表，密邇仇讎，寡君將
　　君是望，敢不稽首。』」

定公十有二年，經云：「冬、十月、癸亥，公會齊侯盟于黃。」

按：以上特盟十有四。《左氏》皆詳其事。就事求之，則盟之中禮失禮也明矣。

二、外諸侯特盟

隱公二年，經云：「紀子帛、莒子盟于密。」

　　左氏云：「冬、紀子帛、莒子盟于密。魯故也。」

　　杜元凱注經云：「子帛，裂繻字也。莒魯有怨，紀侯既昏于魯，使大夫盟
　　莒，以和解之，子帛為魯結好息民，故傳曰魯故也。比之內大夫，而在
　　莒子上，稱字以嘉之也。」

隱公三年，經云：「冬、十有二月，齊侯、鄭伯盟于石門。」

　　左氏云：「冬、齊、鄭盟于石門，尋盧之盟也。」

定公七年，經云：「秋、齊侯，鄭伯盟于鹹。」

　　左氏云：「秋、齊侯，鄭伯盟于鹹，徵會于衛。」

定公七年，經云：「齊侯、衛侯盟于沙。」

左氏云：「衛侯欲叛晉，諸大夫不可。使北宮結如齊，而私於齊侯曰執結以侵我。齊侯從之，乃盟于瑣。」

定公八年，經云：「冬、衛侯、鄭伯盟于曲濮。」

按：以上外諸侯特盟者五。春秋乃一會盟之天下，諸侯政事日繁，天下無一統之王，馳騁外交，或會或盟，以圖保國息民，此乃春秋政治史之黃金時代也。特其或結霸王，或平鄰亂，自不可繩乎成周之治世。

三、參　盟

隱公八年，經云：「秋、七月，庚午，宋公，齊侯，衛侯，盟于瓦屋。」

左氏云：「齊人卒平宋、衛于鄭。秋、會于溫，盟于瓦屋。以釋東門之役，禮也。」

杜元凱云：「定國息民，故曰禮也。」

桓公十有一年，經云：「春、正月，齊人、衛人、鄭人盟于惡曹。」

左氏云：「春、齊、衛、鄭、宋盟于惡曹。」

桓公十有二年，經云：「夏、六月、壬寅，公會杞侯，莒子盟于曲池。」

左氏云：「夏、盟于曲池，平杞、莒也。」

桓公十有二年，經云：「秋、七月、丁亥，公會宋公，燕人，盟于穀。」

左氏云：「公欲平宋、鄭。秋、公及宋盟于句瀆之丘。」

桓公十有七年，經云：「春、正月、丙辰，公會齊侯，紀侯，盟于黃。」

左氏云：「春，盟于黃，平齊、紀。且謀衛故也。」

杜元凱云：「齊欲滅紀，衛逐其君。」

僖公十有九年，經云：「夏、六月，宋公、曹人、邾人、盟于曹南。」

杜元凱云：「曹雖與盟，而猶不服，不肯致餼，無地主之禮，故不以國地，而曰曹南。」

僖公二十有一年，經云：「宋人、齊人、楚人盟于鹿上。」

左氏云：「春、宋人爲鹿上之盟，以求諸侯於楚。楚人許之。公子目夷曰：小國爭盟，禍也。宋其亡乎？幸而後敗。」

僖公二十有五年，經云：「冬、十有二月，癸亥，公會衛子，莒慶，盟于洮。」

左氏云：「衛人平莒于我。十二月，盟于洮，修衛文公之好，且及莒平也。」

僖公二十有六年，經云：「春，王正月，己未，公會莒子，衞寧速盟于向。」

　　左氏云：「春、王正月，公會莒茲丕公，寧莊子盟于向。尋洮之盟也。」

宣公十有一年，經云：「夏、楚子，陳侯、鄭伯、盟于辰陵。」

　　左氏云：「夏，楚盟于辰陵，陳、鄭服也。」

按：以上參盟者十。大抵三國以上爲參盟。蓋春秋霸主未興，諸侯無所統屬，乃私以事相盟，唯無連帥之用，盟而可叛也。故盟者雖屢，而信繼者寡。

四、同　盟

莊公十有六年，經云：「冬、十有二月，會齊侯、宋公、陳侯、鄭伯、許男、滑伯、滕子，同盟于幽。」

　　左氏云：「冬，同盟于幽，鄭成也。」

　　杜元凱注經云：「言同盟，服異也。」

　　謹案：十五年春，會于鄄。傳云：「齊始霸也。」然則此同盟于幽，乃齊桓之會諸侯而盟之也。

莊公二十有七年，經云：「夏，六月，公會齊侯、宋公、陳侯、鄭伯、同盟于幽。」

　　左氏云：「夏，同盟于幽。陳、鄭服也。」

文公十有四年，經云：「六月，公會宋公，陳侯、衞侯、鄭伯、許男、曹伯、晉趙盾。癸酉，同盟于新城。」

　　左氏云：「六月，同盟于新城，從於楚者服，且謀邾也。」

　　杜元凱云：「從楚者、陳、鄭、宋。」

宣公十有二年，經云：「晉人、宋人、衞人、曹人，同盟于清丘。」

　　左氏云：「同盟于清丘。曰恤病討貳。於是卿不書，不實其言也。」

　　杜元凱云：「宋伐陳，衞救之，不討貳也。楚伐宋，晉不救，不恤病也。」

宣公十有七年，經云：「己未，公會晉侯、衞侯、曹伯、邾子、同盟于斷道。」

　　左氏云：「夏，會于斷道，討貳也。盟于卷楚，辭齊人。」

成公五年，經云：「十有二月，己丑，公會晉侯、齊侯、宋公、衞侯、鄭伯、曹伯、邾子、杞伯，同盟于蟲牢。」

　　左氏云：「冬，同盟于蟲牢，鄭服也。」

成公七年，經云：「公會晉侯、齊侯、宋公、衛侯、曹伯、莒子、邾子、杞伯救鄭。八月戊辰，同盟于馬陵。」

　　左氏云：「八月，同盟于馬陵，尋蟲牢之盟，且莒服故也。」

成公九年，經云：「公會晉侯、齊侯、宋公、衛侯、鄭伯、曹伯、莒子、杞伯。同盟于蒲。」

　　左氏云：「爲歸汶陽之田故，諸侯貳於晉。晉人懼，會於蒲，以尋馬陵之盟。」

成公十有五年，經云：「癸丑，公會晉侯、衛侯、鄭伯、曹伯、宋世子成，齊國佐、邾人，同盟于戚。」

　　左氏云：「春，會于戚，討曹成公也。」

成公十有七年，經云：「夏，公會尹子、單子、晉侯、宋公、衛侯、曹伯、邾人伐鄭。六月、乙酉，同盟于柯陵。」

　　左氏云：「乙酉，同盟于柯陵，尋戚之盟也。」

成公十有八年，經云：「十有二月，仲孫蔑會晉侯、宋公、衛侯、邾子、齊崔杼，同盟于虛杅。」

　　左氏云：「十二月，孟獻子會于虛杅，謀救宋也。宋人辭諸侯，而請師以圍彭城。」

襄公三年，經云：「六月，公會單子、晉侯、宋公、衛侯、鄭伯、莒子、邾子，齊世子光。己未，同盟于雞澤。」

　　左氏云：「六月，公會單頃公及諸侯。己未，同盟于雞澤。」

謹案：吾師程旨雲夫子云：「服鄭且修吳好。」

襄公九年，經云：「冬，公會晉侯、宋公、衛侯、曹伯、莒子、滕子、邾子、薛子、杞伯、小邾子、齊世子光，伐鄭。十有二月，己亥，同盟于戲。」

　　左氏云：「諸侯皆不欲戰，乃許鄭成。十一月、己亥，同盟于戲，鄭服也。」

襄公十有一年，經云：「公會晉侯、宋公、衛侯、曹伯、齊世子光、莒子、邾子、滕子、薛伯、杞伯、小邾子、伐鄭。秋，七月、己未，同盟于亳城北。」

　　左氏云：「六月，諸侯會于北林，師于向。右還次于瑣。圍鄭，觀兵于南門，西濟于濟隧。鄭人懼，乃行成。秋，七月，同盟于亳。」

襄公二十有五年，經云：「公會晉侯、宋公、衛侯、鄭伯、曹伯、莒子、邾子、

滕子、薛伯、杞伯、小邾子于夷儀。秋，八月、己巳，諸侯同盟于重丘。」

左氏云：「秋、七月、己巳，同盟于重丘。齊成故也。」

昭公十有三年，經云：「秋、公會劉子、晉侯、齊侯、宋公、衛侯、鄭伯、曹伯、莒子、邾子、滕子、薛伯、杞伯、小邾子于平丘。八月，甲戌，同盟于平丘。公不與盟，晉人執季孫意如以歸。」

左氏云：「甲戌，同盟于平丘，齊服也。」

按：以上書同盟者十有六。檢莊十六年同盟于幽。傳云「鄭成也」。二十七年再同盟于幽，傳云「陳鄭服也」。然則，鄭亦前成後叛也。文十四年同盟于新城，以從楚者服，杜元凱云：「陳、鄭、宋。」成五年于蟲牢，鄭服也。成十七年尋盟伐鄭。襄三年服鄭且修吳好。襄九年服鄭，十一年與鄭成。然則鄭之瀆盟亦以屢矣。是屢盟無信，瀆亂鬼神，非先王制禮之意也。然亦見楚勢之張焉。

唯《春秋》書同盟者十六，服異者九，討異者四，其它或尋盟，或救弱者不等。故杜預《春秋釋例·卷一》云：「盟者，假神明以要不信，故載辭或稱同，以服異為言也。」《左氏》未以同字為義例，但據事之始末而書之。杜元凱既見書同盟者，以服異為多，乃曰「載辭稱同，以服異為言也。」然此似亦未必然。

《左氏》雖無義例，《公》、《穀》則好言義例，雖時有新義，亦不無疵謬。然學者喜新，頗多好之，若此書同盟，《公》、《穀》亦以例範之：

△《公羊·莊十六年傳》云：「同盟者，同欲也。」

何休解詁云：「同心欲盟也，同心為善，善必成。同心為惡，惡必成。故重而言同心也。」

△《穀梁·莊十六年傳》云：「同者，有同也，同尊周也。」

△《穀梁·文十四年傳》云：「同者，有同也，同外楚也。」

《公》、《穀》既以「同」字為義列，故其說多異，《公羊》以書同為「同欲」，而《穀梁》以為「同」字，有尊周，外楚之殊義。及胡安國敘春秋，本之《公》、《穀》，謂「有諸侯同欲而稱同者，有惡其反覆而書同盟」（《春秋傳·卷九》）。惠士奇則謂「同盟者，同事、同謀、同功、同慮、而同政、同禁」（《春秋說·卷六》）。凡此皆就《公》、《穀》之義以說《春秋》者也。

考《春秋》于葵丘之盟，申天下五禁，非尊周乎？非外楚乎？《孟子》美

之，而不書同。則《公》、《穀》說未可全信也。僖四年齊桓合諸侯以伐楚，而楚服，屈完遂及諸侯盟于召陵，此盟非服異外楚乎？何不書同？則《公》、《穀》說固未足信，而杜氏「服異」之說，亦未得其旨矣。且春秋書盟，若隱八年，盟於瓦屋，以釋東門之役，定國息民，豈非同欲乎？斯同欲者，亦未足信也。考《左氏・隱元年傳》云：「諸侯五月同盟至。」〈隱七年傳〉云：「滕侯卒，不書名，未同盟也。凡同盟，於是稱名。」隱三年宋公和卒，杜注云：「元年大夫盟於宿，故赴以名，例在七年。」則宿盟可謂同盟矣。桓五年陳侯鮑卒，杜注云：「未同盟而書名者。」桓十一年鄭伯寤生卒。杜注云：「同盟于元年，赴以名。」襄公六年左氏云：「春，杞桓公卒，始赴以名，同盟故也。」杜元凱云：「杞入春秋，未嘗書名，桓公三與成同盟，故赴以名。」杞桓公三與成公同盟者，成五年同盟于蟲牢，七年同盟于馬陵，九年同盟于蒲是也。然則，諸侯同盟則赴以名，杞桓與成公三同盟故赴以名，而鄭伯寤生卒，嘗與桓公盟于越，宋公和卒，以與魯盟于宿，是宿盟，越盟亦可謂同盟矣。

　　杜元凱云：「載辭稱同，以服異為言也。」按襄公十一年同盟于毫。載書曰：「凡我同盟，毋蘊年，毋雍利，毋保姦，毋留慝，救災患，恤禍亂，同好惡，獎王室。」是同盟者，載辭稱同也。檢僖公九年葵丘之盟，左氏云：「凡我同盟之人，既盟之後，言歸于好。」《孟子》亦引之。然則，葵丘載辭稱同，而未以同盟書，知同盟者，非以載辭稱同。檢《左氏》盟與同盟，其義未殊，然其書同盟者，蓋亦魯史之舊乎？

五、合　盟

僖公二年，經云：「秋、九月、齊侯、宋公、江人、黃人、盟于貫。」

　　左氏云：「秋、盟于貫、服江、黃也。」

　　杜元凱云：「江、黃、楚與國也。始來服齊，故為合諸侯。」

僖公五年，經云：「公及齊侯、宋公、陳侯、衛侯、鄭伯、許男、曹伯、會王世子于首止。秋、八月，諸侯盟于首止。」

　　左氏云：「會于首止，會王大子鄭，謀寧周也。秋、諸侯盟。」

僖公七年，經云：「秋、七月、公會齊侯、宋公、陳世子款、鄭世子華，盟于甯母。」

　　左氏云：「秋、盟于甯母。謀鄭故也。管仲言於齊侯曰：臣聞之，招携以

禮，懷遠以德，德禮不易，無人不懷。齊侯修禮於諸侯，諸侯官受方物。」

僖公八年，經云：「春、王正月，公會王人、齊侯、宋公、衛侯、許男、曹伯、陳世子款、盟于洮。」

左氏云：「春、盟于洮，謀王室也。」

僖公九年，經云：「夏，公會宰周公、齊侯、宋子、衛侯、鄭伯、許男、曹伯于葵丘。九月、戊辰，諸侯盟于葵丘。」

左氏云：「夏、會于葵丘，尋盟，且修好，禮也。秋、齊侯盟諸侯于葵丘。曰凡我同盟之人，既盟之後，言歸于好。」

僖公十有五年，經云：「三月，公會齊侯、宋公、陳侯、衛侯、鄭伯、許男、曹伯、盟于牡丘。」

左氏云：「三月，盟于牡丘，尋葵丘之盟，且救徐也。」

僖公十有九年，經云：「夏、六月、宋公、曹人、邾人盟于曹南。鄫子會盟于邾。」

謹案：吾師程旨雲夫子云：「宋襄始霸。」

僖公二十有一年，經云：「秋、宋公、楚子、陳侯、蔡侯、鄭伯、許男、曹伯、會于盂。執宋公以伐宋。十有二月，癸丑，公會諸侯盟于薄。」

左氏云：「秋、諸侯會宋公于盂。子魚曰：禍其在此乎？君欲已甚，其何以堪之？於是楚執宋公以伐宋。冬、會于薄，以釋之。」

僖公二十有七年，經云：「冬、楚人、陳侯、蔡侯、鄭伯、許男圍宋。十有二月，甲戌，公會諸侯盟于宋。」

左氏云：「冬、楚子及諸侯圍宋，宋公孫固如晉告急。先軫曰：報施救患，取威定霸，於是在矣。狐偃曰楚始得曹，而新昏於衛，若伐曹，衛必救之，則齊、宋免矣。」

僖公二十有八年，經云：「五月、癸丑、公會晉侯、齊侯、宋公、蔡侯、鄭伯、衛子、莒子、盟于踐土。」

左氏云：「癸亥、王子虎盟諸侯于王庭。」

文公七年，經云：「八月，公會諸侯、晉大夫盟于扈。」

左氏云：「秋、八月、齊侯、宋公、衛侯、陳侯、鄭伯、許男、曹伯、會晉趙盾，盟于扈。晉侯立故也。」

文公十有五年，經云：「冬、十有一月，諸侯盟于扈。」

　　左氏云：「冬、十一月、晉侯、宋公、衛侯、蔡侯、陳侯、鄭伯、許男、曹伯、盟于扈。尋新城之盟，且謀伐齊也。」

襄公十有九年，經云：「春、王正月，諸侯盟于祝柯。」

　　左氏云：「春，諸侯還自沂上，盟于督揚。曰：大毋侵小。」

　　杜元凱注經云：「前年圍齊諸侯也。」

襄公二十年，經云：「夏、六月、庚申，公會晉侯、齊侯、宋公、衛侯、鄭伯、曹伯、莒子、邾子、滕子、薛伯、杞伯、小邾子、盟于澶淵。」

　　左氏云：「夏、盟于澶淵，齊成故也。」

昭公二十有六年，經云：「秋、公會齊侯、莒子、邾子、杞伯、盟于鄟陵。」

　　左氏云：「秋、盟于鄟陵，謀納公也。」

定公四年，經云：「五月，公及諸侯盟于皋鼬。」

　　謹案：會召陵以伐楚之諸侯。

按：以上合盟者十有六。吾師程旨雲夫子云：「以結盟在四國以上，或書會諸侯者，謂之合盟。」

六、公與大夫盟

隱公元年，經云：「九月，及宋人盟于宿。」

　　左氏云：「九月，及宋人盟于宿，始通也。」

　　杜元凱注經云：「客主無名，皆微者也。」

隱公八年，經云：「九月、辛卯，公及莒人盟于浮來。」

　　左氏云：「公及莒人盟于浮來，以成紀好也。」

　　杜元凱云：「莒人、微者。」

莊公九年，經云：「公及齊大夫盟于蔇。」

　　左氏云：「公及齊大夫盟于蔇。齊無君也。」

僖公十有九年，經云：「冬、會齊人、蔡人、楚人、鄭人、盟于齊。」

　　左氏云：「陳穆公請修好於諸侯，以無忘齊桓之德。冬盟于齊，修齊桓公之好也。」

僖公二十有九年，經云：「夏、六月、會王人、晉人、宋人、齊人、陳人、蔡

人、秦人，盟于翟泉。」

　　左氏云：「夏，公會王子虎，晉狐偃，宋公孫固，齊國歸父，陳轅濤塗，
　　秦小子憖，盟于翟泉。尋踐土之盟，且謀伐鄭也。」

文公十年，經云：「及蘇子盟于女栗。」

　　左氏云：「秋、七月，及蘇子盟于女栗，頃王立故也。」

成公二年，經云：「己酉，及國佐盟于爰婁。」

　　左氏云：「秋、七月，晉師及齊國佐盟于爰婁。」

成公二年，經云：「丙申，公及楚人、秦人、宋人、陳人、衛人、鄭人、齊人、
曹人、邾人、薛人、鄶人、盟于蜀。」

　　左氏云：「十一月，公及楚公子嬰齊、蔡侯、許男、秦右大夫說，宋華元、
　　陳公孫寧、衛孫良夫，鄭公子去疾，及齊國之大夫盟于蜀。」

成公三年，經云：「丙午，及荀庚盟，丁未，及孫良夫盟。」

　　左氏云：「冬，十一月，晉侯使荀庚來聘，且尋盟。衛侯使孫良夫來聘，
　　且尋盟。丙午，盟晉。丁未，盟衛，禮也。」

成公十有一年，經云：「己丑，及郤犫盟。」

　　左氏云：「郤犫來聘，且涖盟。」

　　杜元凱云：「公請受盟，故使大夫來臨之。」

襄公七年，經云：「壬戌，及孫林父盟。」

　　左氏云：「衛孫文子來聘，且拜武子之言，而尋孫桓子之盟。」

襄公十有五年，經云：「二月，己亥，及向戌盟于劉。」

　　左氏云：「春，宋向戌來聘，且尋盟。」

　　按：以上公與大夫盟者十有二。

七、內大夫特盟外諸侯

桓公十有一年，經云：「柔會宋公，陳侯，蔡叔盟于折。」

　　杜元凱云：「柔，魯大夫未賜族者。」

莊公十有九年，經云：「秋，公子結媵陳人之婦于鄄。遂及陳侯，宋公盟。」

　　杜元凱云：「公子結，魯大夫。」

文公二年，經云：「夏，六月，公孫敖會宋公、陳侯、鄭伯，晉士縠，盟于垂

隴。」

左氏云：「六月，穆伯會諸侯，及晉司空士穀盟于垂隴，晉討衛故也。」

文公八年，經云：「乙酉，公子遂會雒戎，盟于暴。」

左氏云：「冬，襄仲會晉趙孟，盟于衡雍，報扈之盟也。遂會伊雒之戎。」

文公十有六年，經云：「六月，戊辰，公子遂及齊侯，盟于郪丘。」

左氏云：「公使襄仲納賂于齊侯，故盟于郪丘」

成公元年，經云：「夏，臧孫許及晉侯盟于赤棘。」

左氏云：「夏，盟于赤棘。」

昭公十有一年，經云：「仲孫貜會邾子，盟于祲祥。」

左氏云：「孟僖子會邾莊子，盟于祲祥，禮也。」

定公三年，經云：「冬，仲孫何忌及邾子盟于拔。」

左氏云：「冬，盟于郯，修邾好也。」

哀公二年，經云：「癸巳，叔孫州仇，仲孫何仲，及邾子盟于句繹。」

左氏云：「春，伐邾，將伐絞，邾人愛其土。故略以灑沂之田而受盟。」

按：以上內大夫特盟外諸侯者九。

八、大夫盟

文公八年，經云：「冬，十月，壬午，公子遂會晉趙盾，盟于衡雍。」

左氏云：「冬，襄仲會晉趙孟，盟於衡雍，報扈之盟也。」

宣公十有二年，經云：「晉人、宋人、衛人、曹人，同盟于清丘。」

左氏云：「同盟于清丘，曰恤病討貳。於是卿不書，不實其言也。」

成公十有六年，經云：「十有二月，乙丑，季孫行父及晉郤犨盟于扈。」

左氏云：「十二月，季孫及郤犨盟于扈。」

襄公三年，經云：「戊寅，叔孫豹及諸侯之大夫，及陳袁僑盟。」

左氏云：「秋，叔孫豹及諸侯之大夫，及陳袁僑盟，陳請服也。」

襄公二十年，經云：「春王正月，辛亥，仲孫速會莒人盟于向。」

左氏云：「春，及莒平。孟莊子會莒人盟于向。督揚之盟故也。」

襄公二十有七年，經云：「秋、七月、辛巳，豹及諸侯之大夫盟于宋。」

謹案：宋之盟，晉楚爭先。

按：盟之爲禮，固周制也。然盟之初也，或時見而盟，或殷同而盟，或巡守而盟于方岳之下，此天王盟諸侯也。殆春秋之世，王室不振，諸侯強恣，乃有諸侯自相盟，時諸侯相盟，王官或涖之，文、宣以下，大夫出而盟諸侯矣，此夫子所謂「政自大夫出」是矣。學者讀《春秋》，至此，莫不歎息也。茲詳論如次焉：

　　△杜預《春秋釋例・卷一》云：「未有臣而盟君，臣而盟君，是子可
　　　以盟父。」
　　△黃以周《禮書通故・會盟禮通故・第三十》云：「夫會盟，天子之
　　　事也，其諸天子不行，而使內大夫主之，或使外諸侯主之，猶曰
　　　正也。諸侯自爲會盟，變也，非正也。會盟而志在平亂，猶曰變
　　　之正也。至諸侯不行，亦使大夫主會，竝主盟，變之極也。」

按：蓋盟者，本天子盟諸侯之禮，若諸侯相盟，非敢儗天子禮，且王官涖之，其盟也可矣。然臣不得盟君，諸侯不得盟天子，大夫不得盟諸侯，此上下尊卑之禮亦以明矣。左氏僖二十九年傳云：「在禮，卿不會公侯，會伯子男可也。」會且不可，況盟者，殺牲歃血，要質神明者，可乎？

　　然孟僖子盟邾莊公于祲祥，傳曰：「修好禮也。」似與禮經未合，說者竝以政出大夫爲譏。不知政自大夫出者，蓋諸侯倒持國柄有以致之也。國君倒持國柄，政亂民散，大夫起而治之，故有大夫主盟之事，則未可一繩之于太平之世也。且春秋之會盟，乃鄰國邦交之典也。就其所盟之事，與信之繼否，以觀其善惡可也。故杜元凱注云：「盟以安社稷，故曰禮」是也。考左氏之禮，都洞達時宜之義也。故隱六年傳云：「親仁善鄰，國之寶也。」《左氏・隱十一年傳》云：「禮，經國家，定社稷，序人民，利後嗣者也。」又曰：「度德而處之，量力而行之，相時而動，無累無人，可謂知禮矣。」蓋左氏急民之治，無二傳大一統之思想，故說禮特詳。〈禮器〉云：「禮，時爲大，順次之，體次之，宜次之，稱次之。」禮因時勢而爲之節文，則大夫受君命，與諸侯盟，有可安社稷，定國家者可也。《公羊・莊十九年傳》「公子結媵陳人之婦于鄄，遂及齊侯，宋公盟」下云：「有可以安社稷，利國家者，則專之可也。」此雖曰奉使之權宜，亦禮時之義也，與《左氏》合。

九、來　盟

桓公十有四年，經云：「鄭伯使其弟語來盟。」

左氏云:「夏,鄭子人來尋盟。且修曹之會。」

閔公二年,經云:「冬,齊高子來盟。」

杜元凱云:「蓋高傒也。齊侯使來平魯亂,僖公新立,因遂結盟,故不稱使也。魯人貴之,故不書名。」

僖公四年,經云:「楚屈完來盟于師,盟於召陵。」

左氏云:「屈完及諸侯盟。」

杜元凱注經云:「屈完,楚大夫,楚子遣如師以觀齊,屈完覿齊之盛,因而求盟。」

文公十有五年,經云:「三月,宋司馬華孫來盟。」

左氏云:「三月,宋華耦來盟,其官皆從之。書曰宋司馬華孫,貴之也。」

按:司馬華孫來盟,《左氏》云:「其官皆從,書曰宋司馬華孫,貴之也。」檢傳意,所以貴之者,以書官,即書宋司馬也。所以書官者,以其官皆從也。若其官弗從,則不書司馬,亦弗得貴之也。傳意甚明,而解家或以為惡,或以為貴,未有定準,以《左氏》之善禮,似不以惡為貴也。今略述之:

△服虔云:「華耦為卿,侈而不度,以君命修好結盟,舉其官屬從之,空官廢職,魯人不知其非,反尊貴之。」(本疏引)

△李貽德《春秋左傳賈服注輯述‧卷八》云:「知官為屬者,禮記中庸,踐其位。鄭注,其者,其先祖也。則傳曰其官,其指華耦。故知官為屬也。傳曰皆從之,則空官廢職矣。」

△劉文淇《春秋左氏傳舊注疏證》云:「傳文明云:其官皆從之,其者,其司馬也。故服云舉其官屬從之。不得以聘禮執事之官相例。」

李氏、劉氏竝承服說,以華耦修好結盟,盡以其屬從,為空官廢職。左氏以為貴,則所謂「魯人不知其非,反尊貴之。」魯人蓋指丘明也。檢左氏述禮,多與禮經合,似不以惡為貴也。故杜注、孔疏皆未從之:

△杜氏注經云:「華孫奉使鄰國,能臨事制宜,至魯而後定盟,故不稱使。其官皆從,故書司馬。」注傳云:「古之盟會必備儀,儀崇贄幣,賓主以成禮為敬,故傳曰卿行旅從。春秋時率多不能備儀,華孫能率其屬以從古典,所以敬事而自重,使重而事敬,則魯尊而禮篤,故貴而不名。」

△劉炫云:「此為不知其非,儀父豈亦魯不知其非?而貴之乎?孔子

修春秋，裁其得失，定其褒貶，善惡章於其篇，臧否於來世，若魯人所善亦善之，所惡亦惡之，己無心於抑揚，遂逐魯人之善惡，削筆之勞，何所施用，約之以理，豈其然哉！其官皆從，謂共聘之官無闕，當有留治政者，豈舉朝盡行，而責其空官也。」（本疏引）

△孔疏云：「此云其官皆從，即云書曰司馬，貴之。明是貴其官從，故書其官也。聘禮之文，有上介，眾介，眾介至所聘之國，誓于其竟，則史讀書，司馬執策，賈人拭玉，有司展幣，其從群官多矣。」

△沈欽韓《春秋左氏傳補注‧卷五》云：「其官皆從，謂上介與眾介也。大行人職，凡諸侯之卿，其禮各下其君二等以下，及其大夫士皆如之。注，〈聘義〉曰：上公七介，侯伯五介，子男三介，是謂使卿之聘之數也。宋是上公，則此從介當有七人也。春秋之聘問多不能備周公太平之制，故舉其備禮爲貴，非有所褒貶也。」

杜氏不從服說，以「以其官從」，即傳之「卿行旅從」，爲崇贄幣，賓主成禮也。劉炫雖規杜，此則駁服說。謂以魯人所善亦善之，不知服氏之義，以孔子作《春秋》，書華孫者，乃有所貶，即貶其「以其官從」。而左氏以爲貴之，曰魯人不知其非，則魯人乃指丘明也。然以其官皆從，謂共聘之官無闕，與孔疏引〈聘禮〉之文，有上介、眾介，沈欽韓氏引〈行人〉文皆合。則以其官從者，當以沈氏說較近。李貽德氏云：「其指華耦，故知官爲屬也。」考左氏文八年傳云：「司城蕩意諸來奔，效節於府人而出，公以其官逆之。」按之李說，其則指司城蕩意諸，官亦其屬。此必不然，故杜氏云：「以本官逆之。」知「其官皆從」者，非司馬華孫之屬盡從之，以廢其職也。李氏又云：「有位謂之官，任事謂之職。」以爲上介，眾介任職而已，非居位也。謹案：《說文》：「官、吏事君也。」卿大夫，上介、眾介，何非事君者乎？則李說未必然也。左氏以「其官皆從」，故書司馬，所以貴其備禮也。謹從沈說。

宣公七年，經云：「春、衛侯使孫良夫來盟。」

左氏云：「春、衛孫桓子來盟。始通，且謀會晉也。」

按：以上書來盟者五。

按：春秋盟會者多矣，然又有所謂來盟者，蓋春秋魯史，夫子嘗從魯大夫之後，故從魯史例。凡由他國至魯，槩書曰來，若來朝，來聘者是也。特《穀梁》家以「來」字著義，乃有異說焉：

△《穀梁・桓十四年傳》：「來盟，前定也。不日，前定之盟不日。」
（「鄭伯使其弟語來盟」下）

△《穀梁・閔二年傳》：「其曰來，喜之也。」（「齊高子來盟」下）

△《穀梁・文十五年傳》：「來盟者何？前定也，不言及者，以國與
之也。」

穀梁子於「來」字立義，以來盟者，前定也。又云：「其曰來，喜之也。」
同字異義，甚爲不辭。且來者，往之反語。他來我往，行文必然，似不必於
此立義也。考公羊子於僖三年傳云：「其言來盟者何？來盟于我也。」其釋來
字義甚爲中肯。前人亦嘗駁《穀梁》之謬：

△趙匡云：「但以來魯，即日來盟，何必前定乎？若言及，又書內卿，
則文辭煩重，故從簡耳，無他義。」（陸淳《春秋啖趙集傳纂例・
卷四・盟會例第十四》）

趙氏雖亦有取於《公羊》，然來之爲義，以其來魯，不爲前定可知。若乎《左
氏》，詳乎史迹，鄭子人來盟，曰且修曹之會。司馬華孫來盟，曰其官皆從，
貴之也。孫桓子來盟，曰始通且謀會晉也。史迹既詳，褒貶存焉，何必于來
爲前定後定乎？

十、涖盟

僖公三年，經云：「冬、公子友如齊涖盟。」

左氏云：「冬、公子友如齊涖盟。」

杜元凱云：「公時不會陽穀，故齊侯自陽穀遣人詣魯求尋盟。魯使上卿詣
齊受盟，謙也。」

文公七年，經云：「公孫敖如莒涖盟。

左氏云：「莒人來請盟。穆伯如莒涖盟，且爲仲逆。」

昭公七年經：「叔孫婼如齊涖盟。」

杜元凱云：「公將遠適楚，故叔孫如齊尋舊好。」

定公十有一年，經云：「叔還如鄭涖盟。」

按：以上書涖盟者四，若別見於傳者十有一，今從略焉。

按：涖盟者，魯大夫如列國盟也。今《左氏》涖盟之義，公子友如齊，傳曰：
「秋、會于陽穀，謀伐楚也。齊侯爲陽穀之會來尋盟。冬、公子友如齊涖盟。」

公孫敖如莒，傳曰：「莒人來請盟，穆伯如莒蒞盟，且爲仲逆。」叔孫婼如齊，杜注云：「公將遠適楚，故叔孫如齊尋好。」是蒞盟者，皆往盟於彼國也。《公羊僖三年傳》云：「蒞盟者何？往盟乎彼也。」正與《左氏》合。特《穀梁》發爲異義，以惑眾說。

　　△《穀梁・僖三年傳》云：「蒞者，位也。其不日，前定也。不言及者，以國與之也。不言其人，亦以國與之也。」

　　　范寧云：「盟誓之言素定，今但往其位而盟。」

　　△《穀梁・文七年傳》云：「蒞位也。其日位何也？前定也。其不日，前定之盟不日也。」

　　△《穀梁・昭七年傳》云：「蒞，位也。內之前定之辭謂之蒞，外之前定之辭謂來。」

按：《左氏》作蒞，公》、《穀》作蒞，《穀梁》又云蒞，位也。臧壽恭《春秋左氏古義・卷三》云：「案說文無蒞蒞字，立部、蒞、臨也。此其正字也。《周禮・小宗伯》（案：應作肆師之職）用牲于社宗則爲位。鄭注云：『故書位爲蒞。』杜子春云：『蒞當爲位，書亦或爲位。』」壽恭謂據《周禮》注，知漢時隸書已變作蒞，因蒞又爲蒞。」則蒞、蒞、位本可通用，故《穀梁》既釋蒞爲位，又以位爲前定之辭。不知來盟與蒞盟，相對爲文，不必前定也。故趙匡駁之云：「此傳對來盟爲義，故云耳。」（陸淳《春秋啖趙集傳纂例・卷四》）

　　蒞盟固不必前定，然其書蒞者何也？僖三年杜氏注經云：「蒞，臨也。」臨者，有上對下之義，春秋魯史，夫子嘗從魯大夫之後，其作春秋，法魯史例，謂吾君或吾大夫，往而臨之也。孫覺《春秋經解・卷八》云：「蒞、臨也。春秋魯史，其書魯事，有內辭焉」是也。《論語・衛靈公篇》云：「不莊以蒞之，則民不敬。」是君臨民爲蒞也。春秋魯史，內大夫蒞盟，亦臨蒞而盟之，即內辭是也。

　　盟者，周之盛典，其禮今亡，檢諸《周禮》，略知梗概。〈地官・封人〉云：「大盟則飾其牛牲。」〈夏官・戎右〉云：「盟則以玉敦辟盟，遂役之，贊牛耳桃茢。」則盟者，殺牲歃血，其牲爲牛，其血牛血矣。然又有所謂執牛耳者，若《左氏・定八年傳》「衛人請執牛耳」者是也。蓋主盟者執之，假明神以助己，凡與盟者，不得相悖。若棄其盟，則神明殛之，而眾亦得會而征之也。然其執牛耳奈何？

　　△《周禮・夏官・戎右》注云：「鄭司農云：贊牛耳，春秋傳所謂執

牛耳者。玄謂尸盟者割牛耳，取血助為之，及血在敦中，以桃茢
拂之，又助之也。耳者，盛以珠槃，尸盟者執之。」

△《周禮·天官·玉府職》云：「若合諸侯，則共珠槃玉敦。」鄭君
注云：「古者以槃盛血，以敦盛食。合諸侯者，必割牛耳，取其血
歃之以盟。珠槃以盛牛耳，尸盟者執之。」

是古者盟禮，必割牛耳，取其血以盟，牛耳置以珠槃，牛血盛以玉敦也。〈曲禮〉
孔疏云：「盟之為法，先鑿地為方坎，殺牲于坎上，割牲左耳，盛以珠槃，又取
血盛以玉敦，用血為盟書，成乃歃血而讀書。」其盟之為法也如此。若其殺牲
歃血者何？《左傳》隱元年「公及邾儀父盟于蔑」疏云：「凡盟禮，殺牲歃血，
告誓神明，若有違背，欲令神加殃咎，使如此牲也。」則盟之大要若此也。

「執牛耳」者，先鄭以戎右之「贊牛耳」，即《春秋傳》之「執牛耳。」
後鄭則釋贊為助，謂尸盟者執之。尸、主也。則主盟者自「執牛耳」，而戎右
贊之而已。故君王者盟諸侯，則王者自執牛耳；霸主盟諸侯，則霸主自執牛
耳也。唐人賈公彥疏《周禮》，調停二說，然亦未可通。

△賈氏〈玉府職〉疏云：「云尸盟者執之者，案左氏哀公十七年，公
會齊侯盟于蒙。孟武伯問柴曰：諸侯盟，誰執牛耳？季羔曰：鄫
衍之役，吳公子姑曹。發陽之役，衛石魋。武伯曰：然則彪也。
注云：彪、武伯名也。魯於齊為小國，故曰彪也。是盟小國執牛
耳。尸猶主也，小國主盟，故使執牛耳也。若然，執牛耳是小國
尸盟者也。若以歃血則大國在先，故哀十七（案七應作三）年，
吳晉爭先。《國語》曰：吳公先歃，晉亞之。既言爭先。是以知大
國當在先，若諸侯相與盟，則大國戎右執牛耳也。」

賈氏既云小國主盟，故使執牛耳。再云歃血則大國在先。三云諸侯相盟，則
大國戎右執牛耳。此囿於先後鄭之說而弗敢悖也。今考春秋經傳，其禮無定
準。蓋春秋諸侯，屢盟無信，大小相軋，其事多不中禮也。

△《左氏·定八年傳》云：「晉師將盟衛侯于鄟澤，趙簡子曰：群臣
誰敢盟衛君者。涉佗、成何曰：我能盟之。衛人請執牛耳。」
杜元凱云：「盟禮，尊者泣牛耳，主次盟者，衛侯與晉大夫盟，自
以當泣牛耳，故請。」

△《左氏·哀十七年傳》云：「公會齊侯盟于蒙。武伯問於高柴曰：
諸侯盟，誰執牛耳？季羔曰：鄫衍之役，吳公子姑曹，發陽之役，

衛石魋。武伯曰：然則彘也。」

杜元凱云：「執牛耳也，尸盟者。」又曰：「彘、武伯名也，鄫衍
則大國執，發陽則小國執，據時執者無常，故武伯自以爲可執。」

△《左氏‧襄二十七年傳》云：「宋之盟，晉楚爭先。叔向謂趙孟曰：
諸侯歸晉之德只，非歸其尸盟也。子務德，無爭先。且諸侯盟，
小國固必有尸盟者。」杜元凱云：「小國主辦具。」

杜氏既云：「執牛耳者，尸盟者。」則此「小國固有尸盟者」，雖釋爲「主辦
具」，然必主盟，執牛耳可知。唯又云：「尊者涖牛耳。」似大國涖牛耳，小
國執牛耳，其意甚晦。以左氏諸文，合二鄭禮注而觀之，似執牛耳者，乃主
盟者之事，非戎右職也。諸侯相盟，亦有主盟者，且不必有涖牛耳，執牛耳
之別也。孫詒讓《周禮正義‧卷十二》云：「案以《左傳》諸文覈之，則執牛
耳者，必尸盟，尸盟者，必大國，其常法也。亦有時以小國尸盟，則即以小
國執牛耳，其變禮也。」又曰：「執牛耳必尸盟，不分大國小國」是也。

　　愚意以爲盟者，要質明神，以結信繼好，故殺牲歃血，必尸盟者執牛耳，
諸侯與事者，既歃血成盟，則無渝此盟。若王者會諸侯而盟，則王爲尸盟而
執牛耳，以假明神之靈，以神此盟之效也。若伯者盟諸侯，則伯者尸盟而執
牛耳，小國尸盟亦然。然王者，伯主之尸盟，其位尊，其國大，必不多此勞。
蓋王者、伯者主其事，而後戎右贊之，即所謂「贊牛耳」也。則戎右之贊受
之王者，伯主或尸盟者，亦假王、伯之職，以成其盟而已。殆春秋屢盟，多
不中禮，故執者無常也。若劉炫以爲小國恆執牛耳（《左氏‧哀十七年傳》孔
疏引），與傳文未合。

　　天子盟諸侯以命政，諸侯相盟以解紛，蓋皆殺牲歃血，執牛耳以成事。
殆後也大夫盟諸侯，或大夫相盟。以王朝建制序官，尊卑有等，朝聘會盟，
敘職有禮，則大夫之亢盟諸侯，固非禮之正也。特盟有以寧國息民者，亦與
之可也。若諸侯倒持國柄，大夫專政，繩之王道，亦貶之可也。

第五節　胥命遇平之禮

一、胥　命

　　賓禮親邦國者，有朝聘會盟，雖其揖讓進退之儀，難考厥詳，而禮篇著

其目，經傳敘其事。比事而考之，雖不中，亦不遠矣。若乎胥命，《春秋》一經，三傳所述，亦言其槩而已。然荀卿云：「春秋善胥命，詩非屢盟」（〈大略篇〉）。是其禮猶有可觀者焉。今試論之於后：

桓公三年，經云：「夏、齊侯、衛侯、胥命于蒲。」

左氏云：「夏、齊侯、衛侯、胥命于蒲、不盟也。」

按：《春秋》「胥命」，唯此一書，傳云：「不盟也」。而杜元凱注經云：「申約言以相命，而不歃血也。」似若諸侯因事而會，不待殺牲歃血而已達成協議者然也。比《公》、《穀》二傳觀之，其概略可窺焉。

　　△《公羊》云：「胥命者何？相命也。何言乎相命？近正也。此其為
　　　近正奈何？古者不盟，結言而退。」

　　何休《公羊解詁》云：「胥，相也。時盟不歃血，但以命相誓。」

　　△《穀梁》云：「胥之為言猶相也。相命而信諭，謹言而退，以是為
　　　近古也。」

　　范寧云：「申約言以相達，不歃血而誓盟。」

何邵公以「時盟而不歃血」，實則不歃血，即不盟也，知三傳於胥命，皆以為不盟，申約言以結好而已。春秋屢盟，而信皆不繼，今齊襄，衛宣能申約言而信繼，故三傳善之，荀卿亦有「春秋善胥命」之說也。

　　三傳竝以胥命為善，然則胥命者何？《周禮・春官・大祝》「作六辭以通上下，親疏遠近，四曰會」。鄭司農云：「會、謂王官之伯，命事於會，胥命於蒲，主為其命也。」《禮記・學記》云：「大信不約。」鄭君注云：「謂若胥命於蒲，無盟約。」先鄭引胥命以釋會，謂「命事於會，主為其命也」。後鄭引胥命以釋不約，謂「無盟約」。劉文淇《春秋左氏傳舊注疏證》，引二鄭說，云：「《公羊》，不盟，結言而退，正謂胥命是會矣。」是胥命者，諸侯相會，主為其命，不殺牲歃血，要質神明，而申言結好也。考左氏經傳，隱八年，齊人平宋，衛于鄭，會于溫，盟于瓦屋。桓三年，齊侯，衛侯胥命于蒲，莊三年，溺會齊師伐衛，則齊衛之胥命，其信繼可知。當春秋之世，屢盟而無信，今胥命而不盟，其信可繼，故春秋善之也。

　　胥命禮亡，其儀不可知，經傳所述，善其不盟，申言結好，相命而信繼。故公羊以為近正，穀梁以為近古也。斯惜惡春秋之屢盟，有以啟之也。然學者有以為相推長者：

△劉敞《春秋傳‧卷二》云：「古者有方伯，有州牧，有卒正，有連率，命之於天子，正也。諸侯自相命，非正也。」

△葉夢得《春秋傳‧卷二》云：「胥、相也。胥命、相命爲侯伯也。」又云：「齊侯、衛侯不受命于天子，而擅相推，是諸侯而自爲命也。」

△陳傅良《春秋後傳‧卷二》云：「胥命者，交相命也。相命也者，相推長也。諸侯不稟于天子而私相命，於是始。」

按：《周禮》八命作牧，九命作伯，是古者，諸侯有受命于天子，爲諸侯長也。殆春秋之世，未有牧伯，齊侯、衛侯相命於蒲，學者以爲相推長。雖齊襄、衛宣欲復舊職，其奈諸侯何？一則非命于天子，再則齊雖大國，霸業未成，況衛國之小，其誰奉之。故趙氏汸《春秋屬辭‧卷九》云：「或有謂齊、衛相命以伯者，雖陳氏亦引齊僖小白及黎之臣之責衛以方伯連率之事，證成其說，則失其實矣。蓋所謂伯者，爲諸侯盟主也。當時諸國齊爲大，衛後於陳、蔡，無能爲也。齊自胥命後，不能一日主諸侯之政，而況于衛乎？」趙氏之論甚確，齊之伯始于小白，雖齊襄、衛宣欲主諸侯政，其誰聽之？此必不然。檢《左氏‧莊二十一年傳》云：「春、胥命于弭。夏，同伐王城，鄭伯將王自圉門入，虢叔自北門入，殺王子頹及五大夫。」此勤王之事，豈亦諸侯相推長乎？蓋諸侯會而命事，以勤王事，以其非行會禮，亦未殺牲歃血，故謂胥命，命事於會，主乎其命也。即後世所謂達成協議者，或是乎？

二、遇

遇禮之著於經者，大別有二，諸侯多見天子曰遇，此諸侯朝天子之禮也。諸侯未及期相見曰遇，此諸侯之邦交也。茲援經傳說遇禮者，略論於后：

△《周禮‧大宗伯職》云：「冬見曰遇。」鄭君云：「以諸侯見王爲文。」

△《周禮‧秋官‧大行人職》云：「冬遇以協諸侯之慮。」鄭君云：「以王見諸侯爲文。」

此遇禮乃諸侯朝覲天王之禮，六服諸侯因來朝之歲，于春來曰朝，于夏來曰宗，于秋來曰覲，于冬來曰遇。此諸侯朝天王，天王受諸侯朝。則諸侯相遇弗與焉。然諸侯相遇者何？

△《禮記‧曲禮》云：「諸侯未及期相見曰遇，相見於郤地曰會。」

此諸侯相遇之禮，鄭君云：「遇會誓盟禮亡。」因遇禮已亡，其儀不可得

而知焉。以其「未及期相見」，故杜氏《左氏‧隱四年》經注云：「遇者，草次之期，二國各簡其禮，若道路相逢遇也。」其說或然。今檢二傳，其說遇禮，似亦未遠：

　　△《公羊‧隱四年傳》云：「遇者何？不期也。一君出，一君要之也。」
　　何休解詁云：「古者有遇禮，爲朝天子，若朝罷朝，卒相遇于塗。近者爲主，遠者爲賓，稱先君以相接，所以崇禮讓，絕慢易也。當春秋時，出入無度，禍亂姦宄，多在不虞，無故卒然相要，小人將以生心，故重而書之，所以防禍原也。」
　　△《穀梁‧隱四年傳》云：「及者，內爲志焉爾，遇者，志相得也。」
　　△《穀梁‧隱八年傳》云：「不期而會曰遇，遇者，志相得也。」
　　范寧隱二年注云：「八年傳曰：不期而會遇。今曰內爲志，非不期也。」

　　審《公》、《穀》之義，諸侯有相遇之禮，且異乎多見天子之遇也。唯《公羊》以爲不期，又曰「一君出，一君要之」，則與〈曲禮〉悖。故趙匡云：「公羊又云：一君出，一君要之，假如實然，忽以會禮相見，豈得書遇哉」（陸淳《春秋啖趙集傳纂例‧卷四》）是也。《穀梁》則以遇爲有期，不期二義，且謂「遇者，志相得也。」亦非禮意。故趙匡又駁之云：「按文直以所行之禮定名耳，何用相得爲義乎？」（同上）蓋遇者，〈曲禮〉以爲未及期，則諸侯相會有期，因事而先見耳。特何休《公羊解詁》，乃旁出義例，謂「無故卒然相要，小人將以生心。故重而書之，所以防禍原也。」雖本《公羊》，而以《春秋》書遇爲譏，後儒承之，多所駁難矣：

　　△故安國《春秋傳‧卷二》云：「凡書遇者，皆惡其無人君相見之禮也。」《公及宋公遇于清下》。
　　△孫復《春秋尊王發微‧卷一》云：「此言公及宋公遇于清者，惡其自恣，出入無度。」
　　△孫覺《春秋經解‧卷二》云：「書遇者，蓋于時諸侯出入無常，輕忽其社稷人民之重，而奔走乎道塗之間，至于草次相遇，禮數簡略，聖人推其意而書之曰遇。言以國君之尊，而苟然相遇，若匹夫然也。」

　　凡此皆惡春秋之諸侯，奔走外交，而不知內政是務也。然邦交者，國之大事，其不以禮舉者固在可非，若能舉之以禮者，亦國之所賴也。豈可謂凡

書遇皆惡乎？而何邵公乃創之于前，文定之徒響之于後，遂使遇禮沉而莫明矣。今類列春秋諸侯相遇之事於后，竝從而論述之：

隱公四年，經云：「夏、公及宋公遇于清。」

　　左氏云：「春、衛州吁弒桓公而立。公與宋公爲會，將尋宿之盟。未及期，衛人來告亂。夏、公及宋公遇於清。」

隱公八年，經云：「春、宋公、衛侯遇于垂。」

　　左氏云：「春、齊侯將平宋、衛，有會期。宋公以幣請於衛，請先相見，衛侯許之，故遇于犬丘。」

莊公四年，經云：「夏、齊侯、陳侯、鄭伯遇于垂。」

莊公二十有三年，經云：「公及齊侯遇于穀。」

莊公三十年，經云：「冬、公及齊侯于魯濟。」

　　左氏云：「冬，遇于魯濟，謀山戎也，以其病燕故也。」

莊公三十有二年，經云：「夏、宋公、齊侯遇于梁丘。」

　　左氏云：「齊侯爲楚伐鄭之故，請會于諸侯。宋公請先見于齊侯。夏、遇于梁丘。」

按：以上內相遇者三，外相遇者三，皆諸侯因事相見之事，諸侯既有行之者，則就其行事而考得失可也。然公與宋公之遇，因衛人告亂，故未及會期而遇。宋公衛侯之遇，因宋公之請，未及會期而相見。宋公齊侯之遇，亦因宋公之請，未及期而見。〈曲禮〉「諸侯未及期相見曰遇。」知遇禮雖亡，春秋有行之者，豈可非之哉。先儒嘗有言之者：

　　△趙鵬飛《春秋經筌・卷一》云：「宋魯之遇，爲衛謀也。左氏言公
　　　與宋公爲會，將尋宿之盟，未及期，衛人來告亂。夏、遇于清。
　　　以禮以地考之，疑左氏爲得其旨。清、衛地也，禮曰諸侯未及期
　　　相見曰遇。公與宋公將行會禮，未及期，各簡其儀，以遇禮見焉。
　　　左氏之說，與禮經合而於地爲有據，吾從之。」

趙氏不惑於文定之流，檢禮經《左氏》以明指歸，其說甚是。唯說遇禮者，若劉炫、賈逵以「遇者，用多遇之禮」（《左氏・隱四年疏》）引）。杜預《春秋釋例・卷一》駁之云：「于禮、多見天子，當是百官備物之時。而云遇禮簡易。」謹案：多見曰遇，〈大行人職〉諸侯朝天王之禮，于春秋之世，諸侯相會盟，且不敢儗天子之禮，故有王官涖會也。豈有諸侯未及會期而相見，而用朝天子禮

乎！推之人情，此必不然。且遇禮簡易，因其未及會期也。若冬見天子，于秋收冬藏之時，豈可簡其禮哉，杜駁是也。若僖公十四年「季姬及鄫子遇于防，使鄫子來朝事」，非兩君相遇之節。蓋不嫌同名耳，茲附錄於此。

三、平

《春秋》書諸侯之邦交，於朝聘、會盟、胥命，遇外，別有平。《公羊傳》云：「平、成也。」杜元凱云：「和而不盟曰平。」檢諸禮經，未有平目。而〈典瑞〉云：「穀圭以和難。」〈合方氏〉云：「除其怨惡，同其好善。」〈調人〉云：「掌司萬民之難，而諧和之。」其或平之事乎？故鄭君注〈合方氏〉云：「怨惡，邦國相侵虐。」注〈典瑞〉云：「難，仇讎。和之者，若春秋宣公及齊侯平莒及郯，晉侯使瑕嘉平戎於王。」賈疏云：「難謂兩諸侯相與為怨仇，王使人和之，則執以往也。」然則，平為和怨，亦先王之所重也。今類列春秋諸侯平事於后，並從而略論之：

隱公六年，經云：「春、鄭人來渝平。」

左氏云：「春、鄭人來渝平，更成也。」

杜元凱云：「公之為公子，戰於狐壤，為鄭所執，逃歸，怨鄭。鄭伐宋，公欲救宋。宋使者失辭，公怒而止，忿宋則欲厚鄭，鄭因此而來，故經書渝平。傳曰：更成。」

按：鄭人來平而曰渝平，《公羊》作輸平，曰「輸平猶墮成也。何言乎墮成？敗其成也。」是《左》、《公》二傳，字異義殊。唯考隱公即位以來，來嘗有成于鄭，則未有成可墮焉，公羊說似較短。然渝平者何？孫復《春秋尊王發微・卷一》云：「其言來輸平者，鄭人來輸誠于我。」而趙氏坦《春秋異文箋》云：「隱公自元年以來，並未與鄭人平，則此書渝平不得為墮其成。渝輸音近義同，從左氏以更成釋渝平為允。」謹案：公因宋使者失辭而不救宋，鄭人因乘公忿，來更前怨為和好，杜注云：「渝、變也。」變即更，未必誠心交好，為勢所用耳。

宣公四年，經云：「春、王正月，公及齊侯平莒及郯。莒人不肯，公伐莒取向。」

左氏云：「春、公及齊侯平莒及郯。莒人不肯。公伐莒取向，非禮也。平國以禮，不以亂，伐而不治，亂也。以亂平亂，何治之有，無治，何以行禮。」

謹案：平者，和兩國之好，今公及齊侯平莒及郯，而莒人不肯，蓋大國
有未得者。不然，豈不懼大國之伐乎？故黃仲炎《春秋通說・卷八》云：
「孟子曰：愛人不親反其仁，治人不治反其智，禮人不答反其敬。行有
不獲者，皆反求諸己，其身正而天下歸之。魯宣公挾齊侯以平莒郯之爭，
而莒人不肯，是行有不獲，反求諸己可也。怒而伐之，然且不可，況因
以爲利乎？」傳示平國以禮，不以亂。知黃說之不誣也。獲者，皆反求
諸己，其身正而天下歸之。魯宣公挾齊侯以平莒郯之爭，而莒人不肯，
是行有不獲，反求諸己可也。怒而伐之，然且不可，況因以爲利乎？」
傳示平國以禮，不以亂。知黃說之不誣也。

宣公十有五年，經云：「夏，五月，宋人及楚人平。」

杜元凱云：「平者，揔言二國和。」

昭公七年，經云：「春、王正月，暨齊平。」

左氏云：「春、王正月，暨齊平，齊求之也。」

定公十年，經云：「春、王三月，及齊平。」

左氏云：「春、及齊平。」

杜元凱注經云：「平前八年再侵齊之怨。」

定公十有一年，經云：「冬、及鄭平。」

左氏云：「冬、及鄭平，始叛晉也。」

杜元凱云：「魯自僖公以來，世服於晉，至今而叛，故曰始。」

按：以上《春秋》書平者六，蓋皆以棄前怨，結新好也。若宣公四年公及齊
侯平莒及郯者，平莒郯二國之爭也。《左氏》書平者，別有十七事，今竝從略。

第六節　如至之禮

昔者，先王制爲賓禮，以親邦國，故諸侯有出疆越竟之事。然國君君臨
一國，其位至尊，其任至重，豈可輕往忽來乎？故又制爲如至之禮。是以孔
子曰：「諸侯適天子，必告于祖，奠于禰，冕而出視朝。命祝史告于社稷、宗
廟、山川。乃命國家五官而后行，道而出，告者五日而徧，過是非禮也。凡
告用牲幣，反亦如之。」又云：「諸侯相見，必告于禰，朝服而出視朝。命祝
史告于五廟，所過山川。亦命國家五官，道而出，反必親告于祖禰。乃命祝

史告于前所告者，而後聽朝而入。」是諸侯之出入必告廟。蓋諸侯承先王以守國，而孝子之事親也，事死如事生，故有出告反面之禮也。至春秋之世，其禮猶有行之者，今分述之於后：

一、公　如

春秋書法，魯公之出，例書如，著其出境也。然朝覲宗遇會同，君之禮也。故公之出境，或朝天子，或朝列國，其事已詳公如列國門。至於公如列國而非行朝禮者，其事有四：

桓公十有八年，經云：「公與夫人姜氏遂如齊。」

左氏云：「春，公將有行，遂與姜氏如齊。申繻曰：『女有家，男有室，無相瀆也，謂之有禮，易此必敗。』」

莊公二十有二經云：「冬，公如齊納幣。」

杜元凱云：「公不使卿，而親納幣，非禮也。」

莊公二十有三年，經云：「夏，公如齊觀社。」

左氏云：「夏，公如齊觀社，非禮也。曹劌諫曰：不可。夫禮，所以整民也。故會以訓上下之則，制財用之節，朝以正班爵之義，帥長幼之序，征伐以討其不然。諸侯有王，王有巡守，以大習之，非是君不舉矣。君舉必書，書而不法，後嗣何觀。」

杜元凱注經云：「齊因祭社蒐軍實，故公往觀之。」

按：諸侯擁國，民人收賴，故傳云：「天子非展義不巡守，諸侯非民事不舉」（《左氏‧莊二十七年傳》）。今公去宗廟，社稷，而如齊觀社，豈民事也哉。故曹劌諫以朝會之義，明諸侯上事天子，唯王命是趨。下臨百姓，非民事不舉。觀社者，無王命之召，非民事之急，故傳曰非禮也。檢《公》、《穀》二家，立義雖不盡同，而譏公之無事越境則一也。

　　△《公羊》云：「公如齊觀社，何以書？譏，何譏爾？諸侯越竟觀社，非禮也。」

　　△《穀梁》云：「公如齊觀社，常事曰視，非常曰觀，觀、無事之辭也。以是爲尸女也，無事不出竟。」

　　范寧注云：「尸、主也，主爲女往爾，以觀社爲辭。」

按：《公羊》「諸侯越竟觀社，非禮也。」考《公羊》有非常而後書之例，其

非常在越竟觀社，與《左氏》「非民事而舉」，其譏相同。特《穀梁》有「尸女」之說，以公之如齊，主爲女往，特假觀社以爲辭耳。則《穀梁》以爲非常者在乎觀，觀者、無事之辭，無事而往觀女，非禮也。故《穀梁》于尸女下云：「無事不出竟」。果如齊觀社，非尸女而往，按之《穀梁》，則可謂有事，可以出竟矣。不知諸侯君臨一國，動則明若日月，國人所賴，果非王命之召，民事之急，因齊祭社，則可往而觀之乎？此《穀梁》未得也。後儒喜新，多承《穀梁》以釋《春秋》者：

　　△程子曰：「昏議尚疑，故公因觀社再往議，後一年方逆，蓋齊難之。」
　　　（李廉《春秋會通・卷七》引）。

　　△惠士奇《春秋說・卷八》云：「《墨子》曰燕有祖，齊有社，宋有桑林，楚有雲夢，此男女所屬而觀也。蓋燕祖齊社，國之男女，皆聚族而往觀，與楚、宋之雲夢桑林，同爲一時之盛。猶鄭之三月上巳，士與女合會於溱洧之瀕。觀社者，志不在社也，志在女而已。」

　　△侯康《穀梁禮證・卷二》云：「按杜據襄二十四年《左傳》，齊社蒐軍實，使客觀之，以注此經。韋昭、孔晁《國語注》竝同，與《墨子》之文，未嘗相悖。蓋男女所以屬觀于社者，因其蒐軍實，而莊公觀之，意不在軍實而在女子，故曰尸女，此二義之可相兼者。」

按：《穀梁》以「觀」爲「無事之辭也」。則公此非觀社，但「尸女也」，故曰「無事不出竟」。審《穀梁》意，公之此行若爲觀社，非尸女，則可越竟矣。侯氏曲爲辨正，兩存其說，似可不必。然《穀梁》所以有「尸女」之說者，蓋見公親納幣于前，繼丹桓宮之楹，再刻桓宮之桷，終親迎于齊。及其至也，使大夫宗婦覿用幣，寵齊女之盛，前此未有也。實則君行必書，行非王事民急，而如齊觀社，其非禮莫大焉，何必尸女。考外傳曹劌語，知所輕重矣。

　　△《國語・魯語》云：「莊公如齊觀社。曹劌諫曰：不可，夫齊棄太公之法，而觀民於社，君爲是舉，而往觀之，非故業也，何以訓民。土發而社，助時也，收攟而蒸，納要也。今齊社而往觀旅，非先王之訓也。天子祀上帝，諸侯會之受命焉。諸侯祀先王先公，卿大夫佐之，受事焉，臣不聞諸侯相會祀也，祀又不法，君舉必書，書而不法，後嗣何觀。」

內外二傳，同出丘明，而內傳但諫以朝會之義，非王命不舉，與非民事不舉，相互發明，此所以錯經以明理，故責其大者。外傳體系自成，故既諫以王命之事，又明觀社之義。檢曹劌此諫，公如齊觀社，其失在「諸侯相會祀也。」若《穀梁》「尸女」者，即「觀民於社」也。「觀民于社」乃「祀又不法」之事爾。古者、天子祀上帝，諸侯會之而受命焉。諸侯祀先王先公，卿大夫佐之而受事焉？今齊侯祭社，而公往觀焉，其謂公何？故劌云：「臣不聞諸侯相會祀也。」此失禮之大者也。然則《左傳》何以弗書，蓋左氏急王命，重民事，故但曰「諸侯有王，王有巡守，以大習之，非是君不舉矣。」君命民事，此又大於相會祀者。若祀又不法者，《春秋》魯史，列國略之，故《左傳》弗書也。《穀梁》舍本逐末，非矣。若《公羊》但責「諸侯越竟觀社，非禮也」是矣。特何休解詁云：「觀社者，觀祭社，諱淫。」竝惑於《穀梁》。若《墨子》者，則發為覃思之言，所指各有所當，未可混同矣。

莊公二十有四年，經云：「夏，公如齊逆女。」

按：以上書公如列國者四，皆非行朝聘之禮，故別列於此。若納幣、逆女、則詳乎昏禮之篇。

二、公　至

公之出境，國史必書，以人君位尊任重，且所以垂後世法。及其反也，其禮亦然。故夫子既言諸侯出適京師及出見諸侯之禮矣，又曰「反亦如之」是也。至春秋之世，厥禮猶存。今類列公至之事於后，而略論之：

桓公二年，經云：「冬、公至自唐。」

　　左氏云：「冬、公至自唐，告于廟也。凡公行，告于宗廟，反行飲至，舍爵策勳焉，禮也。」

　　謹案：九月、公及戎盟于唐，脩舊好也。

桓公十有六經云：「秋、七月，公至自伐鄭。」

　　左氏云：「秋、七月、公至自伐鄭，以飲至之禮也。」

　　謹案：春、正月，會于曹，謀伐鄭也。夏、伐鄭。

莊公六年，經云：「秋、公至自伐衛。」

　　杜元凱云：「告於廟也。」

　　謹案：五年冬，公會諸侯伐衛，納惠公也。

莊公二十有三年，經云：「春、公至自齊。」

　　謹案：二十二年冬，公如齊納幣。

莊公二十有三年，經云：「夏、公如齊觀社。公至自齊。」

　　謹案：夏、公如齊觀社。

莊公二十有四年，經云：「秋、公至自齊。」

　　謹案：夏、公如齊逆女。

莊公二十有六年，經云：「春、公伐戎。夏、公至自伐戎。」

　　謹案：春、公伐戎。

僖公四年，經云：「八月、公至自伐楚。」

　　杜元凱云：「告于廟。」

　　謹案：春、公會諸侯伐蔡，蔡潰，遂伐楚。

僖公六年，經云：「冬、公至自伐鄭。」

　　謹案：夏、諸侯伐鄭，圍新城。

僖公十有五年，經云：「九月、公至自會。」

　　謹案：三月、公會諸侯，盟于牡丘。

僖公十有七年，經云：「九月、公至自會。」

　　杜元凱云：「公既見執于齊，猶以會致者，諱之。」

　　謹案：十六年冬十二月，公會諸侯于淮。十七年傳云：淮之會，公有諸
　　侯之事未歸而取項，齊人以為討而止公。

僖公二十有六年，經云：「公至自伐齊。」

　　謹案：冬、公以楚師伐齊。

僖公二十有九年，經云：「公至自圍許。」

　　謹案：二十八年冬，諸侯圍許。

僖公三十有三年，經云：「十有二月，公至自齊。」

　　左氏云：「冬如齊朝，且弔有狄師也。反，薨于小寢，即安也。」

文公四年，經云：「春、公至自晉。」

　　謹案：「三年冬，公如晉，及晉侯盟。」

文公十有四年，經云：「春、王正月，公至自晉。」

　　杜元凱云：「告於廟。」

謹案：十三年冬，公如晉朝且尋盟。

文公十有四年，經云：「公至自會。」

謹案：六月、會諸侯，同盟于新城也。

文公十有七年，經云：「秋、公至自穀。」

謹案：六月、公及齊侯盟于穀。

宣公四年，經云：「公至自齊。」

杜元凱云：「告于廟。」

謹案：秋、公如齊。

宣公五年，經云：「夏、公至自齊。」

左氏云：「夏、公至自齊，書過也。」

杜元凱云：「公既見止，連昏於鄰國之臣，厭尊毀列，累其先君，而於廟行飲至之禮，以示過。」

謹案：傳云「春、公如齊，高固使齊侯止公，請叔姬焉。」先敘其見辱之事，而下云「夏、公至自齊。書過也。」然則，公以人君之尊，被迫連昏於鄰國大夫，累其先君之過，不待書至而意自明。是以書至爲告廟，非爲示過。傳因書至，而見公此行之過，因便言之耳。

宣公七年，經云：「秋、公至自伐萊。」

謹案：夏、公會齊侯伐萊。

宣公八年，經云：「春、公至自會。」

杜元凱云：「義與五年書過同。」

謹案：七年傳云：「晉侯之立也，公不朝焉，又不使大夫聘。晉人執公于會。盟于黃父，公不與盟，以賂免。」是公見辱於黑壤，以飲至告廟，故杜云：「義與五年書過同也。」

宣公九年，經云：「公至自齊。」

謹案：正月，公如齊。

宣公十年，經云：「公至自齊。」

謹案：春、公如齊，齊侯以我服故，歸濟西之田。

宣公十年，經云：「五月、公至自齊。」

謹案：公如齊奔喪。

宣公十有七年，經云：「秋、公至自會。」

　　謹案：六月、公會諸侯，同盟于斷道。

成公三年，經云：「二月、公至自伐鄭。」

　　謹案：春、正月，公會諸侯伐鄭。

成公三年，經云：「夏、公至自晉。」

　　謹案：夏、公如晉，拜汶陽之田。

成公四年，經云：「秋、公至自晉。」

　　左氏：「秋、公至自晉，欲求成于楚而叛晉。」

　　謹案：夏、公如晉，晉侯見公不敬。

成公六年，經云：「春、王正月，公至自會。」

　　謹案：五年冬、同盟于蟲牢。

成公七年，經云：「公至自會。」

　　謹案：八月、同盟于馬陵。

成公九年，經云：「公至自會。」

　　謹案：春、同盟於蒲。

成公十有一年，經云：「春、王三月，公至自晉。」

　　左氏云：「春、王三月，公至自晉。晉人以公爲貳於楚，故止公，公請受盟，而後使歸。」

　　謹案：十年傳，秋、公如晉，晉人止公，使送葬。

成公十有三年，經云：「秋、七月，公至自伐秦。」

　　謹案：三月、公及諸侯朝王，遂從劉康公，成肅公會晉侯伐秦。

成公十有五年，經云：「公至自會。」

　　謹案：春、同盟于戚。

成公十有六年，經云：「公至自會。」

　　謹案：秋、會于沙隨。

成公十有七年，經云：「秋、公至自會。」

　　謹案：六月、乙酉，同盟于柯陵。

成公十有七年，經云：「十有一月、公至自伐鄭。」

　　謹案：冬、公會諸侯伐鄭。

成公十有八年，經云：「公至自晉。」

　　謹案：春、公如晉，朝嗣君也。

襄公三年，經云：「公至自晉。」

　　謹案：春、公如晉，始朝也。夏、盟於長樗。杜元凱注經云：「不以長樗至，本非會。」

襄公三年，經云：「秋、公至自會。」

　　謹案：六月、己未，同盟于鷄澤。

襄公五年，經云：「春、公至自晉。」

　　謹案：四年多，公如晉。

襄公五年，經云：「公至自會。」

　　謹案：秋、公會諸侯于戚。

襄公五年，經云：「十有二月，公至自救陳。」

　　謹案：冬、諸侯伐陳，楚子囊伐陳。十一月、甲午、會于城棣以救之。

襄公八年，經云：「公至自晉。」

　　謹案：春、公如晉朝，且聽朝聘之數。

襄公十年，經云：「公至自會。」

　　謹案：春、公會諸侯及吳于柤。

襄公十年，經云：「公至自伐鄭。」

　　謹案：秋、公會諸侯伐鄭。

襄公十有一年，經云：「公至自伐鄭。」

　　謹案：夏、公會諸侯伐鄭，秋、七月、己未、同盟于亳城北。

襄公十有一年，經云：「公至自會。」

　　謹案：公會諸侯伐鄭，會于蕭魚。

襄公十有三年，經云：「春、公至自晉。」

　　左氏云：「公至自晉。孟獻子書勞于廟、禮也。」

　　諸案：十二年多，公如晉朝，且拜士魴之辱。

襄公十有六年，經云：「夏、公至自會。」

　　謹案：三月、公會諸侯于溴梁。

襄公十有九年，經云：「公至自伐齊。」

謹案：十八年冬，公會諸侯同圍齊。

襄公二十年，經云：「秋、公至自會。」

謹案：夏、六月、公會諸侯盟于澶淵。

襄公二十有一年，經云：「夏、公至自晉。」

謹案：春、公如晉拜師，及取邿田也。

襄公二十有二年，經云：「春、王正月，公至自會。」

謹案：二十一冬，公會諸侯于商任。

襄公二十有二年，經云：「公至自會。」

謹案：冬、公會諸侯于沙隨。

襄公二十有四年，經云：「公至自會。」

謹案：秋、公會諸侯于夷儀。

襄公二十有五年，經云：「公至自會。」

謹案：秋、八月，諸侯同盟于重丘。

襄公二十有九年，經云：「夏、五月，公至自楚。」

謹案：二十八年十有一月，為宋之盟故，公如楚。

昭公五年，經云：「秋、七月，公至自晉。」

謹案：春、公如晉。杜元凱云：「即位而往見。」

昭公七年，經云：「九月、公至自楚。」

謹案：三月、公如楚。

昭公十有三年，經云：「公至自會。」

謹案：秋、公會諸侯于平丘，八月、甲戌、同盟于平丘。

昭公十有六年，經云：「夏、公至自晉。」

謹案：十五年冬，公如晉，平丘之會故也。

昭公二十有六年，經云：「三月、公至自齊。居于鄆。」

謹案：二十五年九月己亥，公孫于齊。次于陽州。

昭公二十有六年，經云：「公至自會。居于鄆。」

謹案：秋、公會諸侯盟于鄟陵。

昭公二十有七年，經云：「公至自齊。居于鄆。」

謹案：左氏云：春、公如齊，公至自齊。處于鄆，言在外也。

昭公二十有七年，經云：「公至自齊，居于鄆。」

    謹案：冬、公如齊。

昭公二十有九年，經云：「春、公至自乾侯，居于鄆。」

    謹案：二十八年春，公如晉，次於乾侯。

定公四年，經云：「秋、七月，公至自會。」

    謹案：五月、公及諸侯盟于皋鼬。

定公六年，經云：「公至自侵鄭。」

    謹案：左氏云：「二月、公侵鄭，取匡，爲晉討鄭之伐胥靡也。」

定公八年，經云：「公至自侵齊。」

    謹案：左氏云：「王正月，公侵齊，門于陽州。」

定公八年，經云：「三月、公至自侵齊。」

    謹案：二月、公侵齊，攻廩丘之郛。

定公八年，經云：「公至自瓦。」

    謹案：左氏云：「夏、齊國夏、高張、伐我西鄙。晉士鞅、趙鞅、荀寅救我。公會晉師于瓦。」

定公十年，經云：「公至自夾谷。」

    謹案：夏、公會齊侯于祝其，實夾谷。

定公十有二年，經云：「公至自黃。」

    謹案：冬、十月、癸亥、公會齊侯盟于黃。

定公十有二年，經云：「公至自圍成。」

    謹案：左氏云：冬、十二月、公圍成，弗克。

定公十有四年，經云：「公至自會。」

    謹案：左氏云：公會齊侯、衛侯于脾上梁之閒，謀救范中行氏。

哀公十年，經云：「五月、公至自伐齊。」

    謹案：左氏云：春、公會吳子、邾子、郯子伐齊南鄙，師于鄎。

哀公十有三年，經云：「秋、公至自會。」

    謹案：夏、公會諸侯于黃池。

按：以上公行書至者七十有九。而《左氏》三發其例。桓公二年，「公至自唐」、云：「告廟也。凡公行，告于宗廟。反，行飲至，舍爵策勳焉，禮也。」桓公

十六年，「公至自伐鄭」，云「以飲至之禮也。」襄公十三年，「公至自晉」，云「孟獻子書勞于廟。」蓋公之出境，有朝覲，有會盟，有征伐。嫌但為會盟發，則朝覲，征伐不當書至，故三發之。然則公行書至者，告廟也。故傳云：「公至自唐，告廟也。」蓋人之事親，有出告反面之禮，諸侯擁國守土，受之先君。及其朝覲，會盟或征伐而出境，亦本出告反面之義，以事先君，所謂事死如事生，敬之至也。故春秋公行一百七十有六，而書至者八十有二（啖助云），杜元凱竝以告廟注之是也。其有不告至者，杜元凱桓公二年經「公至自唐」下注云：「凡公行，還不書至者，皆不告廟也。隱不書至，謙不敢自同於正君。」是凡公行不書至者，除隱公外，皆不告廟也，非褒貶之所繫也。然《穀梁》以書至有遠，危、懼之寓義，使平易之書法，而有怪異之論矣：

> △《穀梁・桓二年傳》云：「公至自唐，桓無會，而其致何也，遠之
> 也。」范寧注云：「告廟曰至，傳例曰：致君者，殆其往而喜其反，
> 此致君之意義也。」

> △《穀梁・桓十六年傳》云：「公至自伐鄭，桓無會，其致何也？危
> 之也。」

> △《穀梁・莊二十三年傳》云：「公至自齊，公如往時正也。致月、
> 故也。如往月、致月，有懼焉爾。」

按：《穀梁》以致者，有遠、危、懼之義，范注則以喜其君得還，故至。考范注既云「告廟曰至」，又云「殆其往而喜其反」，則知書至者，因告廟也。然《穀梁》有殆其往喜其反，故又遷就之也。何休《公羊解詁》多承之：

> △何休《公羊解詁》云：「凡致者，臣子喜其君父脫危而至。」（桓
> 二年「公至唐」下）。

> △桓十六年《解詁》又云：「致者，桓公能疾同類，比與諸侯行義兵
> 伐鄭。」（「公至自伐鄭」下）。

按：同一「至」字，一則以為「危」，再則以為「義」，何相去之遠哉！此《公》、《穀》家非常異義之論也，然後儒喜新者頗好之。

> △程子云：「君出而書至有三，告廟也、過時也、危之也。」（徐庭
> 垣《春秋管窺・卷二》引）

> △胡安國《春秋傳・卷四》云：「出必告行，反而告至，常事爾，何
> 以書？或誌其去國踰時之久也，或錄其會盟侵伐之危也，或著其
> 黨惡附姦之罪也。」

按：二傳既以書至爲褒貶，後儒喜新，多附益其說，不知公至告廟者，禮有明文，豈可棄禮經于不顧，徒信二傳之異義乎？

　　△《禮記‧曾子問》云：「孔子曰：諸侯適天子，必告于祖，奠于禰，冕而出視朝，命祝史告于社稷、宗廟、山川。乃命國家五官而後行，道而出，告者五日而徧，過是，非禮也。凡告用牲幣，反亦如之。」又云：「諸侯相見，必告於禰，朝服而出視朝，命祝史告于五廟，所過山川，亦命國家五官，道而出。反必親告于祖禰，乃命祝史，告于前所告者。」

按：「反必親告于祖禰」，此公行出境，反告祖禰之事。左氏云：「凡公行，告于宗廟，反，行飲至，舍爵策勳焉，禮也。」正與禮經合，斯《左氏》善禮之證也。二傳不信禮經，而以書至爲危、爲遠、爲懼。似不若《左氏》告廟之爲長。故後儒多駁之：

　　△毛奇齡《春秋傳‧卷六》云：「謂遠與戎盟而書至者，危之也。則此戎，徐戎也（案隱二年杜注云：皆謂居中國，是居中國之戎也。）在魯東郊，費誓所謂東郊不開是也，未嘗遠也。況唐是魯地，以近郊之戎，其君長親來而會于我地，何危之有。」

　　△徐庭垣《春秋管窺‧卷二》云：「夫告廟固必然矣，過時，危之，經無此例。」

按：《春秋》書至，蓋緣事死如事生之意，故出必告，反必面，因其行飲至之禮，史筆之於書，其不告廟則弗書，非有「危、懼、遠」之意，此特二傳創意爲之，非經旨也。考莊二十三年穀梁云：「公如往時，正也。致月，故月。如往月、致月，有懼焉爾。」則公穀危懼之創意，亦承日月爲義例之誤。因桓公篡弒，於桓之至，皆云桓無會，其致者，遠之、危之。於莊之至，則無說矣，乃云：「往月、致月，有懼焉爾。」則此亦不足信矣。

　　杜元凱於「公至」之注，皆云告廟，誠得禮經，左氏之旨矣。而於襄公十三年「公至自晉」注云：「還告廟，及飲至，及書勞，三事偏行一禮，則亦書至。悉闕乃不書至。」則告廟、飲至、書勞、爲三事矣。杜氏《春秋釋例‧卷三》又云：「凡反行飲至，必以嘉會昭告于祖禰。有功則舍爵策勳，無勳無勞，告成事而已。」則似以飲至爲重，告廟書勞爲次，若然，則主從不明，輕重無分矣。

　　考〈曾子問〉云：「反必親告于祖禰。」推之人情，事死如事生，亦以祖

禰爲重。則似應凡公行至，親告于祖禰，因告而設宴飲之食，以樂諸臣，時有功勳者，乃舍爵策勳，以獎有功也。則飲至者以告廟也。

　　△魏了翁《春秋左傳要義·卷六》云：「出則告而遂行，反則告訖，又飲至。故行言告廟，反言飲至，以見至有飲而行無飲也。飲至者，嘉其行至，故因在廟中飲酒爲樂也。」

　　△徐庭垣《春秋管窺·卷九》云：「蓋出者告行，反則告至，故謂之至。有告廟而不飲至，書勞者，未有飲至，書勞而反不告廟者。」

魏氏、徐氏辨飲至禮明矣，蓋公行告廟，還亦告廟謂之告至，因告至而飲諸臣，有功勳者乃策勳，如無功勳則弗策勳矣。杜氏以飲至、告廟、策勳三事，偏行一體，則亦書至、以飲至、書勞與告廟等，則非出告反面，事死如事生之禮矣，杜注非是。

三、大夫至

　　〈曾子問〉謂孔子言諸侯如至之禮，有「出必告廟，反亦如之」之禮；若乎大夫之如至，其禮無聞焉。春秋大夫行還，概不書至，故孔穎達云：「內大夫行還，皆不書至，異於公也。」（〈昭公十四年疏〉），蓋諸侯承先君之重嗣以守國，故出入必慎其行，嚴其禮也。若卿大夫者，唯君命是務，執節任事而已，故國史亦略之焉。《春秋》魯史，亦從其舊文乎？至於內大夫行還，而書至者，則必有焉。若宣公十八年歸父，昭公十四年意如，昭公二十四年叔孫婼是也。今略述之於後：

宣公十有八年，經云：「公孫歸父如晉。冬、十月、壬戌、公薨于路寢。歸父還自晉。至笙、遂奔齊。」

　　左氏云：「公孫歸父以襄仲之立公也，有寵。欲去三桓，以張公室。與公謀而聘于晉，欲以晉人去之。冬、公薨、季文子言於朝曰：使我殺適立庶，以失大援者，仲也夫。臧宣叔怒曰：當其時，不能治也，後之人何罪，子欲去之，許請去之。遂逐東門氏。子家還及笙。壇帷，復命於介。既復命，袒括髮，即位哭，三踊而出，遂奔齊。書曰：歸父還自晉，善之也。」

按：歸父之始聘於晉，意在去三桓，以張公室，則其志也忠。殆其還也，君薨家遣，乃能成禮而後去。若本內大夫行還不書至之例，則無以見三桓持政之勢成，亦無以見歸父之賢。然若書曰「歸父至自晉」，則歸父固未嘗還魯，

故變文書還，且明其奔齊之所由也。檢二傳，其義亦可資焉：

△《公羊·宣十八年傳》云：「還者何？善辭也。何善爾？歸父使於晉，聞君薨家遣，墠帷，哭君成踊，反命乎介，自是走之齊。」

《何休解詁》云：「善其不以家見逐怨懟，成踊哭君，終臣子之道，起時莫能然也。言至檉（左氏作笙）者，善其得禮於檉。」

△《穀梁·宣十八年傳》云：「與人之子守其父之殯，捐殯而奔其父之使者，是以奔父也。」

范寧云：「言成公棄父之殯，逐父之使，使謂歸父也，父命未反而己逐之，是與親奔父無異。」

《公羊》善歸父能墠帷，哭君成踊，反命乎介，此與《左氏》槩同。若《穀梁》則責成公逐父使，猶奔己父無異。則三傳竝善歸父之知禮也。然則，大夫居國，因罪而出者，其禮奈何？

△〈曲禮〉云：「大夫士去國，踰竟，為壇位，鄉國而哭，素衣、素裳、素冠、徹緣、鞮屨，素簚，乘髦馬，不蚤鬋，不祭食，不說人以無罪。」

此大夫士居國，獲罪於君，不得已而出者，必成禮若斯者也。今歸父於君薨家遣之時，猶能復命乎介，袒括髮，即位哭，三踊而后出，則非明禮達士弗能為也。文定嘗云：「君薨家遣，方寸宜亦亂，而造次顛沛不失禮焉，非志於仁者，弗能也」（《春秋傳·卷十八》）是矣。

歸父於造次顛沛，猶能守禮，三傳並以為善，而「括髮，即位哭，三踊而出，遂奔齊。」歸父既還，君薨家逐，使不得歸報于宣公，乃至笙，復命於介，袒括髮，即位哭，三踊而出。則其奔也，異乎他大夫矣。故杜氏注經云：「善其能以禮退。」傳云：「書曰歸父還自晉，善之也。」歸父于君薨家遣之際，能以禮退，是左氏之所善也。

說《春秋》者，以《春秋》有大義，褒貶存乎字句，屢好新求異，不信左史之迹，若歸父還自晉，左史繁辭不殺者，善其能以禮退也，而說者非之。

△孫復《春秋尊王發微·卷七》云：「歸父還至笙，不復命於魯，以是奔齊，非禮也。」

△高閌《春秋集註·卷二十三》云：「歸父還自晉，未及魯境，遽即奔齊，則有惡于新君矣，故書奔，以著其逃刑之罪。」

△黃仲炎《春秋通說·卷八》云：「奔齊而不奔喪，無君臣之義矣。」

三賢自立新義，既責其逃刑，又責其不奔喪，則臣之於君父者，其非禮莫大焉。《左氏》必不以非禮之大者為善也。此時三桓既遣子家氏，立成公，權足以傾國，力足以生死，子家雖欲就刑於新君，奔喪于宣公，其可得乎？三氏之責，亦以苛矣。

檢《公羊》《穀梁》，于歸父之還，雖義例不盡同，于歸父之斯舉也，皆有褒焉。非如孫氏、高氏、黃氏之旁出義例，棄史傳以求新義，不亦誣乎？

說《春秋》者，以《左氏》嘗云：「公孫歸父以襄仲之立公也，有寵。」遂謂宣公黨弒君之賊，歸父惡於新君，故至笙而奔，不復命於君，斯其罪也。

　　△何休《公羊解詁》云：「遂弒君，本當絕小善，錄者，本宣公同篡
　　　之人。」

昔者，舜殛鯀于羽山，而用禹，洪水平，天下治，民人所賴。以人情推之，則人父有罪，豈教其子不得盡忠也，父子之罪不必相及，而后有禹之功也。

　　△章太炎先生《春秋左氏疑義答問・卷二下》云：「按襄仲之罪，成
　　　事不可復救，雖如華耦之罪其先臣，亦無補益，三桓柄國，大褫
　　　將去，則後來之深憂，歸父志張公室，雖情有過激，才不周務，
　　　要為能自振拔。」

按：歸父志張公室，宣公意去三桓，故君臣相得，以挽魯祀之祿。雖事有未濟，而宣公薨，歸父遣，固三桓柄國，政出自大夫之事也。有茂材異能，以挽魯祿，去三桓者，與之可也，焉得謂宣公同篡人哉！

昭公十有四年，經云：「春、意如至自晉。」

　　左氏云：「春、意如至自晉，尊晉罪已也。尊晉罪己，禮也。」

　　杜元凱注經云：「書至者，喜得免。」注傳云：「以舍族為尊晉罪己。禮、
　　　脩己不責人。」

昭公二十有四年，經云：「婼至自晉。」

　　左氏云：「二月、婼至自晉，尊晉也。」

　　杜元凱注經云：「喜得赦歸，故書至。」注傳云：「貶婼族，所以尊晉，
　　　婼行人，故不言罪己。」

按：春秋內大夫行還書至者，唯意如、婼，兩見之耳。《左氏》一則以為去族書至，所以尊晉罪己。再則以去族書至為尊晉。檢《左氏》於二大夫之見執，其事敘之甚詳，意如之見執，以意如之取郠，昭十三年傳云：「季孫意如、叔

弓、仲孫貜帥師伐莒，取郠，獻俘，始用人于亳社。」十四年傳云：「爲取郠故，晉將以諸侯來討。」又曰：「邾人、莒人愬于晉曰：魯朝夕伐我，幾亡矣，我之不共，魯故之以。晉侯不見公，使叔向來辭，故平丘之盟，公不與焉，晉人執季孫意如。」則季孫之執政，以侵鄰伐小爲事，晉人既聽莒人之愬而執之，是其罪在可執也。亦魯爲有罪矣。

叔孫婼之見執也，《左氏·昭二十三年傳》云：「春、王正月，壬寅朔，二師圍郊，癸卯，郊鄩潰。丁未，晉師大平陰，王師在澤邑。王使告間。庚戌還。邾人城翼，將還自離姑。公孫鉏曰：魯將御我，欲自武城還，循山而南，徐鉏、丘弱、茅地曰：道下遇雨，將不出，是不歸也。遂自離姑。武城人塞其前，斷其後之木而弗殊，邾師過之，乃推而蹷之，遂取邾師，獲鉏、弱、地。邾人愬于晉，晉人來討。叔孫婼如晉，晉人執之。書曰：『晉執我行人叔孫婼，言使人也。』則晉人之執叔孫，魯不爲無罪，特婼本行人。古者，兩兵相交，行人往來可也。然則，非所宜執而執之，是晉不爲無罪也。故《春秋》於二大夫之行還，特去族而書至者，蓋《春秋》魯史也。魯因侵小伐鄰，致使大夫見執於伯主，於其獲釋而還，特書於策，一則喜其歸，一則垂戒後世也。

二大夫之還也，去族書至，《左氏》以爲尊晉，而《公羊》於宣元年「遂以夫人婦姜至自齊」下云：「遂何以不稱公子？一事再見者，卒名也。」故後儒乃執此以難《左氏》，若葉夢得《春秋左傳讞·卷七》云：「傳（《左氏》）不達一事再見卒名之義，每以舍族意之爾。」公羊家以一事再見卒名，《左氏》家以舍族爲有所尊，此師說各殊，不必執此以難彼也。考《左氏》於二大夫之去族，蓋亦「爲國以禮」之意乎？已則有罪，故曰罪己。己則無罪，必薄責於人是也。考《左氏》於大夫之去族，爲有所尊之義顯然，如：

△《左氏·宣元年傳》：「春、王正月，公子遂如齊逆女，尊君命也。
三月，遂以夫人婦姜至自齊，尊夫人也。」
杜氏注云：「遂不言公子，替其尊稱，所以成小君之尊也。公子、當時之寵號，非族也。故傳不言舍族。」

△《左氏·成十四年傳》云：「秋、宣伯如齊逆女，稱族，尊君命也。
九月、僑如以夫人婦姜氏至自齊，舍族，尊夫人也。」
杜元凱云：「舍族，謂不稱叔孫。」

按：《左氏》以舍族爲有所尊，故意如爲尊晉罪己，婼爲尊晉也，遂不稱公子，

所以尊夫人，僑如之去叔孫，亦所以尊夫人，此《左氏》之例甚明，未可非也。

第七節 錫命，來求

一、錫 命

古者，天子經略，守在四方，諸侯正封，各有區宇。故封略之內，何非君土，食土之毛，誰非君臣。《詩》云：「普天之下，莫非王土，率土之濱，莫非王臣。」是以諸侯秉命，上事天子，或因歲而朝正於王，或嗣立而入見於帝庭，或敵王所愾而獻其功，天子既親以禮遣之，又錫之命以以寵異之。故天子當陽，而諸侯用命，此天穆穆，四海熙和者也。是錫命之禮，其來也古，為先王之所重焉，茲援經傳而略述之：

> △《儀禮·覲禮》云：「侯氏入覲，天子賜舍，曰伯父，女順命于王所，賜伯父舍。侯氏裨冕，釋幣于禰，乘墨車，載龍旂，弧韣乃朝，以瑞玉為摯。天子賜侯氏以車服，迎于外門外，再拜。路先設西上，路下四亞之重賜無數，在車南。諸公奉篋服，命加書于其上，升自西階東面，太史是右，侯氏升西面立，大史述命。侯氏降兩階之間，北面再拜稽首。升成拜，大史加書于服上，侯氏受，使者出，侯氏送，再拜。」

> △《詩·小雅·采菽》云：「君子來朝，何錫予之，雖無予之，路車乘馬，又何予之，玄袞及黼。」

> △《詩·韓奕》云：「韓侯入覲，以其介圭，入覲于王，王錫韓侯，淑旂綏章，簟茀錯衡，玄袞赤舄，鉤膺鏤錫，鞹鞃淺幭，鞗革金厄。」

斯三者，侯氏入覲王庭，天子錫命，諸侯受命之禮也。行人六服內朝，因朝有貢，天子因侯氏來朝，因朝而有錫，所以脩尊卑之禮，上下之序，以承君命，以親諸侯，則上位尊，諸侯睦，天下熙和，萬民承順者是也。

> △《詩·小雅·瞻彼洛矣》云：「君子至止，福祿如茨，韎韐有奭，以作六師。」

> 鄭君云：「君子至止者，謂來受爵命也。」又云：「此諸侯之世子也，除三年之喪，服士服而來，未遇爵命之時，時有征伐之事，

　　　　天子以其賢，任爲軍將，使代卿士，將六軍而出。」

　　　孔疏云：「春秋之義，諸侯踰年即位，天子賜之命圭。」

按：此世子三年喪畢，入朝，天子爵命爲諸侯之事，故賜之命圭。文元年，「王
錫公命」，成八年「天子錫公命」，杜元凱云：「諸侯即位，天子賜以命圭，與
之合瑞。」〈周語〉「襄王賜晉惠公命」。韋注云：「命、瑞命也，諸侯即位，
天子賜之命圭，以爲瑞節也。」此皆諸侯踰年即位，天子賜命圭之事。

　　△《詩・小雅・彤弓》云：「彤弓弨兮，受言藏之，我有嘉賓，中心
　　　貺之，鐘鼓既設，一朝饗之。彤弓弨兮，受言載之，我有嘉賓，
　　　中心喜之，鐘鼓既設，一朝右之。」

　　　小序云：「天子錫有功諸侯也。」

　　　鄭君箋云：「諸侯敵王所愾，而獻其功，王饗禮之，於是錫彤弓一，
　　　彤矢百，旅弓矢千。」

　　△《詩・韓奕》云：「奕奕梁山，唯禹甸之，有倬其道，韓侯受命。」

　　　鄭君箋云：「周有厲王之亂，天下失職，今有倬然者，明復禹之功
　　　者韓侯，受命爲侯伯。」

按：此諸侯能敵王之所愾，王饗禮之，於是有錫命之事也。即寧武子所謂「諸
侯敵王所愾，而獻其功，王於是乎錫之彤弓一，彤矢百，旅弓矢千」（《左氏・
文公四年傳》）是也。而《左氏・僖公二十八年傳》「晉侯獻楚俘于王。已酉，
王享醴，命晉侯宥，賜之大輅之服，戎輅之服，彤弓一，彤矢百，旅弓矢千，
秬鬯一卣，虎賁三千人。」即其事也。

　　凡「錫命」，其例有三，或因歲朝，或因喪畢，或敵王之所愾也。然《儀
禮》、〈韓奕〉言入覲、采菽君子謂來朝，彤弓則我有嘉賓，瞻彼洛矣，唯君
子至止。斯皆入覲王所，而天子錫之，侯氏受之也。此先王錫侯氏命之大略
如此。至春秋之世，諸侯莫有勤王者，朝聘之禮亦疏焉。而周天子猶錫魯公
命，則懷之極，而親之至矣。唯其禮則與先王稍異，蓋亦因時勢而爲節文使
然。今類列而論述之：

莊公元年，經云：「王使榮叔來錫桓公命。」

文公元年，經云：「天王使毛伯來錫公命。」

　　　左氏云：「王使毛伯衛來錫公命。」

成公八年，經云：「秋、七月，天子使召伯來賜公命。」

左氏云：「秋、召桓公來賜公命。」

按：《春秋》書錫命者三，皆云來錫命，與〈覲禮〉、〈韓奕〉、〈彤弓〉之入受於帝庭者異。且桓公即位十有八年，未嘗入覲，且未能敵王之所愾。文公嗣立，喪期未終，而王遽錫之命。成公即位八年，再朝乎晉，而未嘗如京師，且政未施於民，而王使來錫命，其《春秋》周王之錫諸侯命亦異於成周乎。此《穀梁》家首見之矣。

　　△《穀梁·莊元年傳》云：「王使榮叔來錫桓公命。禮有受命，無來錫命，錫命、非正也。」

　　范寧注云：「賞人於朝，與士共之，當召而錫之也。《周禮·大宗伯職》曰：王命諸侯則儐之，是來受命。」

《穀梁》於文元年「毛伯來錫公命」，成八年「召伯來賜公命」，竝以「錫命非正」釋之。檢《春秋》所述，與禮經，詩人所述各別，而春秋諸侯之不能勤王，朝聘之禮闕如，則《穀梁》有受命，無來錫命之義，至正至嚴矣。故儒者喜之，以爲傳自仲尼之徒。如：

　　△胡安國《春秋傳·卷二十》云：「來錫公命，罪邦君之不王，譏天子之僭賞也。」

　　△惠士奇《春秋說·卷十五》云：「《穀梁》有受命，無來錫命，錫命非正也。言天子命諸侯，有往受而無來錫，甚論甚正。」又曰：「未有諸侯不順命于王所，而王使以命之者，《穀梁》正論，蓋傳自仲尼之徒矣。」

　　△黃以周《禮書通故·即位改元禮通故·第三十一》云：「春秋時，世朝之禮廢，而天子乃就其國而錫之，如王使榮叔來錫公命，天王使召武公賜晉侯命，天王使毛伯來錫公命，皆非正也。當從《穀梁》。」

按：禮經固無來錫命之文，詩人謳詠，言其梗槩，非典禮史制也。然春秋行之，豈可謂皆貶之乎？考《左氏》，《公羊》二家，但隨文發義，未爲譏貶，則來錫命爲非正者，固《穀梁》家之異義也。學者喜新，好爲異說，故文定鳴之于前，惠、黃應之于後，使一代典禮，冤沉不明矣。

　　檢左氏躬史，功罪必書，《公羊》釋經，多發覃思之義，其於來錫命者，或曰加我服，或曰追命也，若乎國語，記事同乎內傳，錫命稱使，則其竝無貶焉。

　　△莊元年「王使榮叔來錫桓公命」，杜氏注云：「追命桓公，襃稱其

德，若昭七年，王追命衛襄之比。」

△文元年「天王使毛伯來錫公命」。左氏云：「王使毛伯衛來錫公命。叔孫得臣如周拜。」杜氏注經云：「諸侯即位，天子錫以命圭，合瑞爲信。」

△成八年「天子使召伯來錫公命」。左氏云：「秋，召桓公來賜公命。」

△《公羊·莊元年傳》云：「錫者何？錫也，命者何？加我服也。」何休《解詁》云：「增加其衣服，令有異於諸侯。」

△《公羊·文元年傳》云：「錫者何？錫也，命者何？加我服也。」何休解詁云：「主書者，惡天子也？古者三載考績，三考黜陟幽明，文公新即位，功未足施，而錫之，非禮也。」

△公羊·成八年，何休《解詁》云：「此錫命稱天子者，爲王者長愛幼少之義，欲進勉幼君，當勞來與賢師良傅，如父教子，不當賜也。」

按：《左氏》詳其來錫命者誰？杜君知其錫命圭。公羊子言加我服，何邵公謂異於諸侯，其立義雖殊，于來錫則無譏焉。邵公又謂「文公新即位，功未足施而錫之，非禮也。」然則其即位有年，恩澤加諸百姓，王者來錫命者，亦無可譏，且有嘉焉可知矣。若乎《公羊》，又于「天子」二字別立異義者，不足論矣。其他賜命見諸《左氏》者，又有四焉：

△《左氏·僖十一年傳》云：「天王使召武公，內史過賜晉侯命，受玉惰，過歸告王曰：晉侯其無後乎？王賜之命而惰乎受瑞，先自棄已，何以長世。」

△《左氏·僖二十八年傳》云：「五月丁未，獻楚俘于王，駟介百乘，徒兵千，鄭伯傅王，用平禮也。己酉，王享醴，命晉侯侑，王命尹氏及王子虎，內史叔興父策命晉侯爲侯伯，賜之大輅之服，戎輅之服，彤弓一，彤矢百，旅弓矢千，秬鬯一卣，虎賁三百人。」

△《左氏·襄十四年經》云：「王使劉定公賜齊侯命。」

△《左氏·昭七年傳》云：「王使成簡公如衛弔且追命襄公。」

按：上文錫命者四，竝見諸左氏，僖二十八王命尹氏，王子虎及內史叔興父策命晉侯者，即能敵王之所愾者是也。時王至踐土，故就踐土而命之。若內史過之賜晉侯，既稱使，又言歸，則至侯國可知，劉定公之賜齊侯亦然，成簡公則文書如衛矣，斯皆遣使侯國而錫之命者也。又見諸〈周語〉者二：

　　△《國語‧周語》云：「襄王使邵公過及內史過賜晉惠公命，呂甥、
　　　郤芮相，晉侯不敬，晉侯執玉卑，拜不稽首。內使過歸以告王曰：
　　　晉不亡，其君必無後，且呂郤將不免。」

　　△又云：「襄王使太宰文公及內史興，賜晉文公命，上卿逆於境，晉
　　　侯郊勞，館諸宗廟。」

按：斯錫命者二，錫晉惠則稱使言歸，錫晉文則逆境館廟，內史興以為敬王
命，成禮義。則《春秋》無譏遣使侯國錫命也明矣。特穀梁子有見盛周之「郁
郁乎文哉」！而蔑乎禮有從宜之義，則其亦拘泥之過也，蓋禮之始也，時為
大，宜為要也。

　　△《禮記‧曲禮上》云：「禮從宜，使從俗。」

　　△《禮記‧禮器》云：「禮、時為大，順次之，體次之，宜次之，稱
　　　次之。」

　　△《禮記‧樂記》云：「五帝殊時，不相沿樂；三王異世，不相襲禮。」

按：禮之為禮，必宜乎履行（高師仲華《禮學新探》語），故《荀卿‧大略》
云：「禮者，人之所履也。」唯其宜乎履行，三王異世，其禮必有因損，故不
相襲。若乎成周，殆及春秋，其禮能一成亡變乎？從宜順時，不失其為禮也。
考春秋之世，天王不振，京師陵夷，諸侯竝興，勢駕天威，時王因時勢而為
之節文，遣使侯國，錫之命而親之可也。

　　△顧棟高《讀春秋偶筆》云：「黃東發謂學春秋者，只當就春秋之世，
　　　以求聖人之心。此語最合，後儒乃動以五帝三王之事律之。」

按：時有變遷，禮有損益，夫子嘗謂「殷因於夏禮，所損益可知也；周因於
殷禮，所損益可知也，其或繼周者，雖百世可知也」（《論語‧八佾》）。則禮
不可拘泥矣。

　　△高師仲華《禮學新探‧原禮》云：「夏商周之禮，雖一系相承，而
　　　各有損益，就是樂記所說之『不相襲禮。』」

禮既有損益，則禮之精者在乎時，在乎宜。斯弗可執先王以難春秋，就《春
秋》以求《春秋》可也。《左氏》、《公羊》、《國語》不譏來錫命者，亦此意乎？
荀卿云：「凡行事有益於理者、立之；無益於理者、廢之」（〈儒效篇〉）。旨哉
斯言也。

　　天王來錫公命，順時從宜，禮自可行，不為「非正」已知之矣。然命者
何？《左氏》竝未言之。唯《公》、《穀》二家，則詳釋其命者為何？

△《公羊‧莊元年傳》：「錫者何？賜也。命者何？加我服也。其言桓公何？追命也。」

△《穀梁‧莊元年傳》：「生服之，死行之，禮也。生不服，死追錫之，不正甚矣。」

按：《公羊》文元年亦云「加我服也」。《穀梁》于文元年，成八年雖未發例，于莊元年「生服之、死行之、禮也。」則亦以命爲加我服矣。唯其桓公已薨，故爲發例；若文、成二公，在位來加服可也，故不復發，唯言受命非正。其錫即爲服，故何休，范寧并引禮緯以釋之：

△何休《公羊解詁》云：「增加其衣服，令有異於諸侯。禮有九錫，一曰車馬，二曰衣服，三曰樂則，四曰朱戶，五曰納陛，六曰虎賁，七曰弓矢，八曰鈇鉞，九曰秬鬯。皆所以勸善扶不能，言命不言服者，重命不重其財物。禮百里不過九命，七十里不過七命，五十里不過五命。」

邵公以九錫釋命者，蓋命者，加我服也，其服即九錫之「二曰衣服」也。而范寧注《穀梁》亦引九錫之文。曰：「所以襃德賞功也，德有厚薄，功有輕重，故命有多少。」則亦以「二曰衣服」以釋之。唯何休又引《周禮》九命之文，故楊士勛《穀梁疏》辨之曰：「大宗伯以九儀之命正邦國之位，一命受職，再命受服，三命受位，四命受器，五命受則，六命賜官，七命賜國，八命作牧，九命作伯，其言與九錫不同。」九命與九錫本異，自未可混同。且九錫之文，出《禮緯‧含文嘉》，似未可取也。

命者，二傳以爲加我服。今桓公薨已十八月矣，王者豈以此時加之命服乎？推之人情，似不然也。而何休、范寧並援禮緯以釋之，今竝不取。然命者何？《左氏‧僖十一年傳》，「天王使召武公、內史過賜晉侯命，受玉惰。內史過云：王賜之命，而惰于受瑞」。杜元凱云：「諸侯即位，天子賜之命圭爲瑞。」故文公元年「天王使毛伯來錫公命」注云：「諸侯即位，天子賜以命圭，合瑞爲信。僖十一年王賜侯命，亦其比也。」成八年「天子使召伯來賜公命」注云：「諸侯即位，天子賜以命圭，與之合瑞。」杜氏以天王賜在位君之命者，皆命圭也。而昭公七年，衛襄卒，天王使成簡公如衛弔，且追命襄公。杜元凱云：「命、如今之哀策。」是以莊元年「王使榮叔來錫公命」注云：「錫、賜也。追命桓公，襃稱其德。若昭七年，王追命衛襄之比。」是杜君以天王賜已逝君以命者，皆追命，如今之哀策也。

　　《國語・周語》襄王賜晉惠公命，韋昭注云：「會、瑞命也。諸侯即位，天子賜之命圭，以爲瑞節也。」此蓋杜注所本也。唯襄王賜晉文公命，大宰以王命命冕服。故韋昭云：「命、命服也。諸侯七命，冕服七章。」以《左氏》所載未云冕服，杜氏乃以命圭言之，而不取命服。然則，天王之賜侯氏有瑞玉，有命服。若侯氏已薨，則有追命也。即後世之「哀策」是也。然錫之哀策與錫之瑞玉，命服同辭者何？孫覺《春秋經解・卷五》云：「上之賜下，尊之賜卑，皆謂之命。故書傳言天子，則曰天命，言臣則君命，言子則父命。蓋命者，亦無定物，上之所加，君之所賜，則謂之命。春秋之時，天王有賜於魯，則皆書曰賜命。」是錫命，追命不嫌同辭。則來錫桓公命者，追命也，錫之哀策也。

　　　　△劉文淇《春秋左氏傳舊注疏證》引《五經異義》云：「春秋左氏譏
　　　　　其錫篡弒之君，無譏錫死者之文也。」又引孔廣森云：「諸侯即位
　　　　　而錫命，禮也。故詩韓奕云：『王錫韓侯。』其生有勳力於王室者，
　　　　　死必追錫之，若後世哀策。在古則高圉亞圉，死爲追命矣，於禮
　　　　　無乖，當從左氏。」

按：諸侯既薨，王追命之，褒其功德，以厚其恩，推之人情，其禮甚正。而桓薨已十八月矣，而追命之者，蓋桓者篡逆之人，不與錫命，殆莊公主王姬之昏，王欲親魯，乃爲錫命，故學者譏焉。

　　若諸侯即位而來錫命，其命奈何？杜元凱以爲命圭，蓋有承于韋昭，而韋別有命服之說，二傳以命皆加我服。故後儒疑之：

　　　　△惠士奇《禮說・卷十四》云：「春秋文元年天王使毛伯來錫公命。
　　　　　杜預云：諸侯即位，天子賜以命圭。此臆說也。禮曰：諸侯薨，
　　　　　使人歸瑞玉於天子，諒闇三年之後，更爵命嗣子而還之。故在喪
　　　　　則視元士，以君其國，除喪服士服而來朝，天子爵命之也，其在
　　　　　來朝之時乎？春秋禮壞久矣，晉惠、魯文錫命于即位，魯桓、衛
　　　　　襄追命于既薨，則新天子輯瑞之典不行，嗣諸侯還圭之禮亦廢，
　　　　　吾不知天王所賜者是何瑞也。或曰琬圭，諸侯有德，王命賜之，
　　　　　使者執琬圭以致命焉，春秋錫命蓋以此。」

　　　　△惠士奇《春秋說・卷十五》云：「古則天子立則輯瑞，諸侯薨則歸
　　　　　圭，故虞帝受終于文祖，輯而復班，諸侯諒闇三年，更加爵命。
　　　　　春秋天子不輯瑞，諸侯不歸圭。傳稱僖十一年王使召武公，內史

過賜晉惠公命，受玉惰，我不知受何玉也。〈典瑞〉治德結好，則以琬圭，諸侯有德，王命賜之，使者執琬圭以致命焉。晉惠及文成二公，未聞有德，王來錫命，亦執琬圭以致之，皆非禮也。」

△沈欽韓《春秋左氏傳補注・卷三》云：「〈玉人職〉琬圭九寸而繅以象德。注、王使之瑞節，諸侯有德，王命賜之，使者執琬圭以致命焉，疏引天王使毛伯來錫公命爲證，則此受玉（僖十一年晉侯受玉惰）者，受琬圭也。知其非命圭者，以〈玉人〉之事云：鎮圭尺有二寸，天子守之。命圭九寸謂之桓圭，公守之。命圭七寸謂之信圭，侯守之。躬圭伯守之。注、命圭者，王所命之圭也，朝聘執焉，居則守之。然則諸侯自始封以來，受諸天子，世世守之，惟朝覲執以見王，《尚書大傳》，諸侯執所受圭朝于天子，無過行者，得復其圭，以歸其國，有過行者，留其圭，能改過者復之。」又云：「〈周語〉襄王賜晉公命，韋云：命、瑞命也。諸侯即位，天子賜之命圭以爲瑞節也。下賜晉文公命，則復解云：命、命服也。同是賜命而所解異辭，緣外傳敘惠公，但言受玉，敘文公但云受冕服。其實致玉時即致冕服，致冕服前亦送玉，但所指各異。」

按：惠士奇以來錫命爲非禮，其辨已見前。其引《白虎通義》，以諸侯薨，使人歸圭於天子，諒闇三年之後，更爵命嗣子而還之。似不若沈欽韓氏「諸侯自始封以來，受諸天子，世世守之」爲是。則王來錫公命者，非錫命圭也明矣。《周禮・多官・玉人職》云：「琬圭九寸而繅以象德。」鄭君云：「諸侯有德，王命賜之，使者執琬圭以致命焉。」惠、沈二君竝引證，則來錫命者，或錫之琬圭，蓋可信也。然于錫命之時，有命物，命辭，其命辭則襄十四年劉定公之言是也。其命物蓋有命服，瑞玉也。故〈周語〉襄王賜晉文有冕服。詩無衣，晉大夫爲其君請命于天子之使，曰：「豈曰無衣七兮，不如子之衣。安且吉兮。」是天子錫諸侯命有衣也。二傳于王錫公命，亦曰加我衣，唯其說未盡也。沈欽韓氏云：「致玉時即致冕服，致冕服前亦送玉，但所指異」是也。杜氏命者，命圭也。于春秋時期覲不行，何還命圭，而來錫哉？

按：《春秋》書來錫命者三，于莊元年書曰：「王使榮叔來錫桓公命。」于文元年書曰：「天王使毛伯來錫公命。」于成八年書曰：「天子使召伯來賜公命。」同爲王者所使而來，其書有王、天王、天子之別，杜元凱云：「天子、

天王，王者之稱。」而賈逵云：「諸夏稱天王，畿內曰王，夷狄曰天子。王使榮叔歸含且賵，以恩深加體妾母，恩同畿內，故稱王。成公八年乃得賜命，與夷狄同，故稱天子」（孔疏引）。賈、杜二君，同為左氏先儒，其說各殊，則經意無以明矣。檢春秋大義，繩之于禮，左史錯經辨義，每曰禮也、非禮也，則褒貶大義存焉。考左氏隱元年「天王使宰咺來歸惠公仲子之賵」，傳曰：「贈死不及尸，弔生不及哀，豫凶事，非禮也。」桓十五年「天王使家父來求車」。傳曰：「非禮也，諸侯不貢車服，天子不私求財。」二者行事，王不王，君不君，而經書天王，則春秋似未以此著義也。故孔疏云：「左氏無此（賈君說）義，故杜不從之」是也。

考二傳，于天王、天子、王三者之稱，初亦未有寓意焉。特《公羊》解家，旁出義例，以為譏刺是非之所繫，遂使一部春秋，無異刑書，字字有義，句句有貶，蓋非作傳者之旨矣。

> △《公羊·成八年傳》云：「其稱天子何？元年、春、王正月、正也。
> 其餘皆通矣。」
> 何休解詁云：「或言王，或言天王，或言天子，皆通矣，以見刺譏
> 是非也。」
> △《穀梁·成八年傳》曰：「曰天子何也？曰見一稱也。」
> 范寧注云：「天王、天子、王者之通稱，自此以上，未有言天子者，
> 今言天子，是更見一稱。」

按：《公羊》云「其餘皆通」。《穀梁》云「更見一稱」。則天王、天子，王者之通稱是矣。而何休解詁，既云「皆相通矣」，又曰「以見刺譏是非」。則就天王、天子，王以立褒貶者，特何休之義，非公羊義也。檢何休《公羊解詁》于天王、天子立義者甚多：

> △《公羊·隱元年》云：「天王使宰咺來歸惠公仲子之賵。」
> 《解詁》云：「言天王者，時吳楚上僭稱王，王不能正，而上自繫
> 于天也。春秋不正者，固以廣是非。」
> △《公羊·莊元年》云：「王使榮叔來錫桓公命。」
> 《解詁》云：「不言天王者，桓行實惡，而乃追錫之，尤悖天道，
> 故云爾。」
> △《公羊·文五年》云：「王使榮叔歸含且賵。」
> 《解詁》云：「去天者，含者，臣子職，以至尊行至卑事，失尊之

義也。」

△《公羊‧文五年傳》云：「王使召伯來會葬。」

《解詁》云：「去天者，不及事，刺比失喪禮也。」

△《公羊‧成八年傳》：「天子使召伯來錫公命。」

《解詁》云：「此錫命稱天子者，爲王者長愛幼少之義，欲進勉幼君，當勞來與賢師良傅，如父教子，不當錫也。」

按《公羊‧隱元年傳》云：「其言惠公仲子何？兼之，兼之、非禮也。」文五年云：「其言歸含且賵何？兼之，兼之、非禮也。」《公羊》之例，常事不書，必非常而后書，此二事之屬非常者，二事共一使，所謂「兼」是也。前者稱天，後者不稱天，固非傳例之所繫也。若文五年召伯來會葬，何云：「不及事。」會葬而不及事，其非禮昭然，豈待去天而后義明乎？若書天字，則雖不及事，亦可謂之禮乎？此必不然。又錫桓公命，何休云：「桓行實惡。」故不言天王。然桓行篡弒，如書天王，則可逃其罪耶？

△毛奇齡《春秋傳‧卷九》云：「天王之寵桓者，至再至三，聘問之閒，歷有辭命，彼時皆有天，今獨無天乎？且使不去天字，即桓之篡弒可貰乎？」

毛氏之駁，其義至正，足見何休之謬矣。于隱元年，何氏又云「時吳楚上僭稱王，王者不能正，而上自繫于天也。」春秋楚始見於經者，莊十六年秋，「荊伐鄭」是也。洎僖元年始稱楚，楚人伐鄭是也。若吳之見經，則成七年吳人伐郯是也，斯吳楚之稱王，何有於隱桓之世哉！諸侯即位，天子錫命，禮也，豈又稱天子則有愛幼少之義耶？凡此邵公諸說，皆離經創例，不足取信也。說《公羊》者已駁之矣：

△孔廣森《公羊通義‧卷八》云：「皆通者，明非刺譏所繫，或言天王，或言天子，並是至尊之稱。猶覲禮曰王使人皮弁用璧勞。又曰天子賜舍。臨文隨稱，無有意義。」

按：「天王、天子」，乃王者之通稱，其弗寓褒貶，已知之矣。然其臨書異稱者何？

△《穀梁‧莊元年》范寧注云：「舊史有詳略，夫子因而弗革，故知曲說雖巧，致遠則滯。」

夫子著《春秋》，西觀周室，論史記舊聞，興於魯而次《春秋》，則其必因舊史，詳略可知，范說甚是。《孟子》嘗謂「世衰道微，邪說暴行有作，臣弒其

君者有之，子弒其父者有之。孔子懼，作《春秋》，《春秋》、天子之事也。是故孔子曰：「知我者惟《春秋》乎？罪我者其惟《春秋》乎」（《滕文公下》）。《春秋》既爲天子之事，則必不貶天子矣。

　　△徐庭垣《春秋管窺・卷三》云：「夫春秋之作，義在尊王，夫子躬居臣列，安有貶削當代天子位號乎？此悖禮傷教，不可以訓也。」

觀《孟子》書，知徐說之不誣，夫子因乎舊史，邵公發爲異義，不足信也明矣。

二、來　求

　　古者，天子經略，諸侯正封，故封略之內，何非君土，食土之毛，誰非君臣。《詩》云：「普天之下，莫非王土，率土之濱，莫非王臣。」故先王制禮，既云：九貢以致邦國之用。又云：春入貢，秋獻功。又云：歲見其貢某物。故諸侯之於天子，有歲時常貢，有朝覲而貢。蓋治人者食於人，治於人者食人，天下之通義也。而百姓足，君孰與不足。故禮、諸侯時貢以充王有，王者無下求之義也。

　　至於春秋之時，諸侯朝覲禮廢，而職貢不入，使王用不足，至令下求。蓋亦疾時王之不振，而惡諸侯之不共也。而後儒因〈地官・土訓〉「以詔地求」事，以爲天子於諸侯於時貢外，別有所求，此似不然，今類列其事而略論之於后：

隱公三年，經云：「秋、武氏子來求賻。」

　　左氏云：「武氏子來求賻，王未葬也。」

桓公十有五年，經云：「春、二月，天王使家父來求車。」

　　左氏云：「春，天王使家父來求車，非禮也。諸侯不貢車服，天子不私求財。」

　　杜注云：「諸侯有常職貢。」

文公九年，經云：「春，毛伯來求金。」

　　左氏云：「毛伯衛來求金，非禮也。不書王命，王未葬也。」

　　杜元凱云：「天子不私求財，故曰非禮。」

按：武氏子來求賻，杜元凱云：「魯不共奉王喪，致令有求，經直文以示不敬，故傳不復具釋也。」雖責諸侯不入職責，致使有求。然喪禮，與其侈也寧儉，與其易也寧戚，斯固不可求也。若求車、求金者何？檢二傳，其發義或殊，於來求則竝譏焉：

△《公羊・隱三年傳》云：「武氏子來求賻，何以書？譏、何譏爾？
　喪事無求，求賻非禮也。」

△《穀梁・隱三年傳》云：「歸死者曰賵，歸生者曰賻，歸之者正也，
　求之者非正也。周雖不求，魯不可以不歸。魯雖不歸，周不可以
　求之。」

△《公羊・桓十五年傳》云：「何以書？譏、何譏爾？王者無求，求
　車非禮也。」

△《穀梁・桓十五傳》云：「古者，諸侯時獻于天子，以其國之所有，
　故有辭讓而無徵求，求車非禮也，求金甚矣。」

△《公羊・文九年傳》云：「何以書？譏、何譏爾？王者無求，求金
　非禮也。」

△《穀梁・文九年傳》云：「求車猶可，求金甚矣。」

按：求者、乞也。嘗聞下之求于上，未聞上之求乎下。況王者君臨天下，天
下之有，莫非己有也。但取之而已，何必求哉！故三傳並云「王者無求，求
者非禮」是也。若武氏子之求賻，蓋以供平王喪用，然喪事無求，求則孝子
心皇皇矣，此入喪葬門，此弗詳論。若乎求車、求金，《左氏》云：「諸侯不
貢車服，天子不私求財。」《穀梁》云：「諸侯時獻于天子，以國之所有。」
考之禮經，說皆有據：

△〈秋官・小行人〉云：「令諸侯春入貢，秋獻功。」

　鄭君云：「貢、六服所貢也。」

　賈疏云：「此云貢即大宰九貢，是歲之常貢也，必使春入者，其所
　貢之物，並諸侯之國，出稅于民，民稅既得，乃大國貢半，次國
　三之一，小國四之一，皆市取美物，必經冬至乃可入，王於是令
　春入之也。」

△〈天官・大宰〉云：「以九貢致邦國之用，一曰祀貢，二曰嬪貢，
　三曰器貢，四曰幣貢，五曰材貢，六曰貨貢，七曰服貢，八曰斿
　貢，九曰物貢。」

　鄭君注云：「鄭司農云：器貢、宗廟之器。幣貢、繡帛。材貢、木
　材。貨貢、珠貝自然之物。服貢、祭服。物貢、九州之外，各以
　其所貴爲摯。玄謂器貢、銀鐵石磬丹漆也。幣貢、玉馬皮帛也。
　貨貢、金玉龜貝也。服貢、絺紵也。斿貢，燕好珠璣琅玕也。物

　　　　貢、雜物，魚鹽橘柚。」

按：上九貢者，即諸侯之于天子，歲時常貢，〈小行人〉之「春入貢」是也。
諸侯之于天子，於朝覲之歲，又因朝覲而有貢，此〈大行人〉職焉。

　　　　△〈秋官・大行人〉云：「侯服歲壹見，其貢祀物。甸服二歲壹見，
　　　　其貢嬪物。男服三歲壹見，其貢器物。采服四歲壹見，其貢服物。
　　　　衛服五歲壹見，其貢材物。要服六歲壹見，其貢貨物。」

　　　　鄭君注云：「嬪物，絲枲也。器物、尊彝之屬。服物、玄纁絺纊也。
　　　　材物、八材也。貨物、龜貝也。」

按：諸侯之于天子，有歲時常貢，有朝覲而貢，其貢物則〈大宰〉、〈行人〉
掌焉，依鄭君注，其器貢但有銀鐵石磬丹漆，尊彝之屬也。其服貢則絺紵，
玄纁絺纊也。物貢則魚鹽橘柚，龜貝之屬。則凡此諸貢，未具成車、成服也。
似與左氏不貢車服義合。蓋諸侯不廢職責，則天子用足，雖不貢車服，車服
不闕焉。賈氏疏周禮，于大宰九貢不悖鄭注，于內府則旁出義例矣：

　　　　△賈氏內府疏云：「云此九貢等由大府而來，內府皆受而藏之也。良
　　　　器謂車乘及禮樂器之善者。」

按：〈大府〉疏云：九貢，即〈大宰〉所掌，〈小行人〉之春入貢也。鄭君但
云器貢，銀鐵石磬丹漆。司農以爲宗廟之器。則未有車乘矣。清儒有引此疏
以難左氏者：

　　　　△惠士奇《春秋說・卷一》云：「然則車服金玉，器善物良，入于內
　　　　府，皆小行人春貢而秋獻焉，左氏謂諸侯不貢車服，似失之。」

惠氏但信賈疏，不信鄭君，以難《左氏》，似亦未得。昔者黃帝之妃嫘祖，躬
與蠶工而知有絲焉。後世后宮都領諸妃以事手工，故內治而外平。則車服成
器、京畿百官可成焉，若諸侯歲貢以其國所出耳。

　　諸侯九貢，因朝而貢，竝有貨貢，鄭君竝云：「金玉龜貝也。」則金玉龜
貝，諸侯常貢也，今天王下求之者，蓋時諸侯既廢朝覲，竝棄職貢，使王用
不足。然王者王於天下，諸侯不貢，取之可也，征之可也。又何求之有？然
學者因〈土訓〉之職，以天王本有下求之義，疑非。

　　　　△《周禮・地官・土訓職》云：「掌道地圖，以詔地事，道地慝以辨
　　　　地物，而原其生，以詔地求。」

　　　　鄭君云：「辨其物者，別其所有所無。原其生，生有時也。以此三
　　　　者告王之求也。地所無及物未生，則不求也。」

按：後儒以鄭君釋求爲王之求，遂以爲王者有下求之禮。謂《左氏》「天子不私求財」爲非，持之有故，言之成理，遂以爲定讞矣。

　　△惠士奇《禮說‧卷五》云：「地官土訓，原其生以詔地求，則王者有求之之道也，無其道則不書于經。」又曰：「金非魯地之產，非其地之產而求之，是土訓失其官也。」

　　△惠士奇《春秋說‧卷一》云：「齊桓伐楚，包茅是徵，徵猶求也。包茅楚產，即所謂地求，由是而知王者之於諸侯，自有求之之道矣。」

　　△孫詒讓《周禮正義‧卷三十》云：「云以此二者告王之求者。《淮南子‧俶眞篇》高注云：『求、索也』。《國語‧周語》云：『阜其財求。』此謂王於九貢之外，特有所求，若春秋王使來求金，求車之屬。」

說者竝準〈土訓〉，乃謂王者於九貢之外，別有所求。若惠氏引齊桓徵包茅事，不知春秋霸主，征伐四出，鮮克中禮，齊桓斯徵，亦口辭耳。若謂斯舉爲詔地求，則亦〈周語〉所謂不享、不貢，於是有攻伐之兵。則此求固異乎天王之來求車、求金矣。

　　鄭君於〈地求〉，未釋求義，但云「告王者之求」，此似不然，《論語》孔子弟子冉求，字子有（亦見《史記‧仲尼弟子列傳》）。《淮南子》說山「若爲土龍以求雨」。高注云：「求、得也。」則「詔地求」者，告王以侯國六服於時之所有，所得也。王者知侯國之所有，地之所得，而后取其貢也。

　　△劉師培先生《周禮古注集疏》云：「云以詔地求者，如山師，川師云：使邦國致其珍異也。大宰邦國九貢，各以土地所有；故此官辨其地物，頒之邦國，用制常貢之經，非謂九貢之外，別有所求也。」

劉氏所說甚是，〈土訓〉辨其地物，以制常貢之經。愚意以〈土訓〉既辨其地物，又制常貢之經，於諸侯歲貢之時，先告王以六服諸侯之地物所得，王則就所其有而取其貢，厚者取其準，薄者減其數，王用足，侯國悅，百姓賴之。此天王臣諸侯，子萬民之心也。若天有不厚，地有所薄，物爲不成，民爲饑饉，則〈土訓〉詔王以地求，王乃使〈合方氏〉通其財利，〈宗伯〉哀弔札裁，此天王之事也。

　　諸侯有不臣，職貢不入，王用不足，此悖王命而行不共之大者也。于《周禮‧大司馬》之職，既「施貢分職，以任邦國」。繼「以九伐之法正邦國。」

鄭君云：「諸侯有違王命，則出兵以征伐之，所以王之也」是矣。其在《國語》，論之甚詳：

> △《國語·周語》云：「先王之訓也，有不祭則修意，有不祀則修言，有不享則修文，有不貢則修名，有不王則修德，序成而有不至、則修刑。於是乎有刑不祭，伐不祀，征不享，讓不貢，告不王。於是乎有刑罰之辟，有攻伐之兵，有征討之備，有威讓之令，有文告之辭。」

天王受諸侯之貢，禮之大典，其有不貢，初者修名，名修不至則讓，讓而不至，則征伐可也。春秋之世，王室陵遲，諸侯不共，魯不貢王用，鄭取成周之禾，晉則召王而會，不王莫大於斯矣。故周者，初者求賵，再者求車、三者求金，但求而已，不有威讓之令，文告之辭者，王命不行故也。

考二傳多異義，然于王者來求，竝云「王者無求。」其義至正，《穀梁》有「諸侯時獻于天子，以其國之所有。」與〈小行人〉「春入貢」亦合，知三傳義別而有同者矣。而惠氏、孫氏以王者有下求之道，似考之未詳也。

> △何休《公羊解詁》云：「王者、千里畿內，租稅足以共費，四方各以其職來貢，足以尊榮，當以至廉、無為率天下先，不當求，求則諸侯貪，大夫鄙，士庶盜竊。」（〈桓十五「家父來求車」下〉）

夫子嘗謂「百姓足，君孰與不足？百姓不足，君孰與足」（《論語·顏淵篇》）。王者、居天下之廣居，尺土莫非王有，介民莫非王臣，則侯國富，百姓足，王孰與不足。又何求之哉！惠氏援齊桓事以證經，非確論也。

第三章　嘉　禮

第一節　冠　禮

　　夫冠禮者，成人之始，誠正修齊之基，而男子之上務也。《儀禮》賈疏云：「鄭目錄云：『童子任職居士位，年二十而冠，主人玄冠朝服。』則是仕於諸侯天子之士，朝服皮弁素積，古者四民世事，士之子恆爲士。〈冠禮〉於五禮屬嘉禮。大小戴及別錄，此皆第一。」故《周禮・大宗伯職》，「以昏冠之禮，親成男女。」鄭君注云：「親其恩，成其性。」蓋親主婚言，婚合二姓之好，故釋以恩。成爲冠發，冠責成人之道，故明其性。所謂「棄爾幼志，順爾成德」是也。古者，以人生幼少，嬉戲惰慢，莫可責以成人之禮義。故制爲「六年，教之數與方名。七年，男女不同席，不共食。八年，出入門戶，及即席飲食，必後長者，始教之讓。九年，教之數日。十年，出就外傳，居宿於外，學書計。十有三年，學樂誦詩，舞勺、成童、舞象、學射御。二十而冠，始學禮。」（《禮記・內則》）飲食退讓已習，書計樂射已學，則可以責以成人之道，乃行冠禮，示以成人，爾今爾後，可以行禮，可以任職矣。故〈冠禮〉者，成人之禮也。

　　檢禮經唯士冠名篇，若乎天子、諸侯、卿大夫則殘篇斷簡，差可考證。若其儀節，以士冠推之，或亦不遠。茲援士冠以述冠禮之大要如下：

1. 筮　日

　　〈士冠禮〉云：「筮于廟門。主人玄冠朝服，緇帶素韠，即位于門東西面。有司如主人服，即位于西方、東面北上。筮與席，所卦者，具饌于西塾。布

席于門中，闑西閾外，西面。筮人執筴抽上韇，兼執之，進受命於主人。宰自右，少退贊命，筮人許諾、右還，即席。坐西面，卦者在左。卒筮書卦，執以示主人。主人受眡。反之筮人。還東面、旅占卒、進告吉。若不及，則筮遠日，如初儀。」

2. 戒　賓

〈士冠禮〉云：「主人戒賓，賓禮辭許。」鄭康成云：「戒、警也。告也。賓，主人之僚友。古者有吉事，則樂與賢者歡成之。今將冠子，故就告僚友使來。」

3. 筮　賓

〈士冠禮〉云：「前期三日筮賓，如求日之儀。」鄭康成云：「筮其可使冠子者，賢者恆吉。」

4. 宿　賓

〈士冠禮〉云：「及宿賓，賓如主人服，出門左，西面再拜。主人東面答拜。乃宿賓，賓許，主人再拜。賓客拜，主人退，賓拜送。」鄭康成云：「宿，進也。宿者必先戒。戒不必宿。其下宿者為眾賓。或悉來，或否，主人朝服。」

5. 為　期

〈士冠禮〉云：「厥明夕為期，于廟門之外。主人立于門東。兄弟在其南。少退。西面北上，有司皆如宿服。立于西方、東面北上。擯者請期，宰告曰：質明行事。告兄弟及有司。告事畢，擯者告期于賓之家」。

　　總結上述五事，及將行冠禮前之事。若乎冠期既至，其行禮儀節，則別有說焉：

1. 陳器服

〈士冠禮〉云：「設洗直于東榮，南北以堂深，水在洗東。陳服于房中西墉下，東領北上。爵弁、服纁裳、純衣、緇帶，韎韐。皮弁，服素積、緇帶、素韠。玄端、玄裳、黃裳、雜裳，可也。緇帶爵韠。緇布冠、缺項青組。纓屬于缺，緇纚廣終幅。長六尺，皮弁笄，爵弁笄，緇組紘纁邊，同篋。櫛實于簞。蒲筵二在南。側尊一甒、醴在服北、有篚實、勺觶、角柶、脯醢南上。爵弁、皮弁、緇布冠、各一匴。執以待于西坫南，南面東上，賓升則東面。」

2. 即　位

〈士冠禮〉云：「主人玄端爵韠，立于阼階下，直東序西面。兄弟畢袗玄，

立于洗東，西面北上。擯者玄端，負東塾。將冠者，采衣紒，在房中南面。」
鄭康成云：「兄弟，主人親戚也。」

3. 迎　賓

〈士冠禮〉云：「賓如主人服，贊者玄端從之，立于外門之外。擯者告。
主人迎出門左，西面再拜，賓答拜。主人揖贊者，與賓揖先入。每曲揖。至
于廟門揖入，三揖至于階，三讓。主人升立于序端西面，賓西序東面。贊者
盥于洗西，升立于房中，西面南上。」

4. 始　加

〈士冠禮〉云：「將冠者，出房南面。贊者奠纚笄櫛于筵南端。賓揖將冠
者，將冠者即筵坐。贊者坐櫛設纚。賓降，主人降，賓辭，主人對。賓盥卒，
壹揖，壹讓，升。主人升，復初位。賓筵前坐正纚、興，降西階一等。執冠
者升一等，東面授賓。賓右手執項，左手執前進容。乃祝。曰：『令月吉日，
始加元服。棄爾幼志，順爾成德。壽考惟祺，介爾景福。』坐如初，乃冠，
興，復位，贊者卒。冠者興，賓揖之適房，服玄端爵韠，出房南面。」鄭康
云：「一加禮成。」

5. 再　加

〈士冠禮〉云：「賓揖之，即筵坐櫛，設笄，賓盥正。纚如初。降二等。
受皮弁。右執項。左執前進祝，曰：『吉月令辰，乃申爾服。敬爾威儀，淑慎
爾德，眉壽萬年，永受胡福。』加之如初，復位，贊者卒紘。興，賓揖之適
房，服素積素韠，容，出房南面。」再加禮成。

6. 己三加

〈士冠禮〉云：「賓降三等，受爵弁，祝曰：『以歲之正，以月之令，咸
加爾服。兄弟具在，以成厥德，黃耉無疆，受天之慶。』加之，服纁裳韎韐，
其他如加皮弁之儀。徹皮弁冠櫛筵，入房。」三加禮畢。

《禮記‧冠義》曰：「三加彌尊，加有成也。」三加既畢，賓醴冠者，明
成人之尊也。既醴，北面見于母，母拜。賓又為之字。〈冠義〉云：「己冠而
字之，成人之道也。」其辭曰：「禮儀既備，令月吉日，昭告爾字，爰字孔嘉。
髦士攸宜，宜之于假。永受保之。曰伯某甫」。既字而見兄弟，兄弟再拜。入
見姑姊如見母。服玄冠玄端爵韠，奠墊見於君，遂以摯見於鄉大夫，鄉先生。
乃醴賓以壹獻之禮。此「冠禮」要也。雖云士冠，以推卿大夫、諸侯、天子，

雖不中必不遠矣。故《國語‧晉語》敘趙文子冠事云：

> 趙文子冠，見欒武子，武子曰：「美哉，吾昔逮事莊主，華則榮矣，實之不知，請務實乎！」見中行宣子，宣子曰：「美哉！惜也吾老矣。」見范文子，文子曰：「而今可以戒矣。夫賢者寵至而益戒，不足者爲寵驕，故興王賞諫臣，逸王罰之。吾聞古之言王者，政德既成，又聽於民，於是乎使工誦諫於朝，在列者獻詩使勿兜，風聽臚言於市，辨祆祥於謠，考百事於朝，問謗譽於路，有邪而正之，盡戒之術也。先王疾是驕也。」見郤駒伯，駒伯曰：「美哉，然而壯不若老者多矣。」見韓獻子，獻子曰：「戒之，此謂成人，成人在始與善。始與善，善進善，不善蔑由至矣。始與不善，不善進不善，善亦蔑由至矣。如草木之產生也，各以其物，人之有冠，如宮室之有牆屋也，糞除而已，又何加焉。」見智武子，武子曰：「吾子勉之，成宣之後，而老爲大夫，非恥乎？成子之文，宣子之政忠，其可忘乎？夫成子導前志以佐先君，導法而卒以政，可不謂文乎！夫宣子盡諫於襄、靈，以諫取惡，不憚死進，可不謂忠乎？吾子勉之，有宣子之忠，而納之以成子之文，事君必濟。」見苦成叔子，叔子曰：「抑年少而執官者眾。吾安容子。」見溫季子，季子曰：「誰之不如，可以求之。」見張老而語之，張老曰：「善矣，從欒伯之言，可以滋。范叔之教，可以大。韓子之戒，可以成物，備矣。志在子。若夫三郤，亡人之言也，何稱述焉。智子之道善矣，見先王覆露子也。」

此即所謂既冠，奠摯見於君，遂以摯見於鄉大夫，鄉先生者是也。若乎諸侯之冠禮，《左氏》傳嘗載之云：

> 季武子曰：「君冠，必以裸享之禮行之，以金石之樂節之。以先君之祧處之。」

諸侯有鐘磬之樂，有裸享之禮，有宗廟以處之，此其所以貴乎士大夫者也。若其儀則或與士冠同焉。《大戴禮‧公冠篇》述公冠之禮，云：

> 「公冠，自爲主，迎賓揖升，自阼。立于席，既醴，降其阼。其餘自爲主者，其降也西階以異。其餘皆與公同也。公玄端與皮弁皆韠，朝服素韠。公冠四加玄冕，饗之以三獻之禮。」又云：「太子儗焉，太子與庶子其冠皆自爲主，其禮與士同，其饗賓也皆同。」又云：「成王冠，周公使祝雍祝王曰：『達而勿多也。』祝雍曰：『使王近于民，

遠于年，嗇于時，惠于財，親賢使能，陛下離顯先帝之光耀，以承
皇天嘉祿，欽順仲春之吉日，遵並大道邠或，秉集萬福之休靈，始
加昭明之元服，崇積文武之寵德，肅勤高祖清廟。六合之內靡不息，
陛下永與天地無極。』」

然則天子、諸侯、大夫、士之冠儀大同。特諸侯以上有金石之樂，有祼享之
禮，有宗廟以處。士大夫三加，諸侯四加玄冕。（謹案：《家語》曰：公四加
玄冕，王肅注云：「天子五加袞冕」。賈公彥云：「大戴禮公冠四加緇布冠，皮
弁，爵弁，後加玄冕，天子亦四加，後當袞冕。」）然則天子或四加袞冕耳。
而記云：「公侯之有冠禮也，夏之末造也。」又云：「委貌，周道也，章甫，
殷道也，毋追，夏后氏之道也。」又云：「周曰弁，殷曰吁，夏曰收。」然則，
冠禮，禮之始也。自先王設教，其目已立，特「天子之元子猶士也。天下無
生而貴者也。」皆二十而冠，則天子之儀，差可無疑也。此三代以來，冠禮
之大要也。

冠禮既行，責以成人。〈冠義〉云：「凡人之所以為人者，禮義也；禮義
之始，在於正容體，齊顏色，順辭令。」人習禮義，宗廟朝聘，則不失其次，
故〈冠義〉又云：「已冠而字之，成人之道也。」既已成人，故適長子「冠於
阼」，則可「以著代也。」若夫他子，則「成人之者，將責成人禮焉也，責成
人禮焉者，將責為人子，為人弟、為人臣，為人少者之禮行焉」（《冠義》文）。
桓寬《鹽鐵論·未通·第十五》亦云：「御史曰：古者，十五入大學，與小役，
二十冠而成人，與戎事。」又云：「文學曰：十九年已下為殤，未成人也。二
十而冠，三十而娶，可以從戎事。」與戎事，即責以人臣之事也。然士冠經、
冠義、《鹽鐵論》之說，蓋士禮也。若乎天子、諸侯，冠禮己行，則「冠而聽
治」（《荀子·大略篇》），「冠則可以為方伯諸侯矣」（劉向《說苑·建本篇》）。
此先聖王所以重冠，冠為禮之始者此也。

人生既冠，示以成人，故行知所讓，言知中禮，故冠之為義也大矣，然
其義奈何？曰「冠者，所以別成人也，脩德束躬，以自申飭，所以檢其邪心，
守其正意也。君子始冠必祝，成禮加冠，以屬其心。故君子成人，必冠帶以
行事，棄幼少嬉戲惰慢之心，而衎衎於進德脩業之心」（《說苑·脩文篇》）是
也。唯其「衎衎於進德脩業」。故責為人子必知孝，責為人弟必知弟，責為人
臣必知忠，責為人少必知讓；若乎為方伯諸侯必知仁知政矣。

冠之為義己知之矣，若乎冠時，則人異云殊；原天子諸侯，庶士大夫，

位有尊卑之別，任有輕重之殊，冠時有別，自不待言。而檢諸禮經，唯士冠名篇，說冠時者，概云二十。如〈曲禮〉云：「人生十年曰幼學，二十曰弱冠。」又云：「男子二十冠而字。」〈內則〉云：「二十而冠，始學禮。」後之說冠時者，莫不準之。《穀梁・文十二年傳》云：「男子二十而冠，冠而列大夫，三十而娶。」《白虎通義》云：「陽小成於陰，大成於陽，故二十而冠，三十而娶。」（〈嫁娶下〉）《鹽鐵論》云：「二十冠而成人。」又云：「二十而冠，三十而娶。」（〈未通篇〉）斯皆謂男子二十而冠，若女子則十五而笄，二十而嫁，並無疑義矣。唯《禮記・郊特牲》云：「無大夫冠禮，而有其昏禮；古者，五十而后爵，何大夫冠禮之有？」又云：「諸侯之有冠禮，夏之末造也。天子之元子，士也；天下無生而貴者也。」則二十而冠者，士禮也。唯云「大夫無冠禮」。「天子之元子、士也。」則大夫，天子元子竝二十而冠矣！天子既無生而貴者，則諸侯之子，天子之子竝同士禮。特夏之末造有諸侯冠禮，則諸侯之冠禮異乎士禮，唯其時則無文焉。茲援《春秋》之言及冠禮者，以與禮經相應證，庶可得而知焉。

《左氏・襄公九年傳》云：『晉侯以公宴于河上。問公年。季武子對曰：『會於沙隨之歲，寡君以生。』晉侯曰：『十二年矣，是謂一終，一星終也。國君十五而生子，冠而生子，禮也。君可以冠矣，大夫盍為冠具？』武子對曰：『君冠，必以裸享之禮行之，以金石之樂節之，以先君之祧處之，今寡君在行，未可具也。請及兄弟之國，而假備焉。』晉侯曰：『諾』。公還及衛，冠于成公之廟，假鍾磬焉，禮也。』

按：《春秋》所書，未及冠事，唯《左氏》一述晉悼之言，為公侯冠禮之吉光片羽。而季武子之言金石之樂，先君之祧，前文已述。若乎冠時，左氏謂十二可冠矣。而《荀卿・大略篇》云：「天子諸侯子，十九而冠。」《說苑・建本篇》云：「周召公年十九，見正而冠，冠則可以為方伯諸侯矣。」〈脩文篇〉述「成王將冠，周公使祝雍祝王」事，結云：「冠禮，十九見正而冠，古之通禮也。」則三家所說，似有十二而冠、十九而冠之異，先儒於此，各有所好，茲略述如下：

　　△許慎《五經異義》云：「今禮戴說，男子陽也，成于陰，故二十而冠。古尚書說，武王崩時，成王年十三，後一年，管蔡作亂，周公東辟之，王與大夫盡弁，以開金縢之書，時成王年十四，言弁，知己冠矣。春秋左氏說，歲星為年紀，十二而一周于天，天道備；

故人君年十二，可以冠，自夏殷天子皆十二而冠。」（黃以周《禮
書通故‧冠禮通故》引）。

△高誘《淮南子‧氾論篇》注云：「三十而娶者，陰陽未分時，俱生
於子，男從子數，左行三十年立於巳。女從子數，右行二十年亦
立於巳。合夫婦。故聖人因是制禮，使男三十而娶，女二十而嫁。
其男子自己數左行十得寅，故人十月而生於寅，故男子數從寅起。
女自己數右行得申，亦十月而生於申，故女子數從申起。歲星十
二歲而周天，天道十二而備，故國君十二歲而冠，冠而娶，十五
生子，重國嗣也。」

△譙周云：「國不可久無儲貳，故天子諸侯，十五而冠，十五而娶，
娶必先冠，以夫婦之道，王教之本，不可以童子之道治之，禮十
五爲成童，以次成人，欲人君之早有繼體，故因以爲節，書稱成
王十五而冠，著在金縢。」（《穀梁‧文十二年》范注引）。

△孔穎達云：「其冠之年，即天子諸侯十二，故襄九年《左傳》云：
國君十五而生子，冠而生子，禮也。又云：一星終也，十二年歲
星一終。又文王十五而生武王，尚有兄伯邑考。又〈金縢〉云：
王與大夫盡弁，則已冠矣。是天子十二而冠，與諸侯同。又〈祭
法〉云：王下祭殤五，若不早冠，何因下祭五等之殤。大夫冠年
雖無文，案〈喪服〉，大夫爲昆弟之長殤，則不二十始冠也。其士
則二十而冠也，〈曲禮〉云：二十曰弱冠是也。」（〈冠義疏〉）

△陸佃云：「二十曰弱冠，則二十而冠，禮之大節在是也。唯天子諸
侯十五而冠，早成其德。先儒謂晉侯曰：國君十五而生子，冠而
生子，禮也，君可以冠矣。魯襄公是時年十二，諸侯十二而冠誤
矣。蓋曰可以冠，則非禮之正也。〈金縢〉，王與大夫盡弁，成王
時年十五，則冠在是歲可知。」（秦蕙田《五禮通考‧卷一四八》
引）。

△程公說云：「在禮，男子二十曰弱冠，士禮也。荀卿曰：天子諸侯
十九而冠，誤也。小記曰：大夫冠而不爲殤，大夫不待二十而冠，
豈天子諸侯之冠，特先士禮一歲哉。」（《春秋分記‧卷三十七》）

按：天子諸侯之冠時，叔重以下，高氏、孔氏，並以爲十二而冠，從《左氏》
之說，而證以〈金縢〉先聖之事也。後儒若賈、服，陳氏祥道《禮書》，沈欽

韓《春秋左氏傳補注》，惠氏棟《春秋左傳補註》竝同。何休公羊隱元年《解詁》云：「禮，年二十見正而冠。」並引〈士冠禮〉以證其說，而徐彥疏則云：「若以襄九年左傳言魯襄公年十二而冠也。依八代記即少昊亦十二而冠，則知天子諸侯幼即位者，皆十二而冠也。」是公羊家亦以天子諸侯十二而冠也。程氏駁荀、劉之非，則亦從左氏也。唯誰周以爲成王十五而冠，陸佃以十二而冠爲誤。考《書·金縢》無成王「十五而冠」之文。特先儒約大戴，《書·金縢》，知武王崩時，成王年十三耳，啓〈金縢〉之書，成王年十四也；則冠非十五。傳云：「可以冠矣」，蓋國君重國嗣，故年十二，則可以冠矣，則似無定制，十二以上則可冠。陸氏以爲誤，疑非。近人章太炎先生考之尤盡：

△章先生《鎦子政左氏說》云：「案《荀子·大略》云：古者，匹夫五十而士，天子諸侯十九而冠，冠而聽治，其教至也。《御覽·三百四十四》引賈子曰：古者天子二十而冠帶劍，諸侯三十而冠帶劍，大夫四十而冠帶劍，隸人不得冠，庶人不帶劍。荀、賈二師言古者，皆謂大古，匹夫即是庶人，五十而士者，士夫也，此與《大戴·本命篇》所謂大古五十而室同。天子諸侯子十九而冠，承古者言，則亦謂大古矣。以荀、賈互證，賈子所謂大夫下通士庶，士庶四十而冠，故五十有室，相距十年；猶後世二十而冠，三十有室，亦相距十年也。荀言諸侯子亦十九而冠，賈言諸侯三十而冠，則上古制亦微異也。如荀說匹夫五十而娶之時，則天子諸侯子十九而冠；匹夫三十而娶之時，則天子諸侯子十二而冠。十九與二十不異，以五十取十之四，則二十也：以三十取十之四，則十二也。《說苑·建本》曰：周召公年十九，見正而冠，冠則可以爲方伯諸侯矣。此十九而冠之證。召公不於十二冠者，是時周爲諸侯，召公又其庶孽，非世子也。〈脩文〉亦曰：冠禮，十九見正而冠，古之通禮也。其在天子諸侯，則有十二而冠之禮。」

按：考古之〈冠禮〉，〈宗伯〉存其目，〈士冠〉名其篇，若大夫，諸侯，天子之冠也，則闕散而難詳。唯《儀禮·喪服》云：「大夫爲昆弟之長殤。」《禮記·喪服小記》云：「大夫冠而不爲殤。」則大夫之冠不必年二十也。大夫不待二十而冠，則諸侯天子不待二十矣，亦不必早臣下一年也。春秋之世，冠禮不行久矣，大夫之冠，趙文子一行之（《國語·晉語》）；諸侯之冠，魯襄一舉之而已。禮文湮渺，其制難詳，成王之冠，在年十四之前，傳述歲星周天，

則人君十二可冠也。可者，自十二歲以上即可行冠禮也，則亦非泥拘於十二歲。蓋人君重國嗣，《左氏》謂國君十五而生子，禮也。文王十五而生武王，而有兄伯邑考，則《左氏》亦可補禮之闕矣。

第二節　婚　禮

夫婚禮者，人倫之始，所以合兩姓之好，延宗脈於億載，繫種族於無窮，而合於禮之正者也。《易》曰：「有天地、然後有萬物，有萬物、然後有男女，有男女、然後有夫婦，有夫婦、然後有父子，有父子、然後有上下，有上下、然後禮義有所措。」又曰：「正家而國定矣。」蓋婚禮者，正家之始，治平之肇基，而人倫之首務也。不可不慎。古之成大業，建大功者，往往得於賢內助之佐；而內助之成，在於婚禮。故婚娶實人倫之始而禮之要務也。

唯禮經但士昏名篇，若大夫以上，其禮則闕如也。然大夫、諸侯、天子者，尊卑有差降，任事有重輕，貴賤有等，其禮或殊，要乎禮之精義，或未相遠。茲援〈士昏禮〉以明六禮要目於后：

1. 納　采

鄭康成云：「將欲與彼合婚姻，必先使媒氏下通其言。女氏許之，乃後使人納其采擇之禮。詩云：『取妻如之何？匪媒不得。』婚必由媒交接，設紹介，皆所以養廉恥。」

〈士昏禮〉云：「納采用鴈。主人筵于戶西，西上右几。使者玄端至。擯者出請事，入告。主人如賓服迎于門外，再拜。賓不答拜，揖入。至於廟門，揖入，三揖，至於階，三讓。主人以賓升西面，賓升西階，當阿，東面致命，主人阼階上北面再拜，授于楹間，南面。賓降出，主人降，授老鴈。擯者出請。」

2. 問　名

鄭康成云：「問名者，將歸卜其吉凶。」

〈士昏禮〉云：「賓執鴈，請問名，主人許，賓入授，如初禮。……」

3. 納　吉

鄭康成云：「歸卜於廟，得吉兆，復使使者往告，婚姻之事於是定。」

〈士昏禮〉云：「納吉用鴈、如納采禮。」

4. 納　徵

鄭康成云：「徵、成也，使使者納幣以成婚禮。」

士昏禮云：「納徵、玄纁束帛儷皮，如納吉禮。」鄭康成云：「用玄纁者，象陰陽備也。束帛，十端也。《周禮》曰：『凡嫁子、娶妻、入幣、純帛無過五兩。』儷、兩也。執束帛以致命、兩皮爲庭實。皮、鹿皮。」

5. 請　期

鄭康成云：「期日宜由夫家來也。夫家必先卜知，乃使使往辭，即告之。」

〈士昏禮〉云：「請期用鴈，主人辭。賓許告期，如納徵禮。」

6. 親　迎

〈士昏禮〉云：「期初昏。主人爵弁纁裳緇袘。從者畢玄端，乘墨車，從車二乘，執燭前馬。婦車亦如之，有裧。至于門外。」又云：「女次純衣纁袡，立于房中南面。姆纚笄宵衣在其右。女從者畢袗玄，纚笄被穎黼，在其後。主人玄端迎于門外，西面再拜，賓東面答拜。主人揖入，賓執鴈從，至于廟門。揖入，三揖，至于階，三讓，主人升西面，賓升北面奠鴈。再拜稽首，降出，婦從降目西階，主人不降送。壻御婦車授綏。母辭不受。婦乘以几，姆加景，乃驅，御者代。壻乘其車，先俟于門外。」

上述六禮，經云下達，說者或自天子至乎士，其禮皆一。然則尊卑有序，職任有別，或未盡同。今考《春秋》婚娶，其禮皆詳乎經傳，禮之梗概可得而考之。唯《春秋》所書但納幣與親迎耳，今類列《春秋》婚娶事，並從而論述之：

一、納　幣

莊公二十有二年，經云：「冬，公如齊納幣。」

> 杜元凱注云：「公不使卿而親納幣，非禮也。母喪未再期圖婚，二傳不見所譏，左氏又無傳，失禮明故。」

《儀禮・士昏禮》言婚禮之屬有六，即一曰納采，二曰問名，三曰納吉，四曰納徵，五曰請期，六曰親迎是也。其書乎《春秋》者，唯納徵與親迎耳。蓋納徵則婚禮成，士昏賈疏云：「徵、成也，納此則婚禮成。」其禮甚重。親迎則婚禮之終，所謂「合二姓之好，以繼先聖之後」（《禮記・哀公問》）。其禮特重，故《春秋》兩書之，若納采、問名者從可知也。

《春秋》書納幣三，納幣即士婚之納徵也。鄭君注納徵云：「使使者納幣

以成婚禮。」賈疏云：「案春秋左氏莊公二十二年，冬，公如齊納幣，不言納徵者，孔子制春秋，變周之文，從殷之質，故指幣禮而言。周文，故以義言之。」是納幣者，指幣體言之，所謂質也。納徵者，指納此則婚禮成之義言，所謂文也。若納徵之贄，〈士昏禮〉云：「玄纁束帛儷皮。」鄭君云：「《周禮》曰：凡嫁子、娶妻、入幣、純帛無過五兩。儷、兩也。執束帛以致命，兩皮為庭實、皮、鹿皮。」此指士大夫之禮也。若乎天子諸侯之禮，則鄭君〈媒氏〉注云：「士大夫乃以玄纁束帛，天子加以穀圭，諸侯加以大璋。」檢《周禮玉人職》云：「穀圭、天子以聘女；大璋、諸侯以聘女。」則「公如齊納幣」者，以玄纁束帛、大璋、以聘於齊女也。

古者：「男女非有行媒，不相知名；非受幣，不交不親」（〈曲禮〉文）。故鄭君云：「詩云：取妻如之何！匪媒不得。婚必由媒交接，設紹介，皆所以養廉恥」（〈士昏禮注〉）也。百姓諸吏猶若斯，今莊公擁國，曾亡一卿大夫之使，而親往納幣者何哉？夫子云：「為國以禮」（《論語·先進篇》）。傳云：「天子非展義不巡守，諸侯非民事不舉」（《左氏·莊二十七年傳》）。則公之納幣如禮何？又如民事何？二傳譏之以為淫，亦可謂近矣：

　　△《公羊傳》云：「納幣不書，此何以書？譏、何譏爾？親納幣、非禮也。」

　　何休解詁云：「時莊公實以淫泆，大惡不可言，故其有事於納幣，以無廉恥為譏。不譏喪娶者，舉淫為重也。」

　　△《穀梁傳》云：「納幣、大夫之事也。禮、有納采，有問名，有納徵，有告期，四者備而後娶，禮也。公之親納幣，非禮也。」

按：公母姜氏於二十一年七月薨，二十二年春始葬，冬，公如齊納幣，是母喪未再朞而圖婚也。杜元凱、何邵公、范寧氏注竝明之，所謂喪婚不待貶絕而惡自見。二傳特譏親納幣，說者或謂左氏無譏，考文公二年「公子遂如齊納幣」，《左氏》云禮也。成八年「宋使公孫壽來納幣」，亦云禮也。則納幣使卿為禮，公親納幣非禮可知。《穀梁》云：「納幣、大夫之事也。」最明公親納幣之非。《左氏》云：「唯卿為大夫」。是納幣應使卿也。

文公二年，經云：「公子遂如齊納幣。」

　　左氏云：「襄仲如齊納幣，禮也。凡君即位，好舅甥，脩婚姻，娶元妃，以奉粢盛，孝也。孝、禮也之始也。」

按：納幣即士昏之納徵也。此年「公子遂如齊納幣」，《左氏》云：「襄仲如齊

納幣，禮也。」杜元凱注經云：「傳曰禮也。僖公喪終此年十一月，則納幣在十二月也。士昏六禮，其一納采，納徵始有玄纁束帛，諸侯則謂之納幣，其禮與士禮不同。蓋為太子時，已行昏禮也。」注傳云：「謂諒闇既終，嘉好之事，通于外內。」故遂之納幣，文公之圖婚，左氏無譏也。

《春秋》一經，三傳義殊，師說有家法，指歸或殊塗也。故襄仲之納幣，《左氏》曰禮，《公》、《穀》曰譏，說者因好惡而各有從者，試述之如后：

△《公羊傳》云：「納幣不書，此何以書？譏，何譏爾？譏喪娶也。娶在三年之外，則何譏乎喪娶？三年之內不圖婚。」又云：「娶者、大吉也，非常吉也。其為吉者，主於己，以為有人心焉者，則宜於此焉變矣。」

何休解詁云：「僖公以十二月薨，至此未滿二十五月，又禮先納采、問名、納吉、乃納幣，此四者皆在三年之內故云爾。」

△《穀梁》傳云：「公子遂如齊納幣。」

范寧注云：「喪制未畢而納幣，書、非禮。」

按：《穀梁》無傳，范氏蓋取《公羊》義注之，則二傳譏喪娶，與《左氏》大別。何休又據《公羊》作《左氏膏肓》云：「喪服未畢，而行婚禮，於義《左氏》為短」（劉逢祿《箴膏肓評》引）。說《春秋》之家，莫不以此相尚。若劉敞《春秋權衡・卷五》云：「左氏曰禮，則是以喪娶為禮，不亦悖乎？」高閌《春秋集註・卷十七》云：「公始祥而納幣，則納采，問名皆在三年之內矣。夫三年之內不圖昏，聖人特于此譏之，所以闡幽也。」故安國《春秋傳》，葉夢得《春秋左傳讞》，莫不皆然。即向申《左氏》之大家，若顧氏亭林，沈氏欽韓，亦不無疑於《左氏》矣：

△顧炎武《左傳杜解補正・卷二》云：「即以僖公之薨為十一月，亦甫及大祥，未畢二十五月之數，何得諒闇已終。」

△沈欽韓《春秋左氏傳補注・卷四》云：「按傳祇言納幣禮耳，主為經發不專指文公事也。文公之得失，人自推究可知，故不復言。劉敞橫譏《左氏》以喪娶為禮，卻是冒昧。杜預謂諒闇既終，又大謬也。」

顧氏「未畢二十五月」說詳下。沈氏「主為經發，不專指文公事者」，正明傳例，「凡君即位，好舅甥，修婚姻，娶元妃，以奉粢盛，孝也。孝、禮之始也」是矣。若謂祇言納幣，主為經發，豈可以未滿二十五月之納幣發例，以為禮

乎？此必不然。

考經傳言喪期者，《荀子·禮論》云：「三年之喪，二十五月而畢。」僖公之薨在前年冬，十二月己巳，至此年十二月已二十五月矣。元年傳云：「於是閏三月，非禮也。先王之正時也，履端於始，舉正於中，歸餘於終。」若以閏數，則二十六月矣。先儒有論之者：

△劉文淇《春秋左氏傳舊注疏證》云：「本疏云，何休據此（公羊）作膏肓，以左氏為短。杜謂僖公薨于十一月，視何氏先一月者，杜謂十二月，經文誤也。杜必欲以納幣為已除服，故於僖公之薨，移上一月，則得二十六。顧氏謂未畢二十五月之數，非也。〈檀弓〉孟獻子禫疏，文公二年，冬，公子遂如齊納幣，是僖公之喪，至此二十六月，左傳云禮也。下引鄭《箴膏肓》說，其謂二十六月，與杜氏同，又不言僖公薨月之誤，此當是左氏舊說。舊說或計閏數之：知者、《南齊書·禮志》，左僕射王儉議，三百六旬，尚書明義，文公納幣，春秋致譏。《穀梁》云：昏分而成月。《公羊》云：天無是月，雖然、《左氏》謂告朔為得禮，是故先儒咸謂三年喪喪，歲數沒閏，大功以下，月數數閏。夫閏者，蓋是年之餘日，而月之異朔。所以吳商云：含閏以正期，允協情理。王儉說雖謂三年喪沒閏，然必當時禮家說《左氏》有三年喪，計閏之說，乃據駁之。文公六年《穀梁傳》、閏月者，天子不以告朔，而喪事不數也。則喪不數閏，乃《穀梁》說，左則異矣。文二年閏三月，明見經傳，則不待杜移僖公薨於十一月，由三十三年冬十二月，數至此年十二月，已得二十六月矣，此可證《公羊》喪娶之誤。」

△日人竹添光鴻《左傳會箋·卷八》云：「僖公薨於十二月，喪以閏數，則至此年十二月為二十六月。」

△章太炎先生《春秋左氏疑義答問·卷四》云：「〈士虞禮〉、期而小祥，又期而大祥，中月而禫；是月也吉祭猶未配。中月者謂即此大祥之月，於中旬禫祭爾。《記檀弓》、祥而縞，是月禫，徒月樂。又云：孔子既祥五日，彈琴而不成聲，十日而成笙歌。又云：子夏既除喪而見，予之琴，和之而和，彈之而成聲。兩者相會，則祥與除喪非異月。僖公之薨、在前年十二月乙巳，杜推長歷以為十一月，唯未足徵，要自前年十二月至此十二月，首尾二十五月，

祥禫既行，除喪即吉，繼以納幣，何不可之有。」

按：喪芼以閏數，劉氏徵之詳矣，日人竹添光鴻亦主之，考《左氏文公六年傳》云：「閏月不告朔，非禮也。」則閏月必告朔頒政，是《左氏》不以閏月為天無是月也，則喪可閏數，雖不移僖公薨月為十一，自己二十六月矣。章先生雖弗言喪以閏數，而引〈檀弓〉、〈士虞〉之事，尤可證遂之納幣為禮也。說者或謂納采、問名皆在三年之內，是聖人所譏。按納采、問名於禮為輕、《春秋》弗著，斯行之三年之內否？弗可得明。考《左氏》曰禮也，知二十六月矣，則納采、問名，或行之於僖公未薨，未可知也。杜元凱釋以行於僖公未薨，以《左氏》云禮，是或可信。

成公八年，經云：「宋公使公孫壽來納幣。」

左氏云：「夏，宋公使公孫壽來納幣，禮也。」

納幣使卿，故公如齊納幣（莊二十二年）為非禮，宋公孫壽來納幣云禮也。特杜氏注經云：「宋公無主婚者，自命之，故稱使也。」而服虔云：「不稱主人，母命不通，故稱使，婦人無外事。」（《儀禮・士昏禮疏》引），是說《左氏》者，服氏以昏禮不稱主人，且母命不通。杜氏以得稱主人，故云自命之。隱元年「紀裂繻來逆女」。杜氏注云：「逆女或稱使，或不稱使，昏禮不稱主人，史各隨其實而書，非例也。」由此則杜氏又從昏禮不稱主人矣。今考之二傳：

　△《公羊・隱二年傳》云：「紀履繻者何？紀大夫也。何以不稱使？
　　婚禮不稱主人：然則曷稱？稱諸父兄師友。宋公使公孫壽來納幣，
　　則其稱主人何？辭窮也。辭窮者何？無母也。然則紀有母乎？曰
　　有，有則何以不稱母？母命不通也。」

　　何休解詁云：「為養廉遠恥也。」又云：「禮、有母，母當命諸父
　　兄師友，稱諸父兄師友以行。宋公無母，莫使命之，辭窮，故自
　　命之。」又云：「禮、婦人無外事，但得命諸父兄師友。」

　△《穀梁・成八年傳》范注云：「婚禮不稱主人，宋公無主婚者，自
　　命之，故稱使。」

檢二傳，知「昏禮不稱主人」者，實公羊家說也。服氏但約《公羊》文，而杜氏、范氏亦有取於《公羊》也。檢杜氏意，以昏禮本不稱主人，若無主昏者，則自命之。檢經傳言主昏者，雖父母沒，自定娶可也，不必囿于《公羊》。

　△《儀禮・士昏儀》云：「宗子無父母命之。親皆沒，己躬命之。支
　　子則稱其宗，弟則稱其兄。」

鄭君注云：「宗子者，適長子也。命之，命使者。母命之，在春秋紀裂繻來迎女是也。親命之，則宋公使公孫壽來納幣是也。」

△《禮記・祭統》云：「故國君取夫人之辭曰：請君之玉女，與寡人共有敝邑，事宗廟社稷。」

△《白虎通義》云：「男不自專娶，女不自專嫁，必由父母，須媒妁何？遠恥防淫泆也。」又云：「人君及宗子無父母，自定娶者，卑不主尊，賤不主貴，故自定之也。」

審上三說，則人君有自定娶之道，母命亦可通也。特《公羊》有母命不通，必稱諸父兄師友，而孔穎達《左氏・隱二年傳》疏云：「言婚禮不稱主人者，主人謂壻也。為有廉恥之心，不欲自言娶婦。故卿為君婚行者，必稟君母之命，婦人之命不得通於鄰國，若言卿輒自來，非君舅命，故裂不言使也。」實則既稟母命，則母命得通矣。故康成云：「母命之，在春秋紀裂繻來逆女是也。」若《公羊》稱諸父兄師友者，孔疏駁之云：「宋公不稱父兄者，諸侯臣其父兄，故不得稱也。」又云：「婚禮記曰：宗子無父母命之，親皆沒，已躬命之。以宗子之尊，尚不稱父兄，況諸侯也」（隱二年疏）。《白虎通義》亦云：「卑不主尊，賤不主貴」是也。《公羊》說未足信矣。

二、親 迎

婚之為禮，莫不重焉，夫子云：「合二姓之好，以繼先聖之後，以為天地宗廟社稷之主」（《禮記・哀公問》文），則先聖王特重婚禮可知。唯宗伯存其目，士昏名其篇，其于天子、諸侯、大夫之婚娶，則無與焉。而〈士婚禮〉云：「主人爵弁纁裳緇袘，從者畢玄端，從車二乘，執燭前馬。婦車亦如之，有裧、至于門外。」又云：「壻御婦車授綏，姆辭不受。婦乘以几，姆加景，乃驅，御者代。壻乘其車，先俟于門外。」則士固親迎于婦家。然則，天子君臨天下，總領萬方，諸侯擁國，各有區宇，大夫承旨，職任各殊，似未可一依士禮以推之，謂必親迎于婦家，似亦未允。唯春秋婚娶，略有可考，今類列春秋之時，天子、諸侯、大夫昏取之禮，並從而禮述之於后：

（一）天 王

桓公八年，經云：「祭公來，遂逆王后于紀。」

左氏云：「祭公來，遂逆王后于紀、禮也」

襄公十有五年，經云：「劉夏逆王后于齊。」

左氏云：「官師從單靖公，逆王后于齊，卿不行，非禮也。」

祭公逆后，因來魯受命而行，傳云禮也。杜云：「卿不書，舉重略輕。」劉夏逆后，卿不行，傳云非禮。杜審傳意，故云：「天子不親婚，上卿迎而公監之」也。按：天王昏取，別見《左氏》者二：

△莊十八年傳云：「虢公、晉侯、鄭伯使原莊公逆王后于陳，陳媯歸于京師，實惠后。」

△宣六年傳云：「夏、定王使子服惠伯求后于齊。冬、召桓公逆王后于齊。」

按：一者使原莊公，再者召桓公，與祭公，單靖逆后同，則《左氏》以天子不親迎，必使卿逆而公監之也明矣。故許慎《五經異義》云：「左氏說，王者至尊，無體敵之義，不親迎」（《左氏・桓八年》孔疏引）是也。唯異義又云：「公羊說，天子至庶人，皆親迎」（同上）。則古來天王親逆與否之爭者，實啟於三傳也。今考二傳，於天王婚娶之說者如下：

△《公羊・桓八年傳》云：「祭公者何？天子之三公也。何以不稱使？婚禮不稱主人。遂者何？生事也。大夫無遂事，此其言遂何？成使乎我也。其成使乎我奈何？使我爲媒，可、則因用是往逆矣。女在其國稱女，此其稱王后何？王者無外，其辭成矣。」

△《穀梁・桓八年傳》云：「其不言使爲何也？不正其以宗廟之大事即謀於我，故弗與使也。遂、繼事之辭也。其曰遂逆王后，故略之也。或曰天子無外，王命之則成矣。」

檢二傳意，特就「使」「遂」二字，發其義例。然《公羊》云：「成使乎我奈何？使我爲媒，可則因用是往逆矣。」特責祭公生事，當還命于王而後逆。《穀梁》「不正其以宗廟之大事即謀於我。」釋其不稱使。然則二者其或責時王之不親迎乎？說者或有見於此，竝資詩、禮以爲據，以駁左氏，因責時王之不親迎也。

△鄭康成《駁五經異義》云：「文王親迎於渭濱，即天子親迎也。天子雖尊，其於后則夫婦也，夫婦判合，禮同一體，所謂無敵，豈施于此哉！《禮記・哀公問》曰：冕而親迎，不已重乎？孔子對曰：合二姓之好，以繼先聖之後，以爲天地之主，非天子則誰乎？」（《左氏・桓八年》孔疏引）

△何休《公羊解詁》云：「婚禮成于五，先納采、問名、納吉、納徵、請期、然後親迎。時王遣祭公來，使魯爲媒，沒則因用魯往逆之，不復成禮；疾王者不重妃匹，逆天下之母，若逆婢妾，將謂海內何哉！故譏之。」（桓八年）

△范寧《穀梁集解》云：「親逆例時，不親迎例月」（桓八年注）。下引春秋左氏說，繼引鄭君駁異義，故楊士勛云：「此注之意，言左氏天子不合親迎，故引鄭君之釋，以明天子合親迎也。」（桓八年）

按：「大婚既至，冕而親逆」，夫子之垂訓也。「文定厥祥，親逆于渭」，詩人美文王也。昏禮下達，納采納徵，請期親逆，周公手制禮經耶？則鄭君之駁，邵公解詁，說豈無據乎？其說有資據，則《左氏》全屬子虛矣。然詳檢經傳，則厥禮自明，無得而誣也。文王之迎渭濱，時當殷世，則未爲天子也。孔子對哀公問，哀公者、魯侯也，自弗言予王禮。類此者，先儒駁辯詳矣：

△孔穎達云：「文王之迎大姒，身爲公子，迎在殷世，未可據此以爲天子禮也。孔子之對哀公，自論魯國之法：魯、周公之後，得郊祀上帝，故以先聖天地爲言耳；其意非說天子禮也。且鄭注禮，自以先聖爲周公，及駁異義，則以爲天子，二三其德，自無定矣。」（《左氏·桓八年》疏）

△何休《公羊解詁》云：「禮、逆王后當使三公，故貶去大夫，明非禮也」（襄十五年）。徐彥疏云：「是何此注云：『禮、逆王后當使三公』，即知何氏之意，以爲不親迎；與桓公八年注云：婚禮成于五云云，然後親迎者，欲道士婚禮，親迎之前，仍有此五禮，于時王者不行，不謂解天子親迎也。又言疾王者不重妃匹云云者，正謂疾時王不行五禮，不謂責親迎。而異義公羊說云天子親迎者，彼是章句家說，非何氏之意也。」（〈襄十五年〉疏文）

△趙匡云「鄭康成據毛詩義，以文王親迎爲證據，文王乃非天子，不可爲證。考之大體，固無自逆之道。王者之尊，海內莫敵，故嫁女使諸侯主之，適諸侯，諸侯莫敢有其室，若屈萬乘之尊，而行親迎之禮，即何莫敵之乎？」（陸淳《春秋啖趙集傳纂例·卷二》引）。

△魏了翁《春秋左傳要義·卷七》云：「此（《禮記·哀公問》）對哀公，指言魯事，是諸侯之正禮，當親迎也。」

按：夫子作《春秋》，以垂後世法，凡所訓戒，唯禮是繩。其言禮也，曰「殷因於夏禮，周因於殷禮，其或繼周者，雖百世可知也」（《論語·為政》）。又曰「周監於二代，郁郁乎文哉，吾從周」（《論語·八佾》）。其傷禮之失也，曰「我觀周道，幽厲傷之，吾舍魯何適矣！魯之郊禘，非禮也，周公其衰矣」（《禮記·禮運》）。又曰「八佾舞於庭，是可忍也，孰不可忍也。」「三家以雍徹，奚取於三家之堂」（《論語·八佾》）。是夫子教人以禮，必知「時、順、體、宜、稱」之次。若然，夫子之對哀公，必不以王禮言之，以王禮言之，是教哀公知所僭也。

詩人美文王，曰「文定厥祥，親迎于渭，造舟為梁，不顯其光」（《詩·大雅·大明篇》）。孔疏云：「大戴禮稱，文王十三生伯邑考，十五生武王發。」《淮南子氾論篇》云：「文王十五而生武王，非法也。」則文王之取大姒，其在十二三乎？天雖授命于文王，三分天下有其二，然終文王之身未有天下也，待武王一會盟津，再誓牧野，而後紂亡。則文王親迎，未可視天王之禮也。孔疏，趙子所述甚確。故秦惠田云：「天子不親迎，此疏最直捷」（《五禮通考·卷一五一》）是也。

若何休《公羊解詁》，既述「昏禮成于五，且譏王者不重妃匹。」則天王必親迎甚明，又謂「逆王后當使三公。」自相踳駁，似若二人。故徐氏彥為之調停，以為或「有故之時。」或「以為不親迎。親迎乃章句家說。」則公羊家亦以天子不親迎矣。清儒陳奐《公羊逸禮考徵》云：「此（襄十五年傳注）何氏據時王之禮也。桓公八年「祭公逆王后」注云：『疾王者不重妃匹，逆天下之母，若逆婢妾』，與異義《公羊》說，天子至庶人皆親迎，所以重婚禮也合。徐解反以公羊說天子親迎為章句家說，謬矣。」陳氏雖力申何詁，以襄十五年注為時王禮。然則豈前注以先王禮，後注以時王禮者，似亦未可信。

公羊家說天子必親迎，既不可信，而異義所謂「王者至尊，無體敵之義，不親迎者。」尤可昌明《左氏》義矣。蓋「凡昏姻，皆賓主敵體，相對行禮，天子嫁女於諸侯，使諸侯為主，令與夫家為禮。天子聘后於諸侯，亦使諸侯為主，令與后家為禮」（《左氏·桓八年疏》）。周何先生云：「設若王者親迎於諸侯之室，翁壻相對之際，尊卑上下，禮實兩難，是無敵體之義者，指言天子諸侯相對之間」（《春秋親迎禮辨》）。因「翁壻相對之際」，禮實難施，此「天子聘后於諸侯，亦使諸侯為主，令與后家為禮」之義也。是天子禮不得親迎也明矣。

　　王者之昏禮已亡，今考諸家說，知王者至尊，無敵體之義，是禮不得親迎。然則方其昏取之際，其禮奈何？檢諸《左氏》，桓八年「祭公來，遂逆王后于紀。」杜氏注經云：「王使魯主昏，故祭公來，受命而迎也。卿不書，舉重略輕。」注傳云：「天子娶於諸侯，使同姓諸侯爲之主。」襄十五年傳，「官師從單靖公逆王后于齊，卿不行，非禮也。」杜注云：「官師、劉夏也，天子官師非卿也。劉夏獨過魯告婚，故不書單靖公。天子不親婚，使上卿迎而公監之，故曰卿不行非禮」。桓八年孔疏云：「公不獨行，必有卿從，卿不書，舉重略輕也。知非卿不行者，以傳云禮也。《釋例》曰：襄十五年，劉夏迎王后于齊，傳曰卿不行、非禮也。知祭公如紀亦有卿。」襄十五年傳孔疏云：「傳言卿不行、非禮，則此禮本當使卿。然則祭公、原莊公、召桓公之逆后，皆禮當有卿從也。唯襄十五年，官師從單靖公逆后，官師非卿，故傳譏之。是天子之婚娶，必使同姓諸侯主之，上卿逆而監之也。若后家之送女也，則《左氏桓三年傳》例云：「於天子，則諸卿皆行，公不自送」是也。

（二）王　姬

　　王者之婚娶，固異乎諸侯大夫，王姬之于歸，其禮可同于諸侯大夫之女乎？〈堯典〉云：「釐降二女于媯汭，嬪于虞。」〈詩序〉云：「雖則王姬，亦下嫁於諸侯」（《詩・何彼襛矣》）。曰降曰下，則王姬之貴，固非諸侯大夫庶人之女，可得儗也。周制、王姬下嫁于諸侯，「車服不繫其夫，下王后一等」（《詩・何彼襛矣・序》）。則其禮亦已隆矣。今考《春秋》王姬下嫁，其禮之梗概，可略得而知焉：

莊公元年，經云：「夏、單伯送王姬。秋、築王姬之館于外。冬、王姬歸于齊。」

　　左氏云：「秋、築王姬之館于外，爲外，禮也。」

莊公十有一年，經云：「秋、王姬歸于齊。」

　　左氏云：「冬、齊侯來逆共姬。」

按：《春秋》書王姬下嫁者，唯此二年。莊元年單伯送王姬至魯，魯爲之築館，冬乃歸之齊。故杜元凱于「單伯送王姬」注云：「單伯、天子卿也。王將嫁女于齊，既命魯爲主，故單伯送女不稱使也。王姬不稱字，以姬爲尊，且別於內女也。天子嫁女於諸侯，使同姓諸侯主之，不親婚，尊卑不敵。」十一年冬「王姬歸于齊」杜注云：「魯主婚。」然則、天子之女下嫁諸侯，必使同姓諸侯主之。而主人（壻）親迎於主婚之侯國耳，故莊公十一年傳云：「齊侯來

逆共姬。」今檢二傳之立義，似與《左氏》未異也。

  △《公羊‧莊元年傳》云：「天子嫁女乎諸侯，必使諸侯同姓者主之；
  諸侯嫁女乎大夫，必使大夫同姓者主之。」

  何休解詁云：「不自為主者，尊卑不敵，其行婚姻之禮，則傷君臣
  之義，行君臣之禮，則廢婚姻之好，故必使同姓、有血脈之屬，
  宜為父道，與所適敵體者主之。」又云：「天子嫁女于諸侯，備姪
  娣，如諸侯之禮，義不可以天子之尊，絕人繼嗣之路。」

  △《穀梁‧莊元年傳》云：「躬君弒於齊，使之主婚姻，與齊為禮，
  其義固不可受也。」

  范寧注云：「禮、尊卑不敵，天子嫁女于諸侯，必使同姓諸侯主之。」

檢三傳義例，《左氏》兩主王姬之嫁，《穀梁》主「使之主婚姻」。《公羊》則
發「天子嫁女于諸侯，必使同姓諸侯主之」之例。然則三傳於王姬之嫁，「必
使同姓諸侯主之」，初無異義也。故孔穎達云：「昏之行禮，必賓主相敵，天
子於諸侯，諸侯於大夫，不親昏者，尊卑不敵故也」（〈莊元年疏〉）。又云：「凡
婚姻，皆賓主相對行禮，天子嫁女於諸侯，使諸侯為主，令與人家為禮。嫁
女則送女至魯，令魯嫁女於人。嫁王女者，王姬至魯，而後至夫家。王姬至
魯，待夫家之迎以為禮，故須至魯」（《左氏‧桓八年疏》）。蓋魯者，周公之
後，王姬之嫁。世由魯主，故春秋之世，桓公見弒於齊，猶使魯主之。特二
傳於莊十一年「王姬歸于齊」，云過我故書，似非由魯主婚也。檢孔廣森《公
羊通義‧卷三》云：「謹案：前王姬歸，月，此同外女歸例，不月者，但以過
我書，我不為主故也」。則二傳不以我主書，而以過我書者，囿於日月例耳。
考《左氏》云「齊侯來逆共姬」，則亦由魯主之也。

  書王女下嫁者，三傳義同。故先儒立教，義本未殊。然則必使同姓諸侯
主之何也？杜元凱、何邵公、范氏寧並以為「尊卑不敵」者是也。若以天子
之尊加諸諸侯，則諸侯不得其昏，故邵公云：「不可以天子之尊，絕人繼嗣之
路」是也。考之舊典，說者有之：

  △《白虎通義》云：「王者嫁女，必使同姓主之何？昏禮貴和，不可
  相答，為傷君臣之義，亦欲使女不以天子之尊乘諸侯也。」又曰：
  「必使同姓者，以其同宗共祖，可以主親也，故使攝父事。」

  △馬宗璉《春秋左傳補注‧卷一》云：「《後漢書‧荀爽傳》，春秋之
  義，王姬嫁齊，使魯主之，不以天子之尊加於諸侯也。」

△劉文淇《春秋左氏傳舊注疏證》云：「《御覽‧卷一百五十二》引
　單伯送王姬注，王將嫁女于齊，命魯爲主，故單伯送。天子嫁女
　於諸侯，使同姓諸侯主之，不親婚，尊卑不敵。杜注用之，文視
　此爲詳，疑爲舊注。」又引《後漢書‧荀爽傳》文，曰：「與舊注
　義同」，則杜氏所用爲《左氏》古義矣。

按：使女不以天子之尊乘諸侯，故使同姓諸侯主之，則君臣之義不傷，且諸
侯體敵，其禮易施，又以同姓諸侯，同宗共祖，其親可攝父事，此所以使同
姓諸侯主之則同也。三傳單伯送逆，釋義雖殊，於王姬之嫁，由同姓諸侯主
之則同也。特桓公見弒於齊，莊公喪期未終，而主王姬之嫁，以衰麻接弁冕，
見譏於傳者是也。

　　王姬下嫁諸侯，欲使其不以天子之尊乘諸侯，故使同姓諸侯主之。諸侯
主王姬之嫁，必爲之築館，使常日則居之，親迎之日，則所以行禮也，然說
者于築之外內，各執以爲義。且莊公衰麻之喪未除，即主讎仇之婚姻，儒者
譏之，竝非《左氏》之所謂禮也，則亦考之不詳乎？檢諸傳立義如下：

　　△《左氏傳》云：「築王姬之館于外。爲外，禮也。」

　　　杜元凱注經云：「公在諒闇，慮齊侯當親迎，不忍便以禮於廟，又
　　　不敢逆王命，故築舍於外。」注傳云：「齊彊魯弱，又委罪於彭生，
　　　魯不能讎齊，然喪制未闋，故異其禮，得禮之變。」

　　△《公羊傳》云：「築王姬之館于外。何以書？譏，何譏爾？築之，
　　　禮也。于外，非禮也。于外何以非禮？築于外非禮也。其築之何
　　　以禮？主王姬者必爲之改築，主王姬則曷爲必爲之改築？於路寢
　　　則不可。小寢則嫌，群公子之舍則以卑矣。其道必爲之改築者也。」
　　　何休解詁云：「以言外，知有築內之道也。」又云：「于、遠辭也。
　　　爲營衛不固，不以將嫁于讎國除譏者，魯本自得以讎爲解，無爲
　　　受命而外之，故曰非禮。」

　　△《穀梁傳》云：「築王姬之館于外。築，禮也。于外，非禮也。築
　　　之爲禮何也？主王姬者，必自公門出；於廟則已尊，於寢則已卑，
　　　爲之築，節矣。築之外，變之正也。築之外，變之爲正何也？仇
　　　讎之人，非所以接婚姻也。衰麻非所以接弁冕也。」
　　　范寧注云：「外、城外也。」又云：「主王姬者，當設几筵于宗廟，
　　　以俟迎者，故在公門之內，築王姬之館。」

按：三傳於築王姬之館，初無異義，故《左氏》云：「爲外，禮也。」俞曲園《古書疑義舉例・卷一》云：「按爲外，禮也。猶于外，禮也。」是《左氏》以主王姬者，必爲之築館于外。《公羊》云：「主王姬者必爲改築。」《穀梁》云：「爲之築，節矣。」其所以築之者，即《公羊》云：「於路寢則不可，小寢則嫌，群公子舍則已卑矣」是也。考之班、鄭先儒，其說益可信也。

> △《白虎通義》云：「所以必更築觀者何？尊之也。不於路寢，路寢本所以行政處，非婦人之居也。小寢則嫌，群公子之舍則已卑矣，故必改築於城郭之內。」
>
> △鄭君《箴膏肓》云：「宮廟朝廷，各有定處，無所館天子之女，故築于宮外。」（本疏引）

按：三傳以主王姬嫁者，竝有改築之道。殆見班義鄭箴，其說尤爲可信。特二傳以「築于外者」，爲城外，因營衛將有不固，故云非禮。穀梁子又以主仇讎之婚姻，發爲「仇讎之人，非所以接婚姻也，衰麻非所以接弁冕也。」其義至正，然又傅會以「築之外，變之正也。」以爲所以築之于外者，乃主仇讎之婚故也。此杜元凱注《左氏》，何邵公注《公羊》皆取之，蓋不得其說，而曲爲之解也。

顧王姬之嫁，不以其尊乘諸侯，故使同姓諸侯爲之主，然王姬之貴，「車服不繫其夫，下王后一等」（《詩・何彼襛矣・序》），則「於路寢則不可，小寢則嫌，群公子之舍則以卑。」其道必爲之改築於宮廟之外，所以尊之也，故《左氏》云「爲外禮也」。《公羊》云「主王姬者必爲之改築」是也。《左氏》云「爲外禮也」者，主爲「王姬下嫁」之通例，非謂莊公之主王姬，因接仇讎之婚姻，故築之于外也。若莊公之主仇讎婚姻，人自推究可知，何待丘明之貶乎？

《公羊》以「于外」爲「城外」，以爲「營衛不固」，故云非禮。不知于外者，宮廟之外（康成語），非城外也。《穀梁》遂傅會爲「築之外，變之正也。」不知築之所以尊王姬，而以築之乃爲主仇讎婚故，非矣。特其發「仇讎之人，非所以接婚姻也，衰麻非所以接弁冕也。」其義至正耳。

（三）諸　侯

天子君臨天下，其尊無敵，當婚娶之際，禮不得親迎。若乎諸侯擁國，貴爲一國之君，其婚娶之禮，親迎與否，禮經闕如。至說者人殊，立義斷章。雖春秋諸侯之婚娶，三傳猶詳。今檢《春秋》書諸侯婚娶之節，以窺其大要

于后：

隱公二年，經云：「九月，紀裂繻來逆女。十月，伯姬歸于紀。」

　　左氏云：「九月，紀裂繻來逆女。卿爲君逆也。」

　　杜元凱注經云：「裂繻、紀大夫，傳曰：卿爲君逆也。以別卿自逆也。」

桓公三年，經云：「公子翬如齊逆女。九月，齊侯送姜氏于讙。公會齊侯于讙。夫人姜氏至自齊。」

　　左氏云：「秋、公子翬如齊逆女。脩先君之好，故曰公子。齊侯送姜氏，
　　非禮也。凡公女嫁于敵國，姊妹則上卿送之，以禮於先君，公子則下卿
　　送之。於大國，雖公子，亦上卿送之。」

　　杜元凱於經「公子翬如齊逆女」注云：「禮、君有故，則使卿逆。」

莊公二十有四年，經云：「夏、公如齊逆女。」

文公四年，經云：「夏、逆婦姜于齊。」

　　左氏云：「逆婦姜于齊，卿不行，非禮也。君子是以知出姜之不允於魯也。
　　曰貴聘而賤逆之，君而卑之，立而廢之。弁信而壞其主，在國必亂，在
　　家必亡，不允宜哉。詩曰：畏天之威，于時保之，敬主之謂也。」

　　杜元凱注傳「卿不行，非禮也」下云：「禮，諸侯有故，則使卿逆。」

按：審《左氏》傳例，紀裂繻之來，但云「卿爲君逆」，而無譏貶之文，是裂
繻之來逆伯姬，不爲失禮。公子翬之逆齊女，無譏，且以修先君之好，褒稱
公子。逆婦姜于齊，以卿不行爲非禮，然則卿行得禮可知矣。又魯君他公之
取，亦但使卿逆耳。

宣公元年，經云：「公子遂如齊逆女。三月，遂以夫人婦姜至自齊。」

　　左氏云：「春、王正月，公子遂如齊逆女。尊君命也。三月，遂以夫人婦
　　姜至自齊，尊夫人也。」

成公十有四年，經云：「秋、叔孫僑如如齊逆女。九月，僑如以夫人婦姜氏至自齊。」

　　左氏云：「秋、宣伯如齊逆女。稱族，尊君命也。九月，僑如以夫人婦姜
　　氏至自齊。舍族，尊夫人也。」

　　杜元凱注經云：「成公逆夫人，最爲得體。」

按：公子遂，叔孫僑如並以卿爲君逆，《左氏》但詳其稱族而往，所以尊君命；
舍族而歸，所以尊小君。不以公弗親迎爲褒貶。由是知諸侯昏取，當使卿逆

也。特莊公二十四年經云：「夏，公如齊逆女。」左氏無傳，而元凱云：「親逆，禮也。」杜氏既以親逆爲禮，故公子翬之逆齊女，文四年之逆婦姜，皆以「諸侯有故，則使卿逆」釋之。似諸侯有故則卿爲君逆可也；若君無故，則當親逆也。唯考桓公三年，公子翬之如齊逆女也，經云：「公子翬如齊逆女。九月，齊侯送姜氏于讙公會齊侯于讙。夫人姜氏至自齊。」杜元凱云：「不言翬以至者，齊侯送之，公受之於讙。」然則，桓公能會齊侯於讙，則無故可知也。蓋禮不得親迎，故使公子翬往逆：而齊侯寵異其女，送之踰境，公自不得高處，而置若罔聞，故往會而受之。若然，杜氏「君有故」之說，似未得也。今檢二傳說親迎事，立義並殊焉：

△《公羊・隱二年傳》云：「紀履緰來逆女。外逆女不書，此何以書？譏，何譏爾？譏始不親逆也。」

△《公羊・二十四年傳》云：「公如齊逆女，何以書？親迎，禮也。」

△《穀梁・莊二十四年傳》云：「夏，公如齊逆女。親迎，恆事也，不志，此其志何也？不正其親迎於齊也。」

△《穀梁・成十四年傳》云：「秋，叔孫僑如如齊逆女。九月，僑如以夫人婦姜氏至自齊。大夫不以夫人，以夫人，非正也，刺不親迎也。」

按：《公羊》一則云：「譏始不親迎。」再則云：「親迎禮也。」是《公羊》以諸侯婚娶，必親迎於女邦也。《穀梁》一則云：「親迎恆事也。」再則云：「刺不親迎。」則義與《公羊》同矣。然《公羊》《穀梁》以釋經作傳，卻自踳駁而自亂家法。

△《公羊・莊二十七年傳》云：「莒慶來逆叔姬。莒慶者何？莒大夫也。莒無大夫，此何以書？譏，何譏爾？大夫越竟迎女，非禮也。」

何休解詁：「禮，大夫任重，爲越竟迎女，於政事有所損曠，故竟內乃得親迎，所以屈私赴公也。」

△《穀梁・隱七年傳》云：「叔姬歸于紀。其不言逆何也？逆之道微，無足道爾。」

范寧注云：「逆者非卿。」

△《穀梁・桓三年傳》云：「公子翬如齊逆女。逆女親者也。使大夫，非正也。」

《公羊》以大夫越竟逆女爲非禮，據何氏解詁以「大夫任重，越竟逆女，於

政事有所損曠。」然諸侯擁國，胥民收賴；大夫擷節共職而已。豈大夫重於諸侯乎？此《公羊》之觝牾也。《穀梁》以逆女使大夫爲非正；又以逆者微，爲無足道，故范氏云「逆者非卿」。是逆女使卿爲正也。此《穀梁》之踳駁也。然則，二傳之釋經也不足信矣。

二傳說親迎，義自觝牾而不可信。然記哀公問，班氏通義，皆有親逆之文。《春秋》有公如齊逆女之事，其義奈何？先儒於此嘗多所有辨正矣。

△程子云：「先儒皆謂諸侯當親迎，親迎者，迎於所館，故有親御授綏之禮。豈有委宗廟社稷，遠適他國以迎婦者乎？非惟諸侯，卿大夫以下皆然，詩稱文王迎于渭，未嘗出疆也。」（李明復《春秋集義‧卷二》）。

△淩曙云：「莒慶來逆叔姬，傳何譏耳？大夫越竟非禮也。言大夫越竟逆女爲非禮，則公之如齊爲非禮，灼然可知。何注大夫任重，爲越竟逆女，於政事有所損曠，故竟內乃親迎，所以屈私赴公也。據此則諸侯重於大夫，亦更無有越竟之事矣。」（《公羊禮說》）。

△方望溪云：「國君之禮，異于公子士庶人，卿逆而迎于竟可矣；越竟而親迎，非禮也。使親迎爲得禮，則莊公如齊逆女，當以爲常事而不書矣。」（顧棟高《春秋大事表‧卷十九》引）

△顧棟高云：「夫逆女使命卿其常耳，必以爲譏不親逆，假令婚于秦楚，而爲國君者，將舍國事之重，越千里，踰時月以求婦乎？魯十二公之夫人，若子氏、若姒氏、若歸氏、均非若齊、魯之近也。當日必以大夫逆之，而春秋不悉書者，此正所謂常事不書也。昭公娶于吳，而魯之諸公未嘗涉吳竟，此當使誰逆之乎？」（《春秋大事表‧卷十九》）。

△徐庭垣云：「諸侯有宗廟社稷之重，不可遠涉妻邦，而或迎諸竟，或逆諸館，皆親迎也。公既使翬逆女，而齊侯送女越在魯竟，自不得高處，而置若罔聞矣，往會之宜也。」（《春秋管窺‧卷二》）

先儒於諸侯昏取，要在親逆諸館，或逆諸竟耳。而桓公之會齊侯于讙，以齊侯之送女越在魯竟，不可不會也。莊公之如齊逆女，如二傳「常事不書」例，若公之親逆得禮，亦在不書例矣。

△周何先生《春秋迎禮辨》云：「春秋之例，常事得禮不書，書必以志非常。莊公親迎於齊，若果合禮，則不當書，今既書見春秋，

則必事屬非常：若果事屬非常，何得而稱曰禮也？是公羊此傳之
觚語顯見。莊公如齊逆女，既已書見經文，自有非常之義？其所
以為非常者，不在『逆女』即在『如齊』者，是可知也。逆女本
無不可，故春秋經傳『逆女』之事雖多見，大抵皆以他非常而兼
帶書及者，則此莊公逆女之所以為非常者，端在『如齊』者明矣。
既春秋以莊公逆女之越國『如齊』為非常而書之，則諸侯親迎之
不得出竟者，尤屬顯見矣。」又云：「公會齊侯于讙者，實即親迎
之節是也。讙地屬魯，則桓公之迎，迎於竟上而已。」

按：莊公如齊逆女，以二傳非常而後書之例，若諸侯親迎得禮，自當不書。
周先生之辨甚詳。特《春秋》乃據事直書，不必字字有義，句句褒貶也。莊
公之如齊逆女，而《左氏》無傳者：蓋既書「卿為君逆」於前（隱公二年），
又書「卿不行，非禮也」於後（文公四年），則公之親如齊逆女，非禮自見之。
然則，桓公既會齊僖於讙，而受婦姜，則亦行親迎之禮矣。周先生云：「諸侯
親迎于境上，越國則卿為君逆」或是。

（四）大　夫

〈士昏禮〉云：「壻御婦車授綏。」是謂壻必親迎于婦家。然則，大夫位
固貴乎士，而為諸侯之重臣；諸侯或可逆乎境，而其大夫之昏取也，禮處乎
諸侯與士之間。其親迎乎？不得親迎乎？禮經未載，其儀難詳。唯春秋卿大
夫昏取之事繁多，其槩可得而窺焉。茲類列春秋大夫昏取之事于后，以窺其
大要焉：

僖公五年，經云：「夏，公孫茲如牟。」

左氏云：「夏，公孫茲如牟，娶焉。」

杜元凱注經云：「叔孫戴伯娶於牟。卿非君命不越竟，故奉公命聘於牟因
自為逆。」注傳云：「因聘而娶，故傳實其事。」

文公六年，經云：「夏，季孫行父如陳。」

左氏云：「夏，季文子聘于陳。且娶焉。」

杜注云：「臣非君不越竟，故因聘而自為娶。」

成公八年，經云：「公孫嬰齊如莒。」

左氏云：「聲伯如莒，逆也。」

杜元凱云：「自為逆婦而書者，因聘而逆。」

昭公二十有五年，經云：「春，叔孫婼如宋。」

　　左氏云：「春，叔孫婼聘于宋。」又云：「季公若之姊，爲小邾夫人，生宋元夫人，生子，以妻季平子，昭子如宋聘，且逆之。」

　　杜元凱云：「平子人臣，而因卿逆，季氏強橫。」

按：以上內大夫出竟，因聘于他國，而娶者。然則大夫亦得親迎於婦家矣。唯杜元凱云：「卿非君命不越境。」又云：「因聘而娶，故傳實其事。」是卿大夫非君命，不得越竟。若秉君命而聘于他國，因自爲娶，似禮亦無禁。故經書如以著其出聘他國，傳則實其因聘而逆娶之事也。

　　又檢外大夫來娶內女者，似亦如此：

莊公二十有七年，經云：「莒慶來逆叔姬。」

　　杜元凱云：「慶，莒大夫。叔姬、莊公女。卿自爲逆則稱字。」

僖公二十有五年，經云：「宋蕩伯姬來逆婦。」

　　杜元凱云：「伯姬，魯女，爲宋大夫蕩氏妻也。自爲其子來逆。稱婦，姑在之辭。婦人越竟迎婦，非禮，故書自。」

宣公五年，經云：「秋，九月，齊高固來逆叔姬。」

　　左氏云：「秋，九月，齊高固來逆女，自爲也。故書曰逆叔姬，卿自逆也。」

　　孔疏云：「此高固亦是因來聘而自逆也。」

成公十有一年，經云：「晉侯使郤犨來聘。」

　　左氏云：「郤犨來聘，求婦於聲伯，聲伯奪施氏婦以與之。」

按：以上外大夫至魯逆婦者三，蕩伯姬來逆婦者一。蕩伯姬爲其子來逆婦，婦人既嫁，父母在，年有歸寧，父母既沒，則使卿寧。是婦人既嫁，非有大故不踰竟。伯姬爲其子而越竟逆女，故杜元凱云：「非禮」。若乎莒慶，高固，郤犨者，皆列國大夫，郤犨、經云「來聘」。傳云「因聘而求婦」。高固以逆女書，孔疏云：「因來聘而自逆也。」孔疏又云：「從魯而出，私娶輕而君命重，故書聘，不書逆。自外而來，則嫁女重，而受聘輕，故書逆不書聘，內外之異文耳」（宣公五年「高固來逆叔姬」）。然則，莒慶之來，亦因聘而後逆乎？又檢列國大夫婚娶之事，亦有數條，可得以相印證焉：

左氏隱公八年，傳云：「鄭公子忽如陳，逆婦媯。辛亥，以媯氏婦。」

左氏昭公五年，傳云：「夏，晉荀首如齊逆女。故宣伯餪諸穀。」

左氏昭公元年，傳云：「春，楚公子圍聘于鄭。且娶於公段氏。」

左氏昭公五年，傳云：「鄭罕虎如齊，娶於子尾氏。」

　　杜元凱云：「自爲逆也。」

左氏昭公九年，傳云：「晉荀盈如齊逆女。」

　　杜元凱云：「自爲逆。」

按：以上皆外大夫昏取之事，鄭公子忽，鄭罕虎，晉荀盈皆書如，云如者，蓋皆如列國行聘之事也。列國之相聘，魯史或書，或不書，蓋皆從赴，故事有詳略，傳補百二十國寶書，故備記其事，得知其有逆之事也。而荀首如齊逆女，經書「叔孫僑如會晉荀首于穀。」傳云：「宣伯餫諸穀。」賀霸主大夫婚也。故略其聘事焉。綜上所述，《左氏》之義，大夫有外聘，因聘而娶之禮也。今檢《公羊》、《穀梁》二傳，以相取證焉。

　　△《公羊‧莊二十七年傳》云：「莒慶者何？莒大夫也。莒無大夫，
　　此何以書？譏。何譏爾？大夫越竟逆女，非禮也。」

　　　　何休解詁云：「禮，大夫任重，爲越竟逆女，於政事有所損曠，故
　　　　境內乃得親逆，所以屈私赴公也。」

　　△《穀梁‧莊二十七年傳》云：「莒慶來逆叔姬。」

　　　　范寧注云注云「禮檀弓記曰：陳莊子死，赴於魯，魯人欲勿哭，
　　　　繆公召縣子而問焉。縣子曰：古之大夫，束脩之問不出境，雖欲
　　　　哭之，安得而哭之，今之大夫交政於中國，雖欲勿哭，安得而勿
　　　　哭。則大夫越境逆女非禮也。董仲舒曰：大夫無束脩之饋，無諸
　　　　侯之交，越境逆女，紀罪也。」

　　△《穀梁‧僖二十五年傳》云：「婦人既嫁不踰竟。宋蕩伯姬來逆婦，
　　　　非正也。」

按：婦人既嫁，非有大故不踰竟，伯姬爲其子來逆婦，固屬非禮。若莒慶之來逆叔姬，公羊子譏其越境，何邵公謂損曠政事。而范氏寧據禮經以辨其越境之罪。立義皆正，均有可取也。

　　按：《左氏》於大夫秉君命而出，因娶而偕歸，春秋之世，其禮有行之者，故但詳其事，不以爲非禮也。若未秉君命，主爲婚娶而出者；禮：「大夫束脩之問不出竟。」自與禮違。故周何先生云：「所謂大夫任重，嫌有損曠，屈私赴公，故不許越境逆女者，是本情理之中，足可取信。然而春秋之世，卿大夫皆有外聘之道，倘因外聘而出境，既至其國，而兼行親迎，及還國而皆與歸，本屬權宜之變」（《春秋親迎禮辨》）是也。然則隱公八年「鄭公子忽之如

陳逆婦嬀」，成五年「晉荀首之如齊逆女」，傳未云有聘事，似與因聘而娶之禮違。然周何先生又云：「傳意詳其迎歸，故於因聘如陳者，略而不言（「鄭公子忽逆婦嬀」下）。」又云：「是經紀僑如之出入，傳釋所以餫饋之故，在賀荀首之逆女也。故不必有荀首聘齊之文（晉荀首如齊逆女）。」是二大夫之娶，亦因聘而娶也。

又桓六年鄭大子忽帥師救齊，齊侯欲以文姜妻之，大子忽辭。君子曰：「善自爲謀。」杜元凱云：「言獨絜其身，謀不及國。」《詩‧鄭風‧有女同車》序云：「鄭人刺忽之不婚于齊，太子忽嘗有功于齊，齊侯請妻之，齊女賢而不取，卒以無大國之助，至是見逐。」然則，《詩‧鄭風》與《左氏傳》，並以忽當取文姜。是大夫秉命而出，有婚娶之道，詩人述之，《左氏》詳之矣。

大夫婚娶之禮，禮經未具其文，據上述春秋時大夫婚娶事觀之，《公羊》、《穀梁》二家，以爲大夫無親逆女事，檢諸禮經，信而有證，特春秋大夫因聘之便，逆而偕歸者有之，《左氏》皆詳其事而未有譏貶者，蓋權時制宜，所謂禮有損益，因人情而爲之節文者是也。然則，由上而推，若取於境內，則必親迎矣。

左氏隱公八年，傳云：「先配而後祖」議。

《左氏》述鄭公子忽之逆婦嬀云：「四月，甲辰，鄭公子忽如陳，逆婦嬀。辛亥、以嬀氏歸。甲寅、入于鄭。陳鍼送女，先配而後祖。鍼子曰：是不爲夫婦，誣其祖矣；非禮也，何以能育。」

按：此事不著於經。蓋左氏身爲國史，躬覽載籍，故得廣記而備言之也。唯大夫婚娶之節，禮經無目，其行禮逆送之節，弗可得詳。故傳云「先配後祖」，鍼子致譏。解家立義，紛紜而莫當。茲分述於后：

△賈逵云：「配、成夫婦也。禮、齊而未配，三月廟見，然後配」（本疏引）。

△賈服云：「大夫以上，無問舅姑在否？皆三月見祖廟之後，乃始成婚，故譏鄭公子忽，先爲配匹，乃見祖廟」（《禮記‧曾子問疏》引）。

△鄭眾云：「配謂同牢食也。先食而後祭祖，無敬神之心，故曰誣其祖也」（本疏引）。

△鄭玄云：「祖、祓道之祭也。先爲配匹，而後祖道，言未去而行配」（本疏引）。

賈逵、服虔二氏，以祖爲三月廟見然後配，按之〈士昏禮〉，親迎之夜，衽席相接，是於禮無據。先鄭以爲「先食而後祭祖。」亦與士昏異。若康成衪道說，則鍼子之譏，當在陳發。杜元凱既知四氏之未當。故云：「逆婦必先告廟而後行，故楚公子圍稱告莊共之廟。鄭忽先逆婦而後告廟，故曰先配而後祖。」孔疏既不悖注，乃爲駁三家之無當。

　　△孔疏云：「案昏禮，親迎之夜，衽席相連，是士禮不待三月也。禹
　　娶塗山，四日即去，而有啓生焉，亦不三月乃配，是賈之謬也」
　　（謹案：賈服義同）。又曰：「案昏禮，婦既入門，即同牢之饌，
　　其間無祭祀之事，先祭乃食，禮無此文，是鄭之妄也。」又曰：「案
　　傳既言入于鄭，乃云先配而後祖，寧是未去之事也。若未去先配，
　　則鍼子在陳譏之，何須云送女也。」

三家之觝牾，孔氏駁之，其義至當。清儒沈欽韓氏亦云：「（賈逵與鄭眾）皆與禮文不合。」又云：「（康成）又與傳先言入鄭者不合」（《春秋左傳補注·卷一》）是也。唯孔疏既駁三家之踳駁，而云：「知逆者雖受父命，當自告廟，且忽先爲配匹，而後告祖，見其告祖，方始譏之。」此雖申社，而義甚牽強，安知既迎以還，不有告廟者哉！豈可因告廟則譏之乎？檢清儒經說，知此皆未有當也。

　　△沈欽韓云：「杜預謂忽不先告祖廟而行，則陳鍼子既非目擊，安得
　　方來譏之。愚按〈聘禮〉，大夫之出，既釋幣于禰，其反也復告至
　　于禰。忽受君父醮子之命于廟，以逆其婦，反不告至，徑安配匹，
　　始行廟見之禮，是爲墜成命而誣其祖。」（《春秋左傳補注·卷一》）。
　　△劉文淇《春秋左氏傳舊注疏證》引沈欽韓氏說云：「又先配後祖解
　　云：『蓋禮有制幣之奉，春秋有告至之文；彼受命出疆循必告必面
　　之義，況〈昏禮〉之大者乎？然則子忽之失，失在不先告至。將
　　傳宗廟之重於嫡，而惜跬步之勞於祖。已即安伉儷焉，是爲誣其
　　祖也。』」
　　△毛奇齡《昏禮辨正》云：「娶則告迎，入則謁至。〈曲禮〉曰：『齋
　　戒以告鬼神。』此告迎也。《左傳》曰：『夫人姜氏入。』此謁至
　　也。是故楚公子圍娶于鄭，有曰圍布几筵，告于莊共之廟而來辭，
　　以告迎。而鄭公子忽娶乎陳，歸不謁至，則陳鍼子譏之曰：『先配
　　而後祖，是不爲夫婦，誣其祖矣。何以能育。』是婦至之夕，必

入而告謁，謂之謁廟，亦謂之朝廟。苟不告迎，是謂蒙先君。蒙
者，欺也。不謁至是謂誣祖，誣祖者，詐而不實。欺與詐，即已
爲夫婦」（《毛西河全集》）。

按：沈氏以〈曾子問〉有出告入面之義，以釋先配後祖，義頗切要。而毛氏
以〈曲禮〉齋戒以告鬼神，爲告迎，《左傳》夫人姜氏入爲謁至。合二氏所釋，
則傳義全矣。杜氏謂忽不告廟而娶，孔氏以爲先爲配匹，而後告祖，皆不若
沈、毛二氏說也。特俞正燮《癸巳類稿・卷五》云：「陳鍼子不忠君命，不樂
此行，讒言忽不當成昏于陳，當於親迎日即行，苟辭詈之。」鍼子送女，見
忽之先配後祖而譏之，是知禮者。且傳注均未有鍼子不忠君命事，俞氏斷章，
未可信也。

三、媵、致女、反馬、歸寧之禮

（一）媵

諸侯婚娶之節，禮經闕如，檢《春秋》經傳所述，知諸侯擁國，有宗廟
社稷之重，故使卿從事，而親迎於境耳。唯諸侯一娶九女，諸侯嫁女，同姓
諸侯有媵娣姪之道，於禮無考，今檢《春秋》所書，試略述之焉。

隱公七年，經云：「春，王三月，叔姬歸于紀。」

杜元凱注云：「叔姬，伯姬之娣也。至是歸者，待年於父母國，不與嫡俱
行，故書。」

莊公十有九年，經云：「秋，公子結媵陳人之婦于鄄。」

杜元凱注云：「公子結，魯大夫。《公羊》，《穀梁》皆以爲魯女媵陳侯之
婦。其稱陳人之婦，未入國，略言也。」

成公八年，經云：「衛人來媵。」

左氏云：「衛人來媵共姬，禮也。凡諸侯嫁女，同姓媵之，異姓則否。」
杜元凱注經云：「古者，諸侯取適夫人，及左右媵，各有姪娣，皆同姓之
國，國三人，凡九女，所以廣繼嗣也。魯將嫁伯姬於宋，故衛來媵之。」

成公九年，經云：「晉人來媵。」

左氏云：「晉人來媵，禮也。」
杜元凱注經云：「媵伯姬也。」注傳云：「同姓故。」

成公十年，經云：「齊人來媵。」

杜元凱注云：「媵伯姬也。異姓來媵，非禮也。」

左氏襄公二十三年，傳云：「晉將嫁女于吳，齊侯使析歸父媵之。以藩載盈及其士，納諸曲沃。」

杜元凱注云：「藩，車之障蔽者，使若媵妾在其中。」

按：衛人來媵共姬，《左氏》爲之發例云：「凡諸侯嫁女，同姓媵之，異姓則否。」杜元凱注經云：「古者，諸侯取適夫人，及左右媵，各有姪娣，皆同姓之國，國三人，凡九女，所以廣繼嗣也。魯將嫁伯姬於宋，故衛人來媵之。」又注傳云：「必以同姓者，參骨肉至親，所以息陰訟。」是《左氏》以諸侯嫁女，媵者必同姓也。

上書媵者六事，叔姬，吾女也。公子結媵陳人婦，依二傳則陳侯取於他國，吾往媵之。然取於何國，不可得知，自不知其同姓與否也。晉來媵伯姬，吾同姓也。齊人來媵伯姬，《左氏》雖無傳，然於衛人，晉人來媵，再發其例矣。則齊人來媵非禮，從可知也。若晉將嫁女于吳，而齊人往媵，晉、齊異姓，固非禮也。然齊人非眞往媵，特以盈及其甲士，僞若媵女，以詐晉耳，不可爲典要也。《左氏》同姓媵之，其例甚明矣。今檢二傳，或有可資焉！

△《公羊・莊十九年傳》云：「公子結媵陳人之婦于鄄，遂及齊侯、宋公盟。媵者何？諸侯娶一國，則二國往媵之，以姪娣從。娣者何？兄之子也。娣者何？弟也。諸侯壹聘九女，諸侯不再娶。」

何休解詁云：「必以姪娣從之者，欲使一人有子，二人喜也。所以防嫉妒，令重繼嗣也。」

△《公羊・成十年傳》云：「齊人來媵。媵不書，此何以書？錄伯姬也。三國來媵，非禮也。曷爲皆以錄伯姬之辭言之？婦人以眾多爲侈也。」

何休解詁云：「朝廷侈於妬上，婦人侈於妬下。伯姬以至賢，爲三國所爭媵。故侈大其能容之，唯天子娶十二女。」

△《穀梁・成十年傳》云：「齊人來媵。」

范寧注云：「媵伯姬也。異姓來媵非禮。」

楊士勛疏云：「何休以爲異姓亦得媵。故鄭《箴膏肓》難之云：『天子云備百姓，博異氣。諸侯直云備酒漿，何得有異姓在其中。』是亦以異姓不合媵也。此媵不發傳者，上詳其事，見同姓之得禮，

　　　　異姓非禮可知，故省文。」

審二傳義例，《穀梁》於諸侯之媵，亦主乎同姓媵之，異姓則否也，與《左氏》
義正合。特《公羊》於齊人來媵，但云「三國來媵，非禮也。」不譏「異姓
來媵」事，何休據之，以作膏肓，云：「媵不必同姓，所以博異氣也。今左傳
異姓則否，十年，齊人來媵何以無貶刺之文，左氏爲短。」(《左傳·成八年》
孔疏引)，何氏但據齊人來媵，《春秋》無貶文，故爲此說耳。

　　考齊人來媵，《公羊》譏三國來媵爲非禮，以諸侯一娶九女，今三國來媵，
則有十二女矣。愈天子一取十二女之制也，故譏之；然亦未云異姓來媵爲禮
也。且《左氏》於衛人，晉人來媵，皆云禮也。於齊人來媵無傳者，正與文
二年襄仲如齊納幣，成八年公孫壽來納幣，傳皆云禮也。而莊二十二年公如
齊則無傳義同，蓋同姓來媵爲體，異姓來非媵禮可也。然則，何氏所據亦未
確也。且〈曲禮〉云：「納女於天子曰備百姓，於國君曰備酒漿。」則鄭君之
箴亦有據也。要之，媵女之事，《公羊》與《左》《穀》異也。

（二）致　女

桓公三年，經云：「冬，齊侯使其弟年來聘。」

　　左氏云：「齊仲年來聘，致夫人也。」

　　杜元凱注云：「古者，女出嫁，又使大夫隨加聘問，存謙敬，序殷勤也。
　　在魯而出，曰致女，在他國而來，則摠曰聘，故傳以致夫人釋之。」

成公九年，經云：「二月，伯姬歸于宋。夏，季孫行父如宋致女。」

　　左氏云：「夏，季文子如宋致女。復命，公享之。」

　　杜元凱注經云：「女嫁三月，又使大夫隨加聘問，謂之致女，所以致成婦
　　禮，篤婚姻之好。」

按：春秋諸侯之婚娶，《左氏》又有「女出嫁，隨加聘問，以篤婚好」之禮，
即所謂「致女」者是也。唯《春秋》兩書之，一則來聘夫人，再則行父如宋
致女。檢禮經無「致女」之事，而三傳發義各殊，學者所宗有異，使厥禮不
得明析於後世也。今檢二傳義例，折之禮文、《左氏》而論略之于后：

　　△《公羊·成九年傳》云：「夏，季孫行父如宋致女。未有言致女者，
　　　此其言致女何？錄伯姬也。」

　　　何休解詁云：「古者，婦人三月而後廟見，稱來婦。擇日而祭於禰，
　　　成婦之義也。父母使大夫操禮而致之。必三月者取一時足以別貞

信，貞信者然後成婦禮。書者，與上納幣同義，所以彰其絜，且
爲父母安榮之。言女者，謙不敢自成，禮，婦人未廟見而死，歸
葬於女氏之黨。」

△《穀梁‧成九年傳》云：「夏，季孫行父如宋致女。致者，不致者
也。婦人在家制於父，既嫁制於夫。如宋致女，是以我盡之也。
不正，故不與內稱也。」

范寧注云：「致勑戒之言於女。」

審二傳之義，公羊子以《春秋》不言致女，今言致女者，以伯姬賢而錄之也。
而何休引《禮記‧曾子問》語以釋之，以爲致女者，致成婦禮，可謂旁出義
例也。《穀梁》以致女者，是伯姬既嫁，而使大夫致勑戒之言於女，故云「不
正」。然則，《穀梁》之意，致女非禮也。說《左氏》者，若服虔云：「季文子
如宋致女謂成婚。」似與何休義同矣。然審〈曾子問〉義，後儒經說，知致
女固無致成婦，亦非致勑戒之言也。

△〈曾子問〉云：「三月廟見，稱來婦也。擇日而祭於禰，成婦之義
也。」

鄭君云：「謂舅姑沒者也，必祭。成婦義者，婦有供養之禮；猶舅
姑存時，盥饋特豚於室。」

孔疏云：「此謂舅姑亡者，婦入三月之後，而於廟中禮見於舅姑，
其祝辭告神，稱來婦也。謂選擇吉日，婦親自執饌以祭於禰廟，
以成就婦人盥饋之義。」又云：「若舅姑存者，於當夕同牢之後，
明日，婦執棗栗腶脩見於舅姑。見訖，舅姑醴婦，醴婦訖，婦以
特豚盥饋舅姑，盥饋訖，舅姑饗婦，更無三月廟見之事。」

△鄭康成云：「致之使孝，非是始致於夫婦也。」（〈曾子問〉疏引）。

按：服虔氏本主三月成昏之議，何休謂三月廟見，父母使大夫操禮致之，是
亦致成婦也。然於禮無據，且〈曾子問〉云「三月廟見」者，特謂舅姑沒者，
祭於禰廟，以成就婦人盥饋之義耳。親迎之夜，已衽席相接矣。是服氏、何
氏說未足信也。此鄭君所以釋致女爲「致之使孝」者也。然者，婦女既嫁，
父母又致教於夫家者乎？此亦不然。故沈欽韓駁之云。

女臨嫁時，施衿結縭，父母申戒之矣。豈待成婦三月，更施父教于
夫黨哉！以禮推之，昏姻之好，壻家有反馬之禮，女家亦當有聘問
之使，謂之致女。（《春秋左傳補注‧卷八》）

按：女子在家從父，既嫁從夫，是婦女既嫁，無「更施父教于夫黨」之理。然則「致女」者，聘問致好耳。故桓三年經云：「夫人姜氏至自齊。冬齊侯使其弟年來聘。」傳云：「冬，齊仲年來聘，致夫人也。」杜元凱云：「古者，女出嫁，又使大夫隨加聘問，存謙敬，序殷勤也。在魯而出，則曰致女，在他國而來，則揔曰聘。故傳以致夫人釋之。」

　　文子如宋致女。杜云：「致成婦禮，篤昏姻之好。」蓋古者，女子既嫁三月，壻有反馬之義，女家有聘問之禮。所以篤昏姻之好是也。二傳以賢伯姬故錄之，義與《左氏》別。

（三）反 馬

宣公五年，經云：「冬、齊高固及子叔姬來。」

　　左氏云：「冬，來反馬也。」

　　杜元凱注云：「禮，送女留其反馬，謙不敢自安，三月廟見，遣使反馬。高固遂與叔姬俱寧。故經傳具見以示譏。」

按：「反馬」之義，於禮無稽，《春秋》三傳，二傳莫及。故《左氏》云反馬，學者多難之。審杜注云：「禮，送女留其送馬，謙不敢自安，三月廟見，遣使反馬，高固遂與叔姬俱寧，故經傳俱見以示譏。」注經云：「叔姬寧，固反馬。」杜意蓋云三月廟見，禮有反馬，特當遣使反馬，固不當自來也。唯《公羊》譏其「雙雙而俱至。」《穀梁》則謂「不使得歸」。皆未及反馬之禮，何休據之作《膏盲》云：

> 禮無反馬，而《左氏》以爲禮。禮，婦人謂嫁曰歸，明無大故，不反於家，經書高固及子叔姬來，故譏乘行匹至也，於義左氏爲短（劉逢祿《箴膏盲評》引）

邵公據《公羊》雙雙俱至，又見〈士昏禮〉無反馬之義，故爲此說。孔穎達云：「《儀禮・士昏禮》者，士之禮也，其禮無反馬。故何休據之作《膏盲》。以難《左氏》，言禮無反馬之法」（《左氏・宣五年疏》）是也。唯據〈士昏禮〉以推大夫之禮，恐有未備。蓋大夫任重，於禮不能無別也。

> △鄭君《箴膏盲》云：「〈冠義〉云：無大夫冠禮，而有其婚禮，則婚禮者，天子、諸侯、大夫皆異也。〈士昏禮〉云：主人爵弁纁裳，緇衣，乘墨車，從車二乘，婦車亦如之。此婦車出於夫家，則士妻始嫁，乘夫家之車也。《詩・鵲巢》云：之子于歸，百兩御之。

又曰：之子于歸，百兩將之。將，送也。國君之禮，夫人始嫁，
自乘其家之車也。則天子，諸侯嫁女，反其乘車可知也。高固，
大夫也。來反馬，則大夫亦留其車也。禮雖散亡，以詩之義論之，
大夫以上，其嫁皆有留車留馬之禮。留車，妻之道也；反馬，壻
之義也。高固以秋九月來逆叔姬，冬來反馬；則婦入三月祭行乃
反馬，禮也。」（本疏引）。

△朱大韶《春秋傳禮徵》云：「按〈漢廣〉曰：『之子于歸，言秣其
馬。』箋云：於是子之嫁我，願秣其馬，以致禮餼。餼即秣馬之
芻。〈魯語〉，馬餼不過稂莠是也。〈東山〉曰：『之子于歸，皇駁
其馬。』是庶人嫁女，亦有送女之馬，士禮當同。婚禮但載六禮，
故于女不言歸寧，於壻不見反馬，《左氏》可補禮所未見。」

按：〈漢廣〉之詩，謂「文王之道，被于南國，美化行乎江漢之城，無思犯禮，
求而不可得也」（小序）。〈東山〉之篇，「樂男女之得及時也。君子之於人，
序其情而閔其勞，所以說也。說以使民，民忘其死，其唯東山乎」（小序）。
二詩皆言民，則非士大夫矣，一曰「願秣其馬」，一曰「皇駁其馬。」然則庶
民之嫁，其有送馬也明矣。若《詩》〈鵲巢〉、〈何彼穠矣〉諸篇，言諸侯，王
姬之禮耳。然則，合《左氏》，詩篇觀之，其禮有反馬，可補禮之闕也。而劉
逢祿《箴膏盲評》，既云「大夫不外娶」，又云「反馬之禮，在國行之可也。」
蓋劉氏不信《左氏》，故不知大夫有因聘而娶之禮。及見詩有「將馬」之事，
乃云「反馬之禮，在國行之」也。因詩有反馬之事，不可謂禮無反馬，故云
「在國行之」，以高固越國而來，所以難《左氏》也。然則反馬固當遣使，高
固自來，故杜云：「經傳俱見以示譏」也。

（四）歸　寧

昔者，婦女既嫁，歲有歸寧，以問父母安否？故詩云：「害澣害否，歸寧
父母。」是婦女既嫁，時有歸寧之道也。而泉水思親，欲歸不得，乃有厥詩
也。唯禮文不具，厥禮難詳，特春秋之世，猶有行之者。茲類列春秋歸寧事
于后，竝略論之：

莊公二十有七年，經云：「冬，杞伯姬來。」

左氏云：「冬，杞伯姬來。歸寧來。凡諸侯之女，歸寧曰來，出曰來歸。
夫人歸寧曰如某。出曰歸于某。」

杜元凱云：「寧，問父母安否。」

文公九年，經云：「夫人姜氏如齊。」

杜元凱注云：「歸寧。」

左氏僖公十四年，傳云：「鄫季姬來寧。公怒止之，以鄫子之不朝也。」

左氏襄公十二年，傳云：「秦嬴歸于楚。楚司馬子庚聘于秦。為夫人寧，禮也。」

杜元凱注云：「諸侯夫人，父母既沒，歸寧使卿，故曰禮也。」

按：《左氏》於杞伯姬之來，首發歸寧之正例，而于司馬子庚之聘秦，乃發歸寧之變例。要之，父母俱在，年有歸寧，以問父母安否。若父母俱沒，則使卿歸寧，以問於兄弟。亦親親之道也。而《穀梁》莊公二十八年，杞伯姬來。文公九年夫人姜氏如齊。范氏寧皆以「歸寧」注之。知《左氏》，《穀梁》皆謂婦女既嫁，有歸寧之義。唯《公羊》以為夫人無歸寧事，於三傳中，獨樹異說：

△《公羊・莊二十七年傳》云：「冬，杞伯姬來，其言來何？直來曰來，大歸曰來歸。」

何休解詁云：「直來，無事而來也。諸侯夫人尊重，既嫁、非有大故不得反。唯自大夫妻，雖無事、歲一歸宗。」又云：「大歸者，廢棄來歸也。婦人有七棄，五不娶，三不去。」

按：《公羊》之大歸，即《左氏》之出。唯《左氏》以來為歸寧，是禮之常。《公羊》以來為無事而來，在可貶之例。故文九年夫人姜氏如齊，《左》、《穀》以為歸寧，《公羊》以為奔喪。蓋以夫人尊重，既嫁，非有大故不得反，大故即父母之喪也，故有此說。今檢經傳說歸寧者，亦有可與《左氏》相印證焉。

△《詩・周南・葛覃》云：「害澣害否，歸寧父母。」

毛傳云：「寧，安也。父母在則有時歸寧耳。」

△《詩・國風・泉水》云：「女子有行，遠父母兄弟，問我諸姑，遂及伯姊。」

鄭箋云：「行，道也。婦人有出嫁之道，遠於親親。故禮緣人情，使得歸寧。」

按：《詩》兩言歸寧，一則「后妃在父母家，則志在於女功之事，躬儉節用，服澣濯之衣，尊敬師傅，則可以歸安父母」（〈葛覃〉序）。一則「嫁於諸侯，父母終，思歸寧而不得，故作詩以自見」（〈泉水〉序）。正與《左氏》合，后

妃於父母在，時有歸寧，若父母皆沒，則不得歸寧，所以防閑，此《左氏》有使卿寧之事也。然則歸寧因父母存沒，或親寧或使卿大夫，其事不一也。

△孔穎達云：「襄十二年左傳曰：楚司馬子庚聘于秦，爲夫人寧，禮也。是父母沒，不得歸寧也。泉水有義不得往，載馳許人不嘉，皆爲此也。若卿大夫之妻，父母雖沒，猶得歸寧。喪服傳曰：爲昆弟之爲父後者，何以亦期也。婦人雖在外，必有歸宗。言父母雖沒，有時來歸。故降爲父後者謂大夫以下也。故鄭志荅趙商曰：婦人有歸宗，謂自其家之爲宗者，大夫稱家，言大夫如此耳，夫人王后則不然也。天子諸侯位高，恐其專恣淫亂，故父母既沒，禁其歸寧，大夫以下位俾畏威，故許之耳。」（《詩·葛覃》孔疏）

△《左氏·襄十二年疏》云：「案昭元年秦鍼奔晉，其母曰：弗去懼選。鍼則景公之弟，昭元年其母猶在，杜云父母既沒，連言之耳。」

△朱大韶《春秋傳禮徵》云：「禮，父母偏存，俱得歸寧，成風尚存，故杞伯姬來，何謂國君夫人不得歸，非禮意也。或謂士昏不載寧之節，古本無此理。按致女，反馬，均禮經所未備，可執此遂疑歸寧非古禮乎？」。

△日人竹添光鴻《左傳會箋·卷十五》云：「內女來寧者，杞伯姬是也。僖五年、二十八年、雖無傳，父既薨，必爲母來，此傳蓋發夫人有故不寧，必使命卿之禮，不必繫父沒母存。」（襄十二年）

審上四說，知諸侯夫人，禮有歸寧，邵公說未得。唯諸侯夫人，父母偏存，俱得歸寧，若父母皆沒，則但使卿問兄弟耳，故僖五年「杞伯姬來，朝其子。」杜注云：「伯姬來寧，寧成風也。」僖二十八年杞伯姬來。杜注云：「莊公女，歸寧曰來。」是父母偏存，夫人得寧之事也。若大夫之妻，以婦人有歸宗，故孔疏云：「父母雖沒，有時來歸」。正與何邵公云：「自大夫妻，雖無事，歲一歸宗」義合。是大夫妻，父母雖沒，禮得歸寧也。

第三節　世子生之禮

世子者，國君之儲副，故其生也，必舉之以禮，名之以禮。以桑弧蓬矢六，射天地四方，示將有天下之事。諸侯以下，至乎士庶，莫敢與之同名，所以防民也。此先王之所重，而世子之所以爲貴也。茲據禮經敘世子生之禮

於后：

 △《大戴禮・保傅篇》云：「古之王者，太子迺生，因舉以禮。使士
  負之，有司齋肅端冕，見之南郊，見之天也。過闕則下，過廟則
  趨，孝子之道也。」

 △《禮記・內則》云：「國君生子生，告于君，接於大牢，宰掌具。
  三日，卜士負之，吉者宿齊。朝服寢門外，詩負之，射人以桑弧
  蓬矢六，射天地四方。保受乃負之，宰醴負子，賜之束帛，卜士
  之妻，大夫之妾，使食子。凡接子擇日，冢子則大牢，庶人特豚，
  士特豚，大夫少牢，國君世子大牢。其非冢子，皆降一等。」

 此世子生，舉之以禮之節，蓋世子者，人君之儲副，而人子之貴者，故
其禮備也。其以桑弧蓬矢射天地四方者，鄭君云：「桑弧蓬矢本太古也。天地
四方，男子所有事也」（〈內則〉注）。孔穎達云：「云桑弧蓬矢，本大古也者。
以桑與蓬皆素資之物，故知本大古也。云天地四方，男子所有事也者，男子
上事天，下事地，旁御四方之難，故云所有事。」《說苑・脩文篇》云：「弧
之為言豫也。豫者，豫吾意也。故古者兒生三日，桑弧蓬矢六，射天地四方。
天地四方者，男子之所有事也。」〈脩文〉之兒生三日，即包言國君世子也。
世子之生，既接之以禮，又名之以禮，其禮如下：

 △《禮記・內則》云：「三月之末，擇日，⋯⋯夫入門，升自阼階，
  立於阼，西鄉。妻抱子出自房，當楣立，東面。姆先相，曰：母
  某敢用時日，祇見孺子。夫對曰：欽有師，父執子之右手，咳而
  名之。」又云：「夫告宰名，宰辯告諸男名。書曰：某年某月某日
  某生，而藏之。宰告閭史，閭史書為二：其一藏諸閭府，其一獻
  諸州伯，州伯命藏諸州史，州史獻諸州伯，州伯命藏諸州府」。又
  云：「凡名子，不以日月，不以國，不以隱疾。大夫士之子，不敢
  與世子同名」。

 △〈曲禮〉云：「名子者，不以國，不以日月，不以隱疾，不以山川。」

 △〈郊特牲〉云：「凡名子，不以日月，不以國，不以隱疾。」

 △《白虎通義》云：「人必有名何？所以吐情自紀、尊事人者也。《論
  語》曰：『名不正則言不順』。三月名之何？天道一時，物有其變，
  人生三月目煦亦能咳笑，與人相更答。故因其始有知而名之。故
  《禮・服傳》曰：子生三月，則父名之于祖廟，於祖廟者，謂子

之親廟也。明當爲宗廟主也。」

按：世子者，以爲國君副貳，將承宗廟社稷之重，故其始也舉之以禮，所以示其貴而知其重，所以防民也。春秋之世，其禮猶有行之者，茲略述於后：

桓公六年，經云：「九月、丁卯，子同生。」

左氏云：「九月、丁卯、子同生。以太子生之禮舉之，接以大牢，卜士負之，士妻食之，公與文姜宗婦命之。公問名於申繻。對曰：『名有五，有信、有義、有象，有假、有類。以名生爲信，以德命爲義，以類命爲象，取於物爲假，取於父爲類。不以國，不以官，不以山川，不以隱疾，不以畜牲，不以器幣。周人以諱事神。名、終將諱之。故以國則廢名，以官則廢職，以山川則廢主，以畜班則廢祀，以器幣則廢禮。晉以僖侯廢司徒，宋以武公廢司空。先君獻武廢二山，是以大物不可以命。』公曰：『是其生也，與吾同物』。命之曰同。」

杜元凱注經云：「十二公，唯子同是適夫人長子，備用大子之禮，故史書之於策。」

按：《左氏》所述子同之生，桓公所舉之禮，及命名之義，皆與禮經合。然則，《春秋》亦因魯史之陳文，而丘明躬爲國史，特詳其事耳，杜元凱云：「備用大子之禮，故史書之於策。」蓋大子之生，必名之以告天下，所以喜有正也。故大子生必書之於策，以定其位也，是以備舉以禮。特《公羊》，《穀梁》之說《春秋》，善發異義，學者每好之，故《左氏》之義，其得經旨乎？此不可不辨：

△《公羊傳》云：「子同生者孰謂？謂莊公也。何言乎子同生？喜有正者。此其言喜有正何？久無正也。子公羊子曰：其諸以病桓與。」（桓六年傳文）。又云：「夫人譖公於齊侯，公曰：同非吾子，齊侯之子也。」（莊元年傳文）

△《穀梁傳》云：「子同生。疑，故志之。」

按：《公羊》既云「喜有正」，又云「同非吾子，齊侯之子」。《穀梁》云「疑、故志之。」然則二傳之例，常事不書，必非常而後書。子同生之屬非常者。以其非公之子，乃齊侯之子也。故何休解詁云：「以夫人言同非吾子」（桓六年）。范寧注《穀梁》，則云：「莊公母文姜，淫于齊襄，疑非公之子。」然則《春秋》書子同生者，以其非魯公之子矣。詳檢經傳，其說雖巧，要未可信也。

△《詩・齊風・猗嗟篇》云：「展我甥兮，猗嗟孌兮。」

鄭箋云：「展、誠也。姊妹之子曰甥。」又云：「言誠者，拒時人
言齊侯之子。」

案〈小序〉云：「猗嗟，刺魯莊公也。齊人傷魯莊公有威儀技藝，然則不能防
閑其母，失子之道，人以爲齊侯之子焉。」是時人有譏莊公爲齊侯子者也，
鄭君以爲詩人乃所以作詩拒之，言誠齊侯之甥而非子也。

檢《春秋》經傳，桓三年云：「公子翬如齊逆女，九月、齊侯送姜氏于讙，
公會齊侯于讙，夫人姜氏至自齊。」桓六年云：「九月丁卯，子同生」。則夫
人由齊至魯，四年矣，始生子同也。桓十八年云：「春、王、正月，公會齊侯
于讙，公與夫人姜氏遂如齊。夏、四月丙子、公薨于齊。」《左氏》云：「公
會齊侯于濼，遂及文姜如齊，齊侯通焉。公讁之，以告。夏、四月丙子、享
公，使公子彭生乘公，公薨于車。」夫人之如齊，齊侯通焉，乃十八年春，
前此未嘗如齊，豈可謂子同爲齊侯子乎？楊士勛亦嘗見此，唯疏不悖注，注
不悖經。故云：「文姜以桓三年入至今四年矣，未有適齊之云，而云疑者；蓋
文姜未嫁之時，已與襄公通，後桓殆爲妻淫見殺。則其間雖則適魯，襄公仍
尚往來，故疑之也。」（《穀梁・桓六年傳》疏）此蓋疏不得悖注，而曲爲之
說者，似未可信。

《詩序》云：「齊人傷魯莊公有威儀技藝，然則不能防閑其母。」婦人無
外事，在家從父，既嫁從夫，夫死從子，則子能防閑其母，在父死子立之後。
今莊公立而不能防閑其母，致姜氏既會齊侯于禚（莊二年）再享齊侯于祝丘
（莊四年），三如齊師（莊五年），四會于防，又會于穀（莊七年）。此莊公不
能防閑其母之事也。詩序又云：「失子之道，人以爲齊侯之子焉。」文姜既與
弑桓公，莊公立，又會享齊襄。莊公既不能防閑，故人有譏其爲齊侯之子者，
非謂莊公即齊襄之子也。此劉敞氏嘗辨之矣。

△《春秋權衡・卷十四》云：「穀梁曰疑，故志之，非也。聖人豈至
此乎？若聖人疑之，誰復不疑之乎？且詩云『展我甥兮』。展者，
信也。詩人賢者信魯莊公爲齊侯之甥，何有仲尼反疑先君爲齊侯
之子乎？就令當時國人有疑之者，是國惡無大于此者，聖人曷爲
明明揭之乎？」

按：詩人作〈猗嗟〉者，所以拒時人之疑。詩人且拒之，豈夫子反疑之，此
必不然，劉氏說是也。若時人有疑之者，夫子魯臣，豈明明揭之而書於《春

秋》乎？《左氏》云：「諱國惡，禮也」（僖元年傳文）。則夫子必不此之爲也。
然二傳之說，殆不可信乎！

　　檢《左氏》所敘之體，與桓公之問，申繻之對，與禮文皆同。然則世子
之生，於春秋之事，能舉之以禮者，其唯桓公乎？且莊公爲春秋有世子之始，
故夫子書之，丘明詳之，所以垂後世法也。非丘明詳載其禮，則禮經徒空文
耳。餘杭章太炎先生，引賈子立後義，知天子諸侯之立後，其義甚嚴，其禮
至尊，知書子同，亦立後之義云：

> 賈子立後義曰：古之聖帝將立世子，帝自朝服升自阼階上，西鄉於
> 妃，妃抱世子自房出，東鄉，大史奉書西上堂，當西階之間北面立，
> 曰世子名曰某者參。退，太史以告太祝，太祝以告太祖太宗與社稷。
> 太史出以告太宰，太宰以告州伯，州伯命藏之州府。凡諸貴以下至
> 於百姓男女，無敢與世子同名者，以此防民，百姓猶有爭爲君者。
> 夫埶明則民定而出於一道，故人皆爭爲宰相，而不姦爲世子，非宰
> 相尊而世子卑也。不可以智求，不可以力爭也。今以知子莫若父，
> 故疾死置後者，恣父之所以，比使親戚不相親，兄弟不相愛，亂天
> 下之紀，使天下之俗失明，尊敬而不讓，其道莫經於此。疾死置後
> 以適長子，如此則親戚相愛而兄弟不爭，此天下之至義也。民之不
> 爭，亦惟學王宮國君室也。此說立後大義如此，可以通於天子諸侯，
> 春秋志子同生，正以其故，亦魯史舊文爾。（《春秋左氏疑義答問·
> 卷四》）

按：賈子說立後，〈內則〉論世子生，其義大同。若《左氏》既言舉之以禮，
復論命名之義。其禮至尊，其義至嚴，則魯史官書子同之生，夫子因其文，
丘明躬爲國史，故得知其禮也。非如二傳以爲公非桓子，乃齊襄子之疑也。

第四節　饗燕禮

一、王饗諸侯

　　古者，諸侯朝覲，所以述所職也，天王饗燕，所以寵異施惠也。故《周
禮·春官·大宗伯職》，既以賓禮親邦國，有春朝，夏宗，秋覲、冬遇，時會、
殷同之禮。又以嘉禮親萬民，有饗燕之禮，親四方之賓客。王者饗燕，其禮

不存，故《儀禮》所著，唯燕食名篇，今檢《周官》職司，可略窺其梗概焉：

　　△〈秋官・大行人〉云：「上公之禮，饗禮九獻，食禮九舉。諸侯諸
　　　　伯之禮，饗禮七獻，食禮七舉。諸子諸男之禮，饗禮五獻，食禮
　　　　五舉。」

　　△〈掌客職〉云：「王合諸侯，而饗禮則具十有二牢，庶具百物備，
　　　　諸侯長，十有再獻。」又云：「上公三饗三食三燕，侯伯二饗再食
　　　　再燕，子男壹饗壹食壹燕。」

　　饗燕之禮，所以親邦國賓客，故賈疏〈大宗伯〉云：「饗、烹大牢以飲賓，
獻依命數，在廟行之。燕者，其牲狗，行一獻四舉，旅降，脫履升堂，無筭
爵，以醉爲度，行之在寢，此謂朝賓。若聘客則皆一饗，其燕與時賜無數，
是親四方賓客也。」然朝賓有五等，乃因爵命之殊，而異其禮數，所以別尊
卑也。故有九獻七獻五獻之等也。又經傳之言王饗者：

　　△〈郊特牲〉云：「諸侯適天子，天子賜之禮太牢。」又云：「大饗
　　　　尚腶脩而已矣。」孔疏云：「謂諸侯行朝享及灌以後，天子饗燕食
　　　　之也。」

　　△《詩・小雅・彤弓》云：「我有嘉賓，中心貺之。鐘鼓既設，一朝
　　　　饗之。」鄭君云：「大飲賓曰饗。」孔疏云：「饗者，烹大牢以飲
　　　　賓，是禮之大者，故曰大飲賓曰饗。謂以大禮飲賓，獻如命數，
　　　　殽牲俎豆，盛於食燕。」

　　△《左氏・宣公十有六年傳》云：「王享有禮薦，宴有折俎，公當享，
　　　　卿當宴，王室之禮也。」杜元凱云：「享則半解其體而薦之，所以
　　　　示共儉。」又云：「體解節折，升之於俎，物皆可食，所以示慈惠
　　　　也。」孔疏云：「五等諸侯，總名爲公。言諸侯親來，則爲之設享，
　　　　又設燕也。享用體薦，燕用折俎。」

　　△《左氏・襄公四年傳》云：「三夏，天子所以享元侯也。」

　　△《國語・魯語》：「金奏肆夏，繁遏渠，天子所以享元侯也。」

　　天王之饗元侯，至大禮也。有金石之樂，有饗有燕，又以五等命數之異，
而降殺以二，此天王饗諸侯之大要也。若其進退揖讓之節，則禮經闕如也。
茲類列春秋王饗諸侯之事於后，而略論之：

**莊公十八年，左傳云：「春、虢公、晉侯朝王，王饗醴，命之宥。皆賜玉五瑴，
馬三匹，非禮也。王命諸侯，名位不同，禮亦異數，不以禮假人。」**

　　是王者饗食諸侯，因其命數，各有降殺。若酬酢之儀，則禮經闕如，然有所謂宥者，所以助歡示惠者也。《詩‧小雅‧鹿鳴序》云：「燕群臣嘉賓也，既飲食之，又實幣帛筐篚，以將其厚意。然後忠臣嘉賓，得盡其心矣。」鄭君云：「飲食之而有幣，酬幣也。食之而有幣，宥幣也。」

　　　　△《周禮‧掌客》云：「若弗酌，則以幣致之。」

　　　　鄭君云：「若弗酌，謂君有故，不親饗食燕也。不饗則以酬幣致之，不食則以宥幣致之。」

　　　　△《禮記‧禮器》云：「琥璜爵。」

　　　　鄭君云：「天子酬諸侯，諸侯相酬，以此玉將幣也。」孔疏云：「琥璜非爵名，經云琥璜爵，故琥璜送爵也。諸侯于聘賓，惟用束帛乘馬，皆不用玉，今琥璜送爵，故知是天子酬諸侯，及諸侯相酬也。」

　　　　△《儀禮‧聘禮》云：「若不親食，使大夫各以其爵朝服致之以宥幣，如致饗，無償。致饗以酬幣，亦如之。」

然則，王饗之禮，其詳弗可得知，禮經散言致幣之事，亦以弗親饗食而致之。傳於命宥之上，皆云王饗禮，且饗禮不存，故學者疑之。王引之《經義述聞》云：「謹案杜謂以幣物助歡者。蓋據公食大夫禮，公受宰夫束帛以宥也。然〈聘禮〉曰：『若不親食，使大夫各以其爵朝服，致之以宥幣，致饗以酬幣』，是宥幣用於食禮，非饗禮所用也」（卷十七）然則〈掌客〉所云，上承「王合諸侯」段，亦有「以幣致之」之文。蓋酬有對文，則饗以酬幣，食以宥幣，若散則通也。故傳但云宥，不言酬也。日人竹添光鴻云：「曰宥、曰酬，皆侑歡敬之名」（《左傳會箋‧卷三》）是也。

　　　傳云「命之宥，皆賜玉五瑴，馬三匹。」沈欽韓云：「按上云命宥，此即宥之儀也，亦當有幣。〈小行人職〉，琥以繡，琪以黼，言玉則幣可知」（《春秋左氏傳注‧卷二》）。是「玉五瑴、馬三匹」者，因宥賜以助歡者也。然虢公、晉侯，爵命殊異，而王同賜之，故傳特為之發例曰：「王命諸侯，名位不同，禮亦異數，不以禮假人。」杜元凱云：「侯而與公同賜，是以禮假人。」是虢公、晉侯、其爵命不同，禮不得同賜也。

　　　　△孔穎達疏云：「虢君不知何爵？稱公、謂三公也。《周禮》王之三公八命，侯伯七命，是名位不同也。其禮以命數為節，是禮亦異數也。」

　　　　△沈欽韓《春秋左氏傳補注‧卷一‧州公如曹》下，引〈王制〉孔

疏，謂鄭志答張逸云：「周世有爵尊國小，爵卑而國大者。爵尊而
國小者，若虞虢之君，爵爲公，地方百里。爵卑而國大者，侯四
百里，伯三百里，子男二百里，皆大于虞虢。按鄭以前殷制，大
國不過百里。周初猶因殷之地，至周公始大，其封公五百里，至
男百里，故爲此說。其實虞虢之君始封當不止百里，或是陵夷斥
削，或爲戎狄並吞。」

案：鄭君以公百里，侯四百里，乃混淆今古文經爲一家，以釋爵尊國小之義。
實則周制公乃五百里。若虢公者，蓋國小而爵尊，以諸侯入爲王三公者也。
故《左氏・隱三年傳》云：「王貳于虢」。五年傳云：「王命虢公伐曲沃。」皆
以公稱，是與晉侯名位不同也。而朱大韶云：「禮、賜五等皆乘馬，無降殺以
兩之法。所謂禮亦異數也，若以賜玉馬同數爲非禮，於禮無徵」（《春秋傳禮
徵》）。說《春秋》者，於《左氏》「禮亦異數」，因「名位不同」者，未有譏
貶，特朱氏獨異眾說。今考禮經，似未必然。

　　△《周禮・秋官・司儀職》云：「凡四方之賓客，禮儀辭命，饔牢賜
　　獻，以二等從其爵而上下之。」

　　鄭君云：「上下猶豐殺也。」

然賜「從其爵而上下之」，禮有明文矣。爵異而命殊，公爵與侯爵，當降殺以
兩。朱說未是。唯「馬三匹」，古者未有以馬三匹賜人者。故王引之云：「古
無以三馬賜人者，三當爲三，三古四字，脫去一畫耳」（《經義述聞・第十七》）
是也。《書・文侯之命》云：「用賚爾秬鬯一卣，彤弓一，盧矢百，盧弓一，
盧矢百，馬四匹。」《詩・小雅・采菽》云：「君子來朝，何錫予之？雖無予
之，路車乘馬。」孔疏云：「於時雖爲無可予之，尙與予之路車及乘之駟馬。」
《說文》云：「駟，一乘也。」《周禮・校人》鄭司農注云：「四匹爲乘。」《左
氏・昭六年傳》云：「楚公子弃疾如晉，過鄭，公孫僑，游吉，從鄭伯以勞諸
相，辭不敢見，固請見之，見如見王。以其乘馬八匹私面。見子皮加上卿，
以馬六匹，見子產以馬四匹，見子叔以馬二匹。」《儀禮・覲禮》云：「天子
賜侯以車服，路先設西上，路下四亞之。」鄭君云：「路下四謂乘馬也。」然
者古無以三馬賜人者，其事昭然明矣。沈欽韓氏斥以馬三匹賜人爲非典（《春
秋左氏傳補注・卷三》）？蓋不知字誤耳。

**僖公二十五年，左氏傳云：「夏，四月，戊午，晉侯朝王，王饗醴，命之宥。
請隧，弗許。曰王章也，未有代德，而有二王，亦叔父之所惡也。與之陽樊、**

溫、原、欑、茅之田，晉於是始啟南陽。」

僖公二十八年左氏傳云：「五月、丁未、獻楚俘于王，駟介百乘，徒兵千。鄭伯傅王，用平禮也。己酉，王享醴，命晉侯宥。」

以上王饗諸侯者三

二、天子饗諸侯大夫

諸侯朝覲，入于王庭，天王饗燕，所以訓共儉而示慈惠也。若卿大夫秉君命以勤王室，或入聘帝庭，事既畢王亦饗燕之，以施慈惠也。故《周禮・掌客》云：「凡諸侯之卿大夫士爲國客，則如其介之禮以待之。」「如其介之禮」者，諸侯之介，「凡行人宰史，皆有飧饔餼，以其爵等爲之牢禮之陳數，唯上介有禽獻。」則王饗諸侯之大夫，亦以爵等而陳其牢也。而《宣公十六年左氏傳》，定王云：「公當饗，卿當宴，王室之禮也。」孔疏云：「若使卿來，雖爲設饗，仍用公之燕法，亦用折俎，是王室待賓之禮也。」然則，天子饗諸侯大夫，依其爵命而設折俎。春秋天子饗諸侯大夫而見於《左氏》者，其事有四，茲類別之於后：

僖公二十年，左氏傳云：「冬，齊侯使管夷吾平戎于王，使隰朋平戎于晉。王以上卿之禮饗管仲，管仲辭曰：『臣、賤有司也。有天子之二守國、高在，若節春秋，來承王命，何以禮焉，陪臣敢辭。』王曰：『舅氏，余嘉乃勛，應乃懿德，謂督不忘，往踐乃職，無逆朕命』。管仲受下卿之禮而還。」

宣公十二年，左氏傳云：「冬，晉侯使士會平王室，定王享之，原襄公相禮，殽蒸。武子私問其故，王聞之，召武子：『季氏，而弗聞乎，王享有體薦，宴有折俎。公當享，卿當宴，王室之禮也』。」

成公二年，左氏傳云：「晉侯使鞏朔獻齊捷于周，王弗見，使單襄公辭焉。曰：『蠻夷戎狄，不式王命，淫湎毀常，王命伐之，則有獻捷，王親受而勞之，所以懲不敬而勸有功也。兄弟甥舅，侵敗王略，王命伐之，告事而已，不獻其功，所以敬親暱，禁淫慝也。今叔父克遂有功于齊，而不使命卿鎮撫王室，所使來撫余一人，而鞏伯實來，未有職司於王室，又奸先王之禮。余雖欲於鞏伯，其敢廢舊典以忝叔父。夫齊，甥舅之國也，而大師之後也。寧不亦淫從其欲，以怒叔父，抑豈不可諫誨』士莊伯不能對，王使委於三吏，禮之如侯伯克敵，使大夫告慶之禮，降於卿禮一等，王以鞏伯宴，而私賄之。」

昭公十五年，左氏傳云：「十二月，晉荀躒如周，葬穆后，籍談為介。既葬，除喪，以文伯宴，樽以魯壺。」

按：諸侯大夫，因事而至王庭，則王有饗燕之禮。各依爵命之等而陳其牢。而春秋王饗諸侯之卿大夫者三，管夷吾知所以讓，而士會不知典禮，典禮亦因此而傳。王饗鞏伯，知爵命之等，若乎宴文伯，則以喪宴賓，故叔向譏之。

三、諸侯饗天子

莊公二十一年，左氏傳云：「鄭伯享王于闕西辟，樂備。王與之武公之略，自虎牢以東。」

按：檢禮經未有諸侯饗天子之文，故秦蕙田氏云：「大夫饗君謂之非禮，則諸侯饗天子，其非禮可知矣」（《五禮通考·卷一百五十八》）

四、兩君相饗

諸侯無事，則閒王朝之事而相朝，郊勞饗燕，以習禮樂，相接以敬讓，所以交兩國之好。故《大戴禮》云：「諸侯相朝之禮。此天子所以養諸侯，兵不用而諸侯自為正之具也。君親致饗既，還圭饗食，致贈郊送，所以相與習禮樂也」（朝事第七十七）。是古者有諸侯相饗之禮，唯時遠湮邈，今已闕如耳，今檢諸禮經，其斑或可窺焉：

　　△《禮記·郊特牲》云：「大饗君三重席而酢焉。」

　　　鄭君云：「言諸侯相饗，獻酢禮敵也。」

　　△〈仲尼燕居〉：「兩君相見，揖讓而入門，入門而懸興，揖讓而升堂，升堂而樂闋，下管象武，夏籥序興，陳其薦俎，序其禮樂，備其百官。」

　　△《左氏·成公十二年傳》云：「世之治也，諸侯閒於天子之事，則相朝也。於是乎有享宴之禮。享以訓共儉，宴以示慈惠。」

然則，諸侯相見，有饗燕之節，所謂訓共儉，示慈惠者也。特其儀節則闕如，而諸侯相饗，獻酢禮敵可知耳。茲類列春秋兩君相饗之事於后：

左氏僖公二十二年，傳云：「丁丑，楚子入饗於鄭。九獻、庭實旅百，加籩豆六品。」

　　孔穎達云：「《周禮·大行人》云：『上公九獻，侯伯七獻，子男五獻。』

案儀禮主人酌以獻賓，賓酌主人，主人又酌以酬賓，乃成一獻之禮。九獻者，九為獻酬而禮始畢也。楚實子爵，以霸主自許，故鄭以極禮待之。」

又云：「饗禮既亡，庭實所有及所加籩豆，無以言之。」

左氏僖公二十四年，傳云：「宋及楚平，宋成公如楚。還，入於鄭，鄭伯將享之，問禮於皇武子。對曰：『宋、先代之後也，於周為客，天子有事膰焉，有喪拜焉，豐厚可也。鄭伯從之，享宋公有加，禮也。」

左氏僖公二十九年，傳云：「冬，介葛盧來，以未見公，故復來朝。禮之，加燕好。」

杜元凱云：「燕，燕禮也。好，好貨也。」

左氏文公三年，傳云：「公如晉，及晉侯盟。晉侯饗公，賦〈菁菁者莪〉。莊叔以公降拜。曰：『小國受命於大國，敢不慎儀，君貺之以大禮，何樂如之。抑小國之樂，大國之惠也。』晉侯降辭，登成拜。公賦〈嘉樂〉。」

左氏文公十三年，傳云：「鄭伯會公于棐，亦請平于晉。公皆成之。鄭伯與公宴于棐，子家賦〈鴻鴈〉。季文子曰：『寡君未免於此。』文子賦〈四月〉，子家賦〈載馳〉之四章。文子賦〈采薇〉之四章，公答拜。」

左氏成公三年，傳云：「齊侯朝于晉，晉侯享齊侯，齊侯視韓厥。韓厥曰：君知厥也乎？齊侯曰：服改矣。韓厥登，舉爵曰：臣之不敢愛死，為兩君之在此堂也。」

左氏襄公九年，傳云：「公送晉侯。晉侯以公宴於河上。問公年。季武子對曰：會於沙隨之歲，寡君以生。」

左氏襄公十年，傳云：「宋公享晉侯於楚丘，請以〈桑林〉。荀罃辭。荀偃、士匄曰：『諸侯宋、魯，於是觀禮。魯有禘樂，賓祭用之。宋以〈桑林〉享君，不亦可乎？』舞師題以旌夏。晉侯懼。」

左氏襄公十六年，傳云：「晉侯與諸侯宴於溫，使諸大夫舞。曰：歌詩必類。」

左氏襄公二十五年，傳云：「莒子朝于齊。甲戌，饗諸北郭。」

左氏襄公二十六年，傳云：「秋、七月，齊侯、鄭伯為衛侯故如晉。晉侯兼享之。晉侯賦〈嘉樂〉。國景子相齊侯，賦〈蓼蕭〉。子展相鄭伯，賦〈緇衣〉。」

左氏襄公二十八年，傳云：「蔡侯歸自晉，入于鄭。鄭伯享之，不敬。」

左氏襄公三十一年，傳云：「晉侯見鄭伯，有加禮，厚其宴、好而歸之。」

左氏昭公三年，傳云：「十月，鄭伯如楚，子產相，楚子享之，賦〈吉日〉。既享，子產乃具田備，王以田江南之夢。」

左氏昭公七年，傳云：「楚子享公新臺。使長鬣者相，好以大屈，既而悔之。」

左氏昭公十一年，傳云：「三月、丙申，楚子伏甲而饗蔡侯於申，醉而執之。」

左氏昭公十二年，傳云：「晉侯享諸侯，子產相鄭伯，辭於享，請免喪而後聽命，晉人許之，禮也。」

左氏昭公十七年，傳云：「春，小邾穆公來朝，公與之燕。季平子賦〈采叔〉。穆公賦〈菁菁者莪〉。昭子曰：不有以國，其能久乎。」

左氏昭公二十七年，傳云：「冬，公如齊，齊侯請饗之。子家子曰：朝夕立於其朝，又何饗焉。其飲酒也。乃飲酒，使宰獻而請安。」

左氏定公十年，傳云：「公會齊侯于祝其，實夾谷。……齊侯將享公。孔子謂梁丘據曰：齊、魯之故，君子何不聞焉，事既成矣，而又享之，是勤執事也。且犧、象不出門，嘉樂不野合。饗而既具，是弃禮也。若其不具，用秕稗也。用秕稗，君辱，弃禮，名惡，子盍圖之。夫享，所以昭德也。不昭，不如其已也。乃不果享。」

　　以上兩君相饗者二十。

五、諸侯饗天子大夫

左氏僖公三十年，傳云：「冬、王使周公閱來聘。饗有昌歜、白黑、形鹽。辭曰：『國君，文足昭也，武可畏也。則有備物之饗，以象其德。薦五味，羞嘉穀，鹽虎形，以獻其功。吾何以堪之』。」

按：竹添光鴻《左傳會箋》云：「《周禮·籩人》，朝事之籩，白黑形鹽。注、稻曰白，黍曰黑。築鹽以為虎形，謂之形鹽，此朝事謂二稞後尸入。王初獻，后亞獻所薦之籩。熬稻熬黍，蓋八珍中之二也。其形鹽則〈鹽人職〉云共賓客，自有明文。昌歜，豆實也。白黑形鹽，籩實也。天子朝事用之。」又云：「蓋備物之享，王室之禮，而魯僭用之。」

六、諸侯饗燕鄰國大夫

昔諸侯之邦交，或歲相問，或殷相聘，以脩禮正刑，睦鄰結好。故主國君爲之設賓主，使宰夫爲獻主，君舉旅及賜爵於賓，皆降再拜稽首，所以明貴賤而序殷勤也。然則諸侯饗燕鄰國大夫，禮文無目。特〈燕禮〉云：「若與四方之賓燕」。則諸侯饗燕鄰國之大夫，其儀節亦同〈燕禮〉乎？《禮記・郊特牲》云：「三獻之介，君專席而酢焉，此降尊以就卑也。」鄭君云：「三獻，卿大夫來聘，主君饗燕之，以介爲賓，賓爲苟敬，則徹重席而受酢也。」鄭君詩大小雅譜云：「天子諸侯燕群臣及聘問之賓，皆歌鹿鳴合鄉樂。」孔疏云：「燕禮者，諸侯燕其群臣及聘問之賓之禮也。經曰：『若以四方之賓燕』。言若以辨異，則以燕及群臣爲文而兼四方之賓也」。鄭君〈公食大夫禮〉目錄云：「主國君以禮食小聘大夫之禮。」然則、古者，大聘使卿，小聘使大夫，主國君饗燕之禮，存乎〈燕禮〉，〈公食大夫禮〉矣。今類列春秋諸侯饗燕鄰國大夫之事於后：

左氏桓公九年，傳云：「冬，曹大子來朝，賓之以上卿，禮也。享曹大子，初獻，樂奏而歎。施父曰：曹大子其有憂乎？非歎所也。」

左氏僖公二十三年，傳云：「（重耳）及楚，楚子饗之，曰：公子若反晉國，則何以報不穀。」

左氏文公四年，傳云：「衛寧武子來聘，公與之宴，爲賦〈湛露〉及〈彤弓〉，不辭，又不答賦。」

左氏文公十五年，傳云：「三月，宋華耦來盟，其官皆從之，書曰『宋司馬華孫』，貴之也。公與之宴。辭曰：『君之先臣督，得罪於宋殤公，名在諸侯之策，臣承其祀，其敢辱君，請承命於亞旅』。魯人以爲敏。」

左氏成公十二年，傳云：「晉卻至如楚聘，且涖盟。楚子享之，子反相，爲地室而縣焉。」

左氏成公十二年，傳云：「衛侯饗苦成叔，寧惠子相。苦成叔傲。寧子曰：『苦成家其亡乎？古之爲享食也，以觀威儀，省禍福也。故詩曰：兕觵其觩，旨酒思柔，彼交匪傲，萬福來求。今夫子傲、取禍之道也。』」

左氏襄公四年，傳云：「穆叔如晉，報知武子之聘也。晉侯享之，金奏〈肆夏〉之三，不拜。工歌〈文王〉之三，又不拜。歌〈鹿鳴〉之三，三拜。韓獻子

使行人子員問之，曰：『子以君命辱於敝邑，先君之禮，藉之以樂，以辱吾子，吾子舍其大，而重拜其細，敢問何禮也。』對曰：『〈三夏〉，天子所以享元侯也。使臣弗敢與聞。〈文王〉，兩君相見之樂也，使臣不敢及。〈鹿鳴〉，君所以嘉寡君也，敢不拜嘉。〈四牡〉，君所以勞使臣也，敢不重拜。〈皇皇者華〉，君教使臣曰：必諮於周。臣聞之：『訪問於善為咨，咨親為詢，咨禮為度，咨事為諏，咨難為謀。』臣獲五善，敢不重拜。」

左氏襄公八年，傳云：「晉范宣子來聘，且拜公之辱。告將用師于鄭。公享之，宣子賦〈摽有梅〉。季武子曰：誰敢哉？今譬於草木，寡君在君，君之臭味也。歡以承命，何時之有？武子賦〈角弓〉。賓將出，武子賦〈彤弓〉，宣子曰：『城濮之役，我先君文公獻功于衡雍，受彤弓于襄王，以為子孫藏。匄也，先君守官之嗣也，敢不承命。』君子以為知禮。」

左氏襄公十九年，傳云：「公享晉六卿于蒲圃，賜之三命之服。軍尉、司馬、司空、輿尉、候奄皆受一命之服。賄荀偃束錦、加璧、乘馬，先吳壽夢之鼎。」

左氏襄公十九年，傳云：「季武子如晉拜師，晉侯享之。范宣子為政，賦〈黍苗〉。季武子興，再拜稽首曰：小國之仰大國也。如百穀之仰膏雨焉，若常膏之，其天下輯睦。豈唯敝邑。賦〈六月〉。」

左氏襄公二十年，傳云：「冬，季武子如宋，報向戌之聘也。褚師段逆之以受享。賦〈常棣〉之七章以卒。」

左氏襄公二十七年，傳云：「六月，丁未朔，宋人享趙文子，叔向為介，司馬置折俎，禮也。」

謹案：《周禮·夏官·大司馬職》云：「大會同，則帥士庶子，而掌其政令。大祭祀饗食，羞牲魚。」〈小司馬職〉云：「凡小祭祀、會同、饗射、師田、喪紀、掌其事，如大司馬之灋。」而《左氏·宣公十六年傳》，定王云：「公當享，卿當宴」。「享有體薦，宴有折俎。」然則，諸侯奉行王朝之政，故享趙文子，既設折俎又以司馬進之，故云禮也。

左氏襄公二十七年，傳云：「壬午，宋公兼享晉、楚之大夫，趙孟為客，子木與之言，弗能對。使叔向侍言焉，子木亦不能對也。」

左氏襄公二十七年，傳云：「楚薳罷如晉涖盟，晉侯享之。將出，賦〈既醉〉。

叔向曰：『蔿氏之有後於楚國也，宜哉，承君命，不忘敏，子蕩將知政矣，敏以事君必能養民，政其焉往。』」

左氏襄公二十九年，傳云：「范獻子來聘，拜城杞也。公享之，展莊叔執幣，射者三耦。公臣不足，取於家臣。家臣、展瑕、展王父為一耦。公臣、公巫召伯、仲顏莊叔為一耦。鄧鼓父、黨叔為一耦。」

左氏昭公元年，傳云：「夏、四月，趙孟，叔孫豹，曹大夫入于鄭。鄭伯兼享之。」

左氏昭公二年，傳云：「春、晉侯使韓宣子來聘。且告為政而來見，禮也。公享之。」

左氏昭公六年，傳云：「夏，季孫宿如晉，拜莒田也。晉侯享之，有加籩。」

左氏昭公十二年，傳云：「夏，宋華定來聘，通嗣君也。公享之。為賦〈蓼蕭〉，弗知，又不答賦。」
謹案：孔子曰：「誦詩三百，授之以政。不達。使於四方，不能專對，雖多亦奚以為。」（《論語・子路篇》）。

左氏昭公十六年，傳云：「三月，晉韓起聘于鄭。鄭伯享之。」

左氏昭公二十五年，傳云：「春、叔孫婼聘于宋。宋公享昭子，賦〈新宮〉，昭子賦〈車轄〉。」

左氏定公六年，傳云：「夏、季桓子如晉，獻鄭俘也。陽虎強使孟懿子往報夫人之幣。晉人兼享之。」

左氏定公十年，傳云：「武叔聘于齊。齊侯享之。」
　　以上諸侯饗燕鄰國之大夫者二十有三。

七、諸侯饗燕其臣

　　鄭君《燕禮目錄》云：「諸侯無事，若卿大夫有勤勞之功，與群臣燕飲以樂之。」是諸侯燕群臣之禮，其儀可得而詳也。若諸侯燕臣，其事有三；方苞云：『本國之臣，入貢獻於王朝，出聘於鄰國，而還勞之，一也。有大勳勞功伐，而特燕賜之，二也。無事而燕群臣，三也』（胡培翬《儀禮正義》引）是也。

諸侯無事，饗燕其臣，所以明君臣之禮，上下之序，而臣下知所以竭力以立功也。故〈燕義〉云：「諸侯燕禮之義，君立阼階之東南。南鄉爾，卿大夫皆少進，定位也。君席阼階之上，君主位也。君獨升立席上，西面特立，莫敢適之義也。設賓主，飲酒之禮也。使宰夫爲獻主，臣莫敢與君亢禮也。」又云：「君舉旅於賓，及君所賜爵，皆降再拜稽首，升成拜，明臣禮也。君答拜之，禮無不答，明君上之禮也。臣下竭力盡能以立功，是以國安而君寧。」是〈燕禮〉者，所以明君臣之義也。若乎告戒設具，君臣就位，納賓，主人獻賓，賓酢主人之儀節，則詳乎《儀禮燕禮》。今類列春秋之時，諸侯燕其臣之事於后：

左氏宣公二年，傳云：「秋、九月，晉侯飲趙盾酒，伏甲將攻之，其右提彌明知之。趨登曰：臣侍君宴，過三爵，非禮也。遂扶以下。」

按：趙盾侍晉侯飲，《左氏》云：「臣侍君宴，過三爵，非禮也。」檢《儀禮·燕禮》，於獻酬之後云：「賓反入，及卿大夫，皆說屨升，就席，公及賓及卿大夫皆坐，乃安。羞庶羞，大夫祭薦。司正升受命皆命。君曰：無不醉。賓及卿大夫皆興，對曰：諾，敢不醉，皆反坐。」是獻酢之後，乃行無算爵。故鄭君注云：「爵行無次無數，唯意所勸，醉而止。」然則「過三爵，非禮也」說誤歟？《禮記·玉藻》云：「君子之飲酒也，受一爵而色酒如也。二爵而言言斯。禮，已三爵而油油，以退。」鄭君云：「禮、飲過三爵，則敬殺，可以去矣，」然則酒過三爵，可以去矣。二者似若觝牾而不可通矣。

〈燕禮〉儀節條目明析，自爲燕群臣之禮也。若乎〈玉藻〉記，孔疏云：「言侍君小燕之禮，唯已止三爵。」劉壽曾云：「玉藻三爵，非正燕禮」（《春秋左氏傳舊注疏證》）是也。考左氏晉侯飲趙盾酒事，云晉靈公不君，宣子驟諫，公患之，使鉏麑賊之。麑云賊民之主，不忠。棄君之命，不信。乃觸槐而死。秋、九月，晉侯飲趙盾酒，伏甲將攻之。然則，此飲趙盾酒，固非燕禮之正也，特欲謀攻之而已。玉藻三爵，敬殺可退，正與提彌明言合，固非〈燕禮〉之正也。而提彌明救急之言，亦有所本焉。

左氏成公九年，傳云：「夏、季文子如宋致女。復命，公享之，賦〈韓奕〉之五章。穆姜出于房，再拜曰：大夫勤辱，不妄先君，以及嗣君，施及未亡人，先君猶有望也。敢拜大夫之重勤。又賦〈綠衣〉之卒章而入。」

左氏襄公三年，傳云：「晉侯以魏絳爲能以刑佐民矣。反役，與之禮食，使佐

新軍。」

　　杜元凱云：「今欲顯絳，故特爲設禮食。」

左氏襄公十四年，傳云：「孫文子如戚，孫蒯入使，公飲之酒，使大師歌〈巧言〉之卒章。」

左氏襄公二十年，傳云：「冬、季武子如宋，報向戌之聘也。歸復命，公享之，賦〈魚麗〉之卒章，公賦〈南山有台〉。武子去所曰：臣不堪也。」

左氏襄公二十六年，傳云：「鄭伯賞入陳之功。三月，甲寅朔、享子展，賜之先路三命之服，先八邑。賜子產次路再命之服，先六邑。子產辭邑曰：自上以下，隆殺以兩，禮也。臣之位在四，且子展之功也。不敢及賞禮，請辭邑。公固予之，乃受三邑，公孫揮曰：子產其將知政矣。讓不失禮。」

　　以上諸侯燕其臣者六。

八、大夫饗聘客

左氏襄公二十七年，傳云：「齊慶封來聘。叔孫與慶封食，不敬，為賦〈相鼠〉，亦不知也。」

左氏昭公二年，傳云：「春、晉韓宣子來聘。公享之。既享，宴于季氏，有嘉樹焉。」

　　謹案：大夫饗食聘客，禮文無目。《左氏‧僖二十九年傳》云：「介葛盧來朝，舍于昌衍之上，公在會，饋之芻米，禮也。」是聘賓之來，公未在國，則卿大夫饗食之可也。

　　以上大夫饗聘客者。

九、大夫饗君

左氏莊公二十二年，傳云：「陳公子完奔齊。使為工正，飲桓公酒，樂。公曰：『以火繼之』。辭曰：『臣卜其晝，未卜其夜。』君子曰：『酒以成禮，不繼以淫，義也。以君成禮，弗納以淫，仁也』。」

　　杜元凱云：「齊桓公賢之，故就其家會，據主人之辭，故言飲桓公酒。」

左氏昭公元年，傳云：「秦后子享晉侯，造舟于河，十里舍車，自雍及絳，歸取酬幣，終事八反。」

左氏定公十三年，傳云：「衛公叔文子，朝而請享靈公。」

　　以上大夫饗君者三。

案：《禮記・郊特牲》云：「大夫而饗君，非禮也。」鄭君云：「其饗君，由強且富也。」記又云：「天子無時，客禮，莫敢為主焉。君適其臣，升自阼階，不敢有其事也。」鄭君云：「明饗君，非禮也。」孔疏云：「春秋之有諸侯饗天子。故莊二十一年，鄭伯享王於闕西辟，樂備。亂世非正法也。」然則，大夫之饗君，亦非正法也。

十、大夫相饗食

左氏成公五年，傳云：「宋公子圍龜為質于楚而歸。華元享之。請鼓譟以出，鼓譟以復入。曰習攻華氏。宋公殺之。」

左氏襄公二十三年，傳云：「季氏飲大夫酒。臧紇為客，既獻，臧孫命北面重席，新樽絜之。」

左氏襄公二十八年，傳云：「齊慶封來奔。叔孫穆子食慶封。慶封汜祭，穆子不說，使工為之誦茅鴟，亦不知。」

左氏哀公七年，傳云：「季康子欲伐邾，乃饗大夫以謀之。」

按：以上大夫相饗食，儀節不見於禮經。然則，《周禮・司儀》云：「凡四方之賓客，禮儀辭命餼牢賜獻，以二等從其爵而上下之。」《禮記・郊特牲》云：「大夫之奏〈肆夏〉，由趙文子始也。」司儀從其爵而上下之，是大夫之相饗食也，禮降乎諸侯，趙文子饗禮迎賓奏〈肆夏〉，是僭諸侯也。然則大夫有相饗食之禮可知矣。

十一、夫人饗諸侯

莊公四年，經云：「春、王二月，夫人姜氏享齊侯于祝丘。」

按：享，公穀作饗。臧壽恭《春秋左氏古義・卷二》云：「案凡饗燕字，古文多借用享字。若今文則饗燕之饗作饗，享獻之享作享。二字截然不同。二傳為今文，故凡饗燕字皆作饗。左氏為古文，故凡饗燕字皆借用享字。」是享即饗也。乃天子饗諸侯，或兩君相饗之禮也。故杜元凱注經云：「享、食也。兩君相見之禮，非夫人所用，直書以見其失」是也。孔疏云：「鄭玄儀禮注云：

饗謂烹大牢，以飲賓，則享是飲酒大禮。」而《禮記・坊記》云：「子云：禮、非祭，男女不交爵。以此坊民，陽侯猶殺繆侯，而竊其夫人。故大饗廢夫人之禮。」然則、文姜之饗齊侯，固非典要也。

　　古者，女子已嫁，父母在年有歸寧，以問父母安否？父母既沒，歸寧使卿，所以防閑也。故《曲禮》云：「姑、姊、妹、女子子，已嫁而返，兄弟弗與同席而坐，弗與同器而飲。」鄭君云：「皆爲重別，防淫亂。」此男女防閑，人倫之大者，先聖王之所重也。故「男女不雜坐，不同椸枷，不同巾櫛，不親授，嫂叔不通問」（〈曲禮〉文）。禮戴特詳。今文姜，齊襄之妹也。其始昏于桓也，齊僖送之于讙，及魯桓文姜之如齊也，齊侯通之而弒桓，與禽獸者幾希。故《穀梁》於「夫人之會齊侯」云：「婦人既嫁不踰竟，踰竟非正也；婦人不言會，言會非正也。」於「夫人之饗齊侯」云：「饗甚矣。」《左氏》于享無傳，而于「會于禚」云：「書姦也」。然則其義盡矣。

第五節　歸脤、肆眚

一、歸　脤

定公十有四年，經云：「天王使石尚來歸脤。」

　　　杜元凱云：「石尚、天子之士，石、氏。尚、名。脤、祭社之肉，盛以脤器，以賜同姓諸侯，親兄弟之國，與之共福。」

按：《周禮・春官・大宗伯職》云：「以脤之禮，親兄弟之國。」〈秋官・大行人職〉云：「歸脤以交諸侯之福。」鄭君〈宗伯〉注云：「脤膰、社稷宗廟之肉，以賜同姓之國，同福祿也。兄弟、有共先王者。魯定公十四年，天王使石尚來歸脤。」是周制、天王有歸脤侯國之禮，唯春秋之世，斯禮不行，故魯定時，石尚一來歸脤，鄭君即引以證之。

　　唯〈宗伯〉云：脤膰，謂親兄弟。則異姓諸侯禮不得脤膰矣。〈行人〉云脤，謂交諸侯，則似同姓異姓未有分也。石尚之來，杜元凱云：「膰、祭社之肉，盛以脤器，以賜同姓諸侯，親兄弟之國，與之共福。」成十三年左氏云：「祀有執膰，戎有受脤。」杜元凱云：「膰、祭肉。然則脤膰異名，其禮本殊矣。今考諸《左氏》，禮經，則異說雖紛，其禮可御也。」

　　　△《左氏・閔二年傳》云：「梁餘子養曰：帥師者，受命於廟，受脤

於社。」

　　杜元凱云：「脤、宜社之肉，盛以脤器。」

△《左氏・僖九年傳》云：「王使宰孔賜齊侯胙。曰：天子有事于文
　武，使孔賜伯舅胙。」

　　杜元凱云：「胙、祭肉，尊之比二王後。」又云：「天子謂異姓諸
　侯曰伯舅。」

△《左氏・僖公二十四年傳》云：「宋，先代之後也，於周爲客，天
　子有事膰焉。」

　　杜元凱云：「有事、祭宗廟也。膰、祭肉。尊之、故賜以祭胙。」

△《左氏・成十三年傳》云：「成子受脤于社不敬。」又云：「國之
　大事，在祀與戎，祀有執膰，戎有受脤，神之大節也。」

　　杜元凱云：「脤、宜之肉也，盛以脤器，故曰脤。宜、出兵祭社之
　名。」又云：「膰、祭肉。」

△《左氏・襄二十二年傳》云：「公孫夏從寡君以朝于君，見於嘗酎，
　與執燔焉。」

　　杜元凱云：「助祭。」

△《左氏・昭十六年傳》云：「子產曰：孔張、君之昆孫，子孔之後
　也，執政之嗣也。爲嗣大夫，承命以使，周於諸侯，國人所尊，
　諸侯所知，立於朝而祀於家，有祿於國，有賦於軍，喪祭有職，
　受脤歸脤」。

　　杜元凱云：「受脤、謂君祭以肉賜大夫，歸脤、謂大夫祭歸肉於公，
　皆社之戎祭也。」

按：《左氏》既云：「祀有執膰，戎有受脤。」故杜氏於膰則云祭肉，於脤則
云社肉。《左氏》又云：「宋、先代之後也，於周爲客，天子有事膰焉。」齊
侯異姓，天子賜之胙，胙，祭肉也。杜氏乃云：「尊之比二王後」。然則昭十
六年「受脤歸脤」。未有戎事。齊侯姜姓，不爲無親也。

　　宋乃殷之後，周人敬之，故以之爲客，有事則膰焉。所謂二王後也。齊
侯姜姓，太公之後，而天子賜之胙，則異姓諸侯，天王亦當親之，不必比之
二王後也。〈春官・大宗伯職〉，既云「以脤膰之禮，親兄弟之國。」又云：「以
賀慶之禮，親異姓之國」賀慶雖言親異姓，於兄弟之國未嘗無賀慶。天王雖
錫齊侯命（襄十四年），賜晉侯命（僖十一、二十八年）。亦錫文公、成公命

是也。然則脤膰雖親同姓，異姓亦得歸之。古人，立文對舉，不必拘泥於文字也。故〈大行人〉但云「交諸侯福。」不分同姓異姓也。先儒備論之矣：

△賈氏〈大行人〉疏云：「大行人直言歸脤以交諸侯之福，不辨同姓異姓，是亦容有非兄弟之國，亦得脤膰焉。」

△惠士奇《禮說‧卷六》云：「大宗伯以脤膰之禮親兄弟之國，大行人歸脤以交諸侯之福。左傳王使宰孔賜齊侯胙。古者，異姓聯兄弟，雖甥舅之國，亦以親兄弟之禮親之。」

△孔廣森《禮學巵言‧卷三》云：「〈大宗伯〉以脤膰之禮，親兄弟之國，以賀慶之禮，親異姓之國，互文也。《春秋左傳》曰：王使宰孔賜齊侯胙。又曰：宋，先代之後也，於周為客，天子有事膰焉，是異姓亦有脤膰，其兄弟之國，當有賀慶益可知矣。」

按：禮文對舉，傳稱齊侯，雖比之二王後，此拘於「宋，先代之後，於周為客」語。故〈行人〉但云「交諸侯福」，不分同異姓，惠氏，孔氏之說是也，今從之。

《左氏‧成十三年傳》云：「祀有執膰，戎有受脤。」故杜氏於膰則云祭肉，於脤則云社肉。雖言之成禮，持之有故。特《左氏‧昭十六年傳》，但云「喪祭有職」。未有戎社事焉。「受脤歸脤」，可謂戎社之肉乎？故劉炫云：「脤亦祭廟之肉」（孔疏引）。檢之禮經，其說或不誣也。

△《周禮‧地官‧掌蜃》云：「祭祀共蜃器之蜃。」

鄭君云：「飾祭器之屬也。〈鬯人職〉曰：凡四方山川用蜃器。春秋定十四年，秋、天王使石尚來歸蜃。蜃之器，以蜃飾，因名焉」。

按：「祭祀共蜃器」，則凡祭祀共蜃器，盛於蜃器之肉，皆謂之蜃。蜃、《周禮》作蜃，《春秋傳》作脤，《說文》作祳。因盛以蜃器，因名曰脤，固不必社肉，其宗廟之肉亦與焉。先儒嘗論之矣：

△〈掌蜃〉賈疏云：「經直云蜃器之蜃。鄭捴云祭器屬，不辨宗廟及社稷之器，則宗廟社稷皆用蜃飾之。知義然者，案此注引《左氏》云：石尚來歸脤，《公羊》以為宜社之肉，故名為蜃，是祭社之器為蜃也。〈大行人〉云：歸脤以交諸侯之福。彼則宗廟社稷之器物謂之為脤，是其宗廟社稷之器，皆蜃灰飾之事也。」

△賈氏〈大宗伯疏〉云：「鄭捴云：脤膰、社稷宗廟之肉，分而言之，則脤是社稷之肉，膰是宗廟之肉。」又云：「對文，脤為社稷肉，

膰爲宗廟肉,其實朝社稷,器皆飾用蜃蛤,故掌蜃云:祭祀共融器之蜃。」

△惠士奇《禮說‧卷六》云:「掌蜃祭祀共蜃器,亦非獨盛社肉,則脤膰兼廟社,互舉通稱審矣。」

△日人竹添光鴻《左傳會箋‧卷二十八》云:「脤不啻祭社,凡祭肉盛以蜃器,通謂之脤。大宗伯鄭注云:脤膰、社稷宗廟之肉是也。」

按:脤之爲名,以盛於蜃器,祭祀共蜃器,則社稷宗廟不異。故鄭君釋禮,揔示宗廟社稷,不別祭戎之異。《左氏‧昭十六年傳》,「受脤歸脤」,劉炫以爲「脤亦祭廟之肉」是也。孫詒讓《周禮正義‧卷三十四》云:「案脤膰對文,則廟社有異,散文,祭廟亦通稱脤,劉說不誤。」是脤之得名,由盛以蜃器以共祭祀,宗廟社稷未爲異其器,故名可稱也。

然則天王歸脤侯國,其禮奈何?何休《公羊解詁》云:「禮,諸侯朝天子,助祭於宗廟,然後受俎實。」(定十四年)。

襄二十二年云:「與執膰焉。」杜元凱云:「助祭。」是諸侯有朝天子,助祭於宗廟之事。按:《國語‧魯語》云:「天子祀上帝,諸侯會之受命焉,諸侯祀先王先公,卿大夫佐之受事焉。」此助祭之事也。蓋古者天子祭祀,諸侯有助祭之禮,祭畢,歸脤膰以相親也。春秋之世,天王不能舉禮,諸侯未能職貢,厥禮幾廢,二百四十二年而一行之。《穀梁》以爲石尚欲書春秋,非確論也。

二、肆 眚

莊公二十有二年,經云:「春、王正月,肆大眚。」

杜元凱云:「赦有罪也,《易》稱赦過宥罪。《書》稱眚災肆赦。傳稱肆眚圍鄭。皆放赦罪人,盪滌眾故,以新其心,有時而用之,非制所常。」

按:肆眚之事,《春秋》一書,《左氏》無傳,莫知其肆何爲?唯杜元凱云:「赦有罪也,《易》稱赦過宥罪,《書》稱眚災肆赦,傳稱肆眚圍鄭。皆放赦罪人,盪滌眾故,以新其心。有時而用之,非制所常,故書。」然則「肆大眚」者,乃赦有罪人,以新其心也。特賈逵氏以爲「文姜爲有罪,故赦而後葬,以說臣子也。魯大赦國中罪過,欲令文姜之過,因是得除,以葬文姜。」(孔疏引)檢《春秋》經傳,桓十八年,因夫人與齊襄通而公弒,洎莊公之立也,夫人會齊侯于濼,享齊侯于祝丘,如齊師,會于防,會于穀,如齊,

如莒，莫不書夫人。是夫人之生也，未嘗有貶。莊公元年，主王姬嫁齊，二十二年如齊觀社，二十四年親迎于齊。然則公未讎仇于齊，又何以悅臣之心哉。唯文姜之葬，則必待肆眚乎？此必不然。考二傳說經，知肆眚爲葬文姜者，非《左氏》義也。

> △《公羊傳》云：「肆者何？跌也。大省者何？災省也。大省何以書？譏，何譏爾？譏始忌省也。」
>
> 何休解詁云：「時魯有夫人喪，忌省日不哭，省日本以忌吉事，不以忌凶事，故禮哭不辟子卯日，所以專孝子之思也。不與念母而譏忌省者，本不事母，則已不當忌省。」
>
> △《穀梁傳》云：「肆，失也。眚、災也。災、紀也，失、故也，爲嫌天子之葬也。」
>
> 范寧注云：「《易》稱赦過宥罪，《書》稱眚災肆赦，經稱肆大眚。皆放赦罪人，盪滌眾故，有時而用之，非經國之常制。」又云：「文姜罪應誅絕，誅絕之罪不葬；若不敗除眾惡而書葬者，嫌天子許之，明須赦而後得葬。」

然則「肆眚」爲葬文姜者，《穀梁》家說也。《公羊》家以爲「始忌省」，其義甚晦，而何邵公以時魯有夫人喪解之。賈逵以爲赦所以葬文姜，特《穀梁》以爲「嫌天子之葬」，賈氏以爲「悅臣子」耳，此其異也。按范注先引易書之義，後言文姜應誅絕；則其意以肆大眚者，非爲夫人葬矣。故楊士勛疏云：「注以肆大眚，不可特爲夫人，故云盪滌眾故。傳意原魯所以肆大眚者，爲嫌天子之葬也。故注與傳兩言之。」知范氏以肆大眚本非爲夫人之葬，故先引易書以明理。特注不悖傳，故於「嫌天子之葬」下，乃云文姜罪應誅絕。楊疏釋之而無申證，知范、楊二氏之疑《穀梁》矣。

嫌天子之許葬文姜，故肆大眚，以赦過宥罪，使文姜得葬，創自《穀梁》，而范、楊二家已疑之。後儒喜新，多所傅會，要皆不足信，故劉氏敞力駁其謬。

> △劉敞《春秋權衡·卷十》云：「公羊以謂譏始忌省也，非也。經云肆大眚，而傳謂之忌省，其文與其理不可訓解，蓋不是難也。」
>
> 卷十五云：「文姜之存，猶莫之討也。今死矣，反待天子而葬乎？此皆不然者。」

原父力駁二傳之謬，說皆有當可從。清儒沈欽韓氏駁賈逵氏說，亦極可

取：

> △沈欽韓《春秋左氏傳補注・卷二》云：「賈逵以文姜爲有罪，故赦
> 而後葬，以說臣子。按莊公尚不讎齊，何有讎其母。普天曠蕩，
> 蒯夫人得同其例否？此晉武帝以調孫秀，非眞有其事。賈乃創之
> 于前，徒見經文下即有葬文姜之事，強傅合之耳。」

按：莊公之立，夫人屢會齊襄，如齊，未嘗有貶。公取齊女，親爲納幣親迎，
群臣皆悅乎？春秋以來，朝聘不入京師，豈有葬夫人，則反待天子乎？此皆
不然。沈氏云：「見經文下即有葬文姜之事，強傅合之耳」是也。肆眚不爲葬
夫人，然其禮奈何？《易・解卦》云：「君子以赦過宥罪。」《書・舜典》云：
「眚災肆赦。」〈呂刑〉云：「五刑之疑有赦，五罰之疑有赦。」〈周禮秋官司
刺〉掌「三刺三宥三赦之，以贊灋司寇聽獄訟。壹宥曰不識，再宥曰過失，
三宥曰遺忘。壹赦曰幼弱，再赦曰老旄，三赦曰惷愚。」然則古有赦宥之法，
以補刑罰之不逮也。《左氏・襄九年傳》，諸侯伐鄭，晉侯令諸侯曰：「修器備，
盛餱糧，歸老幼，居疾于虎牢。肆眚圍鄭。」杜元凱云：「肆、緩也，眚，過
也。」緩即寬宥之意也，是《左氏》之意，諸侯有事，可以肆眚也。肆大眚
者，乃使官大其事耳，非有僭上亂法之事也。特不知莊公其肆大眚爲何事，
愼而闕疑可也。

參考書目

1. 《易經》，魏·王弼、韓康伯注，唐·孔穎達等正義。
2. 《尚書》，漢·孔安國傳，唐·孔穎達等正義。
3. 《詩經》，漢·毛公傳，鄭玄箋，唐·孔穎達等正義。
4. 《周禮》，漢·鄭玄注，唐·賈公彥疏。
5. 《儀禮》，漢·鄭玄注，唐·賈公彥疏。
6. 《禮記》，漢·鄭玄注，唐·孔穎達等正義。
7. 《論語》，魏·何晏等注。
8. 《孟子》，漢·趙岐注。
9. 《大戴禮記》，戴德。
10. 《白虎通義》，班固。
11. 《禮書》，陳祥道。
12. 《禮說》，惠士奇。
13. 《五禮通考》，秦蕙田等。
14. 《禮學卮言》，孔廣森。
15. 《求古錄禮說》，金鶚。
16. 《昏禮辨正》，毛奇齡。
17. 《禮記偶箋》，萬斯大。
18. 《公羊禮疏》，凌曙。
19. 《公羊禮說》，凌曙。
20. 《儀禮正義》，胡培翬。
21. 《公羊逸禮考徵》，陳奐。
22. 《穀梁禮證》，侯康。

23. 《春秋傳禮徵》，朱大韶。

24. 《禮書通故》，黃以周。

25. 《周禮正義》，孫詒讓。

26. 《周禮古注疏證》，劉師培。

27. 《禮學新探》，高師仲華。

28. 《春秋吉禮考辨》，周何。

29. 《春秋親迎禮辨》，周何。

30. 《春秋左傳》，晉‧杜預注，唐‧孔穎達等正義。

31. 《春秋公羊傳》，漢‧何休注，唐‧徐彥疏。

32. 《春秋穀梁傳》，晉‧范寧注，唐‧楊士勛疏。

33. 《國語》，吳韋昭注。

34. 《春秋釋例》，杜預。

35. 《春秋啖趙集傳纂例》，陸淳。

36. 《春秋集傳辨疑》，陸淳。

37. 《春秋尊王發微》，孫復。

38. 《春秋傳》，劉敞。

39. 《春秋權衡》，劉敞。

40. 《春秋意林》，劉敞。

41. 《春秋傳》，故安國。

42. 《春秋經筌》，趙鵬飛。

43. 《石林春秋傳》，葉夢得。

44. 《春秋左傳讞》，葉夢得。

45. 《春秋後傳》，陳傅良。

46. 《春秋分記》，程公說。

47. 《春秋集註》，張洽。

48. 《春秋詳說》，家鉉翁。

49. 《春秋本義》，程端學。

50. 《春秋集義》，李明復。

51. 《春秋左傳要義》，魏了翁。

52. 《春秋集註》，高閌。

53. 《春秋集解》，蘇轍。

54. 《春秋經解》，孫覺。

55. 《春秋通説》，黃仲炎。

56. 《春秋屬辭》，趙汸。

57. 《春秋師説》，趙汸。

58. 《春秋左氏傳補注》，趙汸。

59. 《春秋諸傳會通》，李廉。

60. 《左傳杜解補正》，顧炎武。

61. 《公羊通義》，孔廣森。

62. 《學春秋隨筆》，萬斯大。

63. 《春秋傳》，毛奇齡。

64. 《春秋左傳補注》，馬宗璉。

65. 《春秋左氏古義》，臧壽恭。

66. 《春秋異文箋》，趙坦。

67. 《春秋説》，惠士奇。

68. 《春秋管窺》，徐庭垣。

69. 《春秋大事表》，顧棟高。

70. 《春秋左氏傳補注》，沈欽韓。

71. 《春秋左氏傳賈服舊注輯述》，李貽德。

72. 《箴膏肓評》，劉逢祿。

73. 《春秋左氏傳傳注例略》，劉師培。

74. 《春秋左氏傳舊注疏證》，劉文淇等。

75. 《鎦子政左氏説》，章太炎。

76. 《春秋左氏疑義荅問》，章太炎。

77. 《春秋左氏傳地名圖考》，程師旨雲。

78. 《課左雜記》，程師旨雲。

79. 《史記》，司馬遷。

80. 《漢書》，班固。

81. 《荀子》，荀況。

82. 《淮南子》，劉安。

83. 《説苑》，劉向。

84. 《論衡》，王充。

85. 《鹽鐵論》，桓譚。

86. 《説文解字》，許慎著、段玉裁注。

87. 《經義述聞》，王引之。
88. 《古書疑義舉例》，俞樾。
89. 《癸巳類稿》，俞正燮。
90. 《實事求是齋經義》，朱大韶。
91. 《群經大義相通論》，劉師培。
92. 《左盦集》，劉師培。
93. 《毛西河全集》毛奇齡。